新阶梯法学规划课程系列教材

U0850473

法律文书学

Legal Papers

主　编　周　萍

撰稿人（以撰写章节先后为序）

周　萍　盛宏文　刘冀民　李　林

张　黎　韦　锋　袁　野

法律出版社
LAW PRESS · CHINA

总　　序

教学质量是高等学校的生命线；重视教材建设，是提高教学质量的重要环节。早在2005年，教育部就以1号文件下发了《关于进一步加强高等学校本科教学工作的若干意见》，要求“加强教材建设，确保高质量教材进课堂……对发展迅速和应用性强的课程，要不断更新教材内容，积极开发新教材，并使高质量的新版教材成为教材选用的主体”，而且特别强调教材应当“具有中国特色、中国风格和中国气派”。教材是课程及教学内容的载体，是在校大学生获得知识的重要途径。教材的编写过程本身，有利于及时反映社会状况的最新变化和学术研究的最新成果，有利于改进教学方法、提高教学水平、增强科研能力。这都是对教学与科研的反思和总结。通过教材的编写，还可以促使教师总结教育教学规律，了解学生的知识需求，培养热爱教学和关爱学生的教育情怀，实现教师、教材与学生三者的有机联结与良性互动。

依法治国是党领导人民治理国家的基本方略，高等法学教育是国家法治发展的重要依托。我国高等法学教育大众化的快速推进，引发了人们对法学教育质量的疑虑，进而促使法学教育工作者深刻思索如何改革法学教学方式、如何完善法学课程体系等问题。法学教育必须适应法律职业对法律人在知识、能力等方面的实际需求，而法学教育的进一步改革和发展又必须以法学核心课程教材建设为基础。如果说法学核心课程的确立，是对我国法学教育历史经验深刻反思的成果，是对养成法学思维方式所需基本知识体系的科学总结；那么，编撰高质量的法学核心课程配套教材，就是目前高等法学教育工作者不可推卸的责任。

西南政法大学前身是1950年成立的以刘伯承元帅为校长的西南人民革命大学。1953年，以西南人民革命大学为基础，合并重庆大学、四川大学、贵州大学、云南大学、重庆财经学院的法律院（系）成立西南政法学院。

1958年,中央公安学院重庆分院又并入我校。特殊的建校背景,使学校汇集了当时西南地区法学和法律界的主要资源,也因此被誉为“新中国政法类的西南联合大学”。在我校的发展历程中,先后经历了多次隶属关系变更。“文革”期间曾一度被迫停办。1977年,经中央批准恢复法学本科招生。1978年,经国务院批准为全国重点大学,是司法部部属政法院校中唯一的全国重点大学。1979年,开始招收法学硕士研究生,是改革开放以后全国首批硕士学位授权单位。1993年,被国务院学位委员会批准为博士学位授权单位。1995年,经原国家教委和司法部批准,更名为西南政法大学。2003年,被国务院学位委员会确定为全国首批法学一级学科博士学位授权点;同年,经人事部批准设立法学博士后科研流动站。2012年10月24日,教育部、重庆市人民政府签署共建西南政法大学协议,教育部副部长杜玉波在共建合作协议签字仪式讲话中指出:“西南政法大学办学历史悠久,为国家培养和输送了众多优秀人才,推动了国家的法制昌明,被誉为‘新中国法学教育的黄埔军校’。”同年,西南政法大学同时入选教育部、中央政法委员会公布的应用型、复合型法律职业人才教育培养基地、涉外法律人才教育培养基地和西部基层法律人才教育培养基地等全部三类首批国家级卓越法律人才教育培养基地。

经过六十多年的建设,学校正在发展成为以法学为主,法学与政治学、经济学、管理学、文学等多学科协调发展的特色鲜明、优势突出的研究型高水平大学。学校与美国、英国、德国、法国、俄罗斯、加拿大、意大利、日本和泰国等国家以及我国香港、澳门和台湾地区的一些大学,建立了校际友好关系,进行广泛而深入的学术交流与合作。

高水平大学应当有高水平的教材。作为国内规模最大的法学人才教育培养基地,西南政法大学历来高度重视本科教学质量及本科教材建设,不仅培养了一大批具有较强教学研究能力的中青年学者,而且逐步形成了自己独具特色的教学模式和教材风格。面对新世纪新阶段法学教育的变化,学校做出积极反应,在提高本科教学质量方面,做出了更大的努力。学校在总结已有教材编写经验的基础上,广泛吸取国内外其他法学教材的长处,与法律出版社合作,编写出版本套教材,以践行我校法学教育理论性与实践性充分结合的办学理念,并积极努力为我国高等法学教育事业做出自己新的更

大的贡献。

本套教材以发展着的马克思主义为指导，坚持社会主义法治理念，贯彻和实践科学发展观，遵循理论联系实际的原则，力求适应国内依法治国与构建和谐社会的新要求，适应国际经济全球化发展的新态势，准确把握现代法治精神，在吸纳国内外法学研究最新成果的基础上，树立精品意识与创新观念，按国家级规划教材的高标准致力于打造符合国家精品课程要求的品牌教材。为了确保编写质量，我校通过专家论证，由教材委员会遴选高水平教师主持本套教材的编写和修订任务，并在教材建设经费上给予了重点支持。我们对本套教材的特色要求是：通过对基本知识点的重点阐述，保证学生掌握基础理论；通过对学术前沿问题的介绍，拓展学生视野，启发学生思维；通过对基本技能训练的指导，提高学生处理法律事务和应对国家司法考试的能力；通过课后作业的问题设计，引导学生独立思考、深入研究。

本套教材主要作为高等学校法学专业本科教学用书，也可供报考法学各专业研究生复习备考使用。

西南政法大学教材委员会
2013年5月

作 者 简 介

周　萍　女，1965 年出生，西南政法大学法学院讲师，从事法律文书教学和科研二十余年，参加《法律文书写作》、《法律文书格式新编》、《法律文书文例新编》等法学教材的编写，在《现代法学》、《西南政法大学学报》、《西南农业大学学报》、《人大复印资料》等杂志发表论文多篇。

盛宏文　男，1971 年出生，法学博士，重庆市人民检察院高级检察官，研究室副主任。研究领域为刑事法学、司法制度。在《人大复印资料》、《人民检察》、《西南政法大学学报》等刊物发表论文 20 余篇，《检察案例与业务指导》副主编。

刘冀民　女，1956 年出生，毕业于四川大学，四川大学法学院副教授，从事法律文书教学工作近 30 年，著作有《法律文书教程》（主编），《保密法学》（副主编），在各类刊物发表论文数十篇。

李　林　男，1982 年出生，西南政法大学法学院教师，助教，法学博士。主要研究刑法学基础理论。在《海南大学学报》、《西南政法大学学报》等刊物发表学术论文 10 余篇。

张　黎　女，1976 年出生，民法学硕士，西南政法大学法学院讲师。曾发表《刍议国际私法上的法律规避》等文章。

韦　锋　男，1963 年出生，西南政法大学法学院副教授，大学学历，主要从事法律文书、刑法、房地产法研究。著作有：西南政法大学教材《法律文书写作学》（主编）、司法部高校教育法学教材《法律文书写作》（副主编）等多部。

袁　野　男，1968 年出生，研究生学历，重庆市公证处常务副主任，高级公证员，曾在《中国公证》、《东南司法评论》等杂志发表论文多篇。代表性论文：《公证介入电子商务战略构想》、《关于对重庆市公证行业进行大规模机构整合的可行性论证》等。

编写说明

《法律文书学》是西南政法大学为突出特色教学、增强核心竞争力，决定推陈出新编写的适宜本科生使用的立体化系列教材中的一本，由西南政法大学法学院司法制度教研室组织编写。除了具有丰富教学经验的本教研室老师外，本书主编还邀请了其他院校担任本科生《法律文书学》课程的主讲教师和较高理论水平的实务工作者，对法学本科生的教学、实习和就业状况有比较深刻的理解，并结合法律职业的实践要求，选择了本科生易接受的方式，深入浅出地来解读了法律文书学这门课程，首次在国内同类教材中，用法理学、法哲学、法史学和法社会学来分析法律文书的格式内容和写作现状以及真正提高法律文书写作水平的途径；首次确定了法律文书的地位是一门如何适用法律解决社会纠纷的技术和艺术，是一门培养本科生法律思维能力的专业课。

所以，本教材在总论部分增加了“法律文书的阅读和构思”一章，以突出司法的决断过程是制作法律文书时比格式和内容的选择更为重要的操作能力。

在分论部分，本教材避免了同类教材文书种类大而全的空泛重复，改变了按制作主体设计篇章体例的标准，按诉讼法学的基本原理划分章节体系，对法学原理相同，而写作内容不同的文书进行了梳理，突出了法律的思维方式，淡化了由大学语文等课程承担的基础写作内容。

如仲裁法律文书和民事诉讼法律文书的法律推理方式是相同的，只是具体写作内容不同，用掌握民事诉讼法律文书的写作原理和技巧，制作仲裁法律文书是没有问题的，所以本教材就不再重复编写“仲裁法律文书”一章；按照这个思路，我们对所有侦查机关制作的侦查文书归为“刑事诉讼法律文书”中的一节，选其中一份常用的法理相对复杂，难度比较大的文书如起诉意见书讲解，学生需要写作逮捕证、提请批准逮捕书等侦查文书时，用这些原理和技巧，结合相应的法律规定，具备基础的写作能力就可以举一反三了。否则，花大量的篇幅一一介绍各种文书，学生只能简单模仿，不能真正运用，更不能顺应发展。本书写完之时，正是《刑事诉讼法》修改完成之际，刑事诉讼法律文书的种类和格式又将有许多变化，可无论增减多少种具体的文书，其本质的推理逻辑和思考原理以及写作技能要求是不会变的。

因此本教材就不再设"公安文书"、"检察院自侦案件法律文书"、"监狱文书"等章节，教材的这种划分方式不仅大大减少了教材内容，减少了学生的购书成本，而且思路清晰明确，易被学生理解。

在减少的同时，本教材为了顺应当前法学本科生的学习和就业特点，在教材的每章后面都编选了思考题，帮助学生了解这门课程的应试要求；增加了公证文书的介绍内容，因为公证文书虽是非诉讼法律文书，却与日常社会生活联系紧密，对本科生的生活就业都很相关。所以本教材介绍的文书，浅显易掌握，具有实用性。

此外，本教材为了突出对本科生法律职业思维方式的养成训练，范文的列举上避免了大多数教材的"肢解"习惯，力求全文引用，甚至选择同一个案件的各种文书，以体现法律逻辑的完整，缩短学生从法学理论学习到适应具体办案业务之间的不必要的转换过程，提升本科生就业发展的机会成本。

本书由主编拟订大纲，和全体作者讨论分工之后，作者各自撰写，主编统一修订定稿。由于水平有限，时间十分的仓促，尽管我们尽了最大的努力，肯定有许多缺陷和错误，希望老师和同学们在使用中不吝赐教，帮助我们今后改进。本书参考了一些专家的文献，无法一一致谢，在此表示感谢！

本书的作者和分工如下：（按章节先后顺序）

周　萍　第一、二、三、四章

盛宏文　第五章

刘冀民　第六章

李　林　第七章

张　黎　第八章

韦　锋　第九章

袁　野　第十章

目　　录

第一编　总　　论

第二编　诉讼法律文书

第三编 非诉讼法律文书

第一编　总　　论

第一章　法律文书学概述

内容摘要

本章从法律文书写作学的概念及研究对象和意义等基础问题入手，用司法制度的宽广视角来明确法律文书写作这门学科在法治进程中的地位和作用，强调了它作为培养法律思维方式，传达和送达一般法律条文所蕴涵的公平和正义价值的技术和途径，对法学院学生养成法律职业素质的必要性和重要性。同时，本章还详细介绍了法律文书学的研究发展和演变完善过程，结合当前司法改革的时代背景和法学本科生教育特点的变化，论述了法律文书学研究的方法和学习法律文书学的目的，展望了法律文书学研究发展的趋势。最后，本章提供了学习法律文书写作学的具体可行的方法和途径。

第一节　法律文书写作学的概念和研究对象

一、引言

对法律文书写作的研究，已经有了悠久的历史，角度各有不同。司法权的产生，相伴随的是作为其凭证和载体的文书因传承了一个国家的法律文化和司法技艺而作为一种独特的研究对象。从成文法的产生起，法律文书开始出现，唐代的司法制度是我国封建法律制度中最典型的，这一时期法律文书写作研究开始规范和系统；清代司法制度是我国封建社会中技术最完善的，其法律文书的研究也是最繁荣的。新中国成立后，对法律文书的研究也从未停止过。尤其是20世纪80年代以来,随着司法制度的不断完善,法律文书的专业性和技术化研究也进入了一个新的发展时期,机构研究和学术探讨以及实践操作互相促进,推动了法律文书写作学作为一门法学专业的专业课程,一门司法程序技术凸显了它在法治进程中日益重要的地位。但是这些研究和教学大都侧重于法律文书的写作方法和技巧的介绍与探索,以文书表象的写作格式为唯一出发点,讲述如何机械照搬格式,从形式上完成文书写作任务。无法从较高的法学、哲学、历史、逻辑学等理论层面,对法律文书的构思、阅读等全过程进行研究,分析一份法律文书所蕴涵的法律原理和具体法律规定如何操作,以及司法结论得出的法律推理和思维过程,使法律文书没有很好地体现法律职业家团体独立的话语体系,帮助法律人安身立命,建立一个根据法律解决问题的话语机制,形成法律人独有的一套思维方法,用法律文书写作这样的司法技术建立一个以说理为特征的解决社会纠纷的法治社会。

在总结各界对法律文书写作理论和实务不断的完善和探索成果的基础上,结合本教材各位编者在自己长期的教学、科研和实务操作中的思考与体会,本书对法律文书作为培养像法官和律师那样的法律家思维方式的制作方法和原理进行尝试性的探索。

二、法律文书写作学的概念

法律文书写作学是以法律文书写作为研究对象的一门学科。对法律文书写作学的研究,理论界和实务界是从多向度的视角来展开的,法哲学、法史学等从理论分析角度探讨其蕴涵的法律原理、经济和社会生活,民族文化等如何展现;民事诉讼法、刑事诉讼法、司法制度等部门法学者从程序制度的设计和完善等适用法律技艺角度进行探讨。法律文书写作学则从司法过程中每一份具体法律文书的结构、风格和功能如何体现和表达法律公平正义价值的角度对法律文书写作展开研究。它是以法律文书的基本理论、法律文书的实际操作和法律文书的教学方法等作为研究对像的一门法学专业技术性学科。

三、法律文书写作学的性质

司法权的本质就是一种判断权。法律文书写作作为体现制作者运用法律术语、法律方法推导出法律的判断结论过程的凭证和载体,就成了一门重要的司法技术。它与视野广阔、叙事宏大的批评性法律学术人思考方式不同,它是以法官和律师为主要代表的法律家适用法律解决纠纷的一种独特思维方式。所以,用一句简单明了的话说,就是培养和训练像法官和律师那样去思考问题。

四、法律文书写作学研究的对象

法律文书写作学之所以能成为一门独立的学科,就在于有自己独特的研究对象,即法律文书写作技术,且研究内容自成体系。

司法的最高理想是实现一种对话和交流,在这一过程中,通过当事人和法官之间的沟通理性,使诉讼以和意和说理的方式解决。但迄今为止,这一理想对于司法而言仍然遥不可及。因为现代司法追求的超越性使它与日常理性保持着森严的距离。历史是活人重建死人的生活,历史科学是在对抗与过去的想象性的歪曲中开始的。司法作为一种判断过去事实的技艺,也不可能是对过去的东西的完全再现,实际上,没有任何科学能够真正再现这个世界,物理学也不能。司法只是从现有的材料出发,通过法官的活动,描绘出一个可以理解的、有意义的世界。

司法中的事实也只是司法过程中有意义的事实。即使法官能够知道一切事实,在司法中,他也只能压抑一些事实,突出一些事实,司法中的事实是人为的,是法官不断拣选的结果。虽然在司法中,法官看起来好像是一个中立者,但是无论他判断的事件距离他多么遥远,他还是不可避免地要卷进去。在任何时候,都不存在真正的旁观者,没有人能够以上帝的眼光观察事件。司法使过去的事实复活了,但是这种事实法官必须通过自己的心灵去经历这些事实,根据法律(如同历史学家根据学科的规则一样)以及自己的认知建构事实的秩序。在法官眼里,客观的真实是他孜孜以求,而又注定无法实现的目标,他只能在程序范围内操作,通过一份份文书写作为载体,再现这些思考。制作文书成了承受不确定性的折磨,但是我们又没办法摆脱这种折磨。但也许正是在这种不确定性中,世界的意义才呈现出来,法律文书承载的文化和历史的价值,法官通过书写判决书所运用的语言和思维方式才具有了独特性,现代法律人凭借这套话语分化为独立的职业群体。

法律这个独立的职业群体凭借一套独特的职业思维方法和技术建立了一个神秘的法律帝国,构成了法律人解决各种社会问题,包括把复杂的政治经济问题转化为法律问题的基础。

思维是客观事物在人脑中间接的和概括的反映，是借助语言所表现的理性认识过程。对于法律人来讲，思维方式甚至比他们的专业知识更为重要。因为专业知识是有据可查的，而思维方式才是决定他们在解决社会冲突和纠纷时认识和判断的基本因素。这种思维方式不同于大众日常生活逻辑，是根据法律职业特点的一套专门逻辑，非经长期的专门训练无以养成；也不同于法律学术人的宏大宽阔以分析批判为主要方式的思维逻辑，而是以法官律师为代表的法律家通过解决个案纠纷的说理过程而建构的一种理性思维。

法律文书写作学就是以训练这种理性思维方式为主要的研究对象的。

从西方历史来看，法学沿着两条线索发展：法律家和专业法学家的法学。在我国，长期以来，法学研究、法学教育和法律实务三者较为背离。法学教育主要培养法学家思维方式，使得法学院学生在司法实践处理纠纷的过程中，少了一双“鹰一样的眼睛”，宏大有余而细微不足，无法通过对个案的裁决论证，通过法律文书的结构、功能和风格语言等技术提供一个历练法治的平台，传承司法理性的品格。法律文书写作的研究对象便顺应了这一法学发展的需要。唯此，方能把握法学发展的趋势和方向，完善和改革司法实践，再造法学的理论生命力。

第二节　法律文书写作学的研究方法和意义

一、法律文书写作学的研究方法

（一）历史的方法

中国古代社会在解决纠纷的过程中，从法官（像包拯这样的法官）们运用的语言、知识尽管与我们今天的法律知识和原理不同，主要以情理为导向，但推理的过程和作出司法判断这一目的是相同的。因此，以判词为代表的古代司法技术适应了中国传统社会的熟人社会生活方式。随着历史条件的变化，这种情理型判决推理逐渐衰微，但对于当下中国从传统到现代的社会转型期，司法所处的复杂社会背景而言，情理型判决写作技术如何继承和扬弃，是当前法律文书写作实践领域的一个大问题。如实践中某些法官创设的判决书的“法官后语”部分和一些法院推出的判后释疑改革措施。本书通过对传统中国法律文书写作技术的介绍和分析，指出其在当代的司法中如何进行活的运用。

（二）比较的方法

众所周知，判决书的写作风格不同，法律文书中得出司法结论的推理方式的不同，是大陆法系和英美法系区别的特征之一。我国当前的法律文书中的司法结论推理过程是以大陆法系的演绎推理方式进行的，又独具中华法系以情理而不是仅以成文法规作为大前提的演绎推理。现代西方国家是陌生人社会的生活方式，追求的是凡事都具有可计算性和形式合理性，司法的推理主要采用类比这种形式。随着社会的开放和发展，尤其是1992年中国明确提出走市场经济道路以来，中国人的生活方式越来越和现代西方国家趋同，并日益成为中国人生活方式的主流。在这种情况下，现代西方利用法律对生活方式的调整对于中国也是同样适用的。类推这种司法技术在司法实践中的运用成为一种必然，判例指导制度的建立，量刑程序的规范，都需要通过法律文书写作技术去体现和完善。

（三）实证主义的方法

结合作者多年法律文书教学和司法实践中的经验、调查和思考，在分析现阶段中国法律文书写作的问题和不足后，找出造成这种状况的原因：制度性因素和人的因素，并找到解决的具体方法。从最高人民法院和最高人民检察院等部门规定的文书写作格式的制度和内容缺陷分析入手，通过对具体文书的结构安排、内容组成和语言表达以及构思风格的讲解，强调如何培养和训练法律家的思维方式。

二、法律文书写作学的研究意义

在现阶段，对法律文书写作学的研究，就是对其科学性、必要性和独立性重新定位的过程。长期以来，对法律文书写作学的研究几乎停留在公文写作学阶段，将法律文书写作等同于行政公文的写作学，研究如何照搬刻板机械的文书格式，重复讲解每一份法律文书的结构和内容以及写作要求。缺少对奠定这些法律文书万千种格式样本规定的背后所需要的法律规定和法律原理,格式中反映的法律逻辑,具体写作时使用的法律术语、法律方法和法律结论形成的思维全过程,进行细致的分析判断,没有研究具体的法律的原理和每一个法律条文是如何结合个案事实操作运用的。法哲学、法史学、司法制度从法律文化和价值观角度对法律文书写作的内容进行研究,刑事诉讼法和民事诉讼法从完善司法程序角度对法律文书的功能和结构进行研究,司法制度则从司法职业的独立性、法律思维的独特性角度研究法律文书写作中的思维方式如何与大众思维方式相阻隔。

本书研究具体法律文书写作的结构、功能和表达方式,确立以诉讼法律关系为基础的法律规范为中心的案件事实叙述方式和原则,建构以法律术语、法律方法和逻辑进行司法判断处理个案纠纷的法律思维方式,用法律话语营造一个说理的法治新世界。

第三节 法律文书写作学的学习目的和方法

一、法律文书写作学的学习目的

(一)法律专业人才知识结构完整性的需要

因为社会分工进一步细密化、精致化,人们已经生活在"知识的集中营"里,每个人的生活世界出现了很大的差异,各人的心灵越来越不透明,生活世界以外的信息和知识变得越来越陌生与新鲜,与这种被吉登斯称为抽离化机制紧密联系的是,为了高效地处理案件,人们不得不把异彩纷呈的世界压缩到司法者容易理解和掌握的范围内,以把世界浓缩和简化,而法律知识正是这样一种知识。在人们心中的权威已经不是对个人的膜拜而是对知识尤其是专家知识和抽象系统的借助的时代,法律已经成为一种职业,司法者凭借自己掌握的法律知识建构了一套知识体系,以与其他人的知识区分开。于是,大量的法律术语出现了:预期违约、反致、监护人、近亲属。大量的法律原理出现了:一事不再理,上诉不加刑,无过错责任。大量的法律逻辑出现了:证据的高度盖然性,遵循前例的归纳推理,以成文法规定为前提的演绎推理。

这套以术语、原理、推理形式构成的法律知识以知识的神圣性、温柔的面目代替法律背后被国家垄断了的、赤裸裸的暴力，使人们用说理的语言代替了暴力的血腥。法学教授、法官和律师等从事法律职业的人就是凭借对这套知识的拥有成了专业化人才，这套知识体系是他们安身立命的根本。

因而法律文书的写作就不再是写作学的知识，就像法医鉴定结论，虽然涉及医学知识，但它在本质上是一种诉讼证据，对其作出的程序、效力，诉讼法作出了具体明确的规定，也是证据法学研究的内容。医学专家仅凭医学知识无法判断法医鉴定结论的合法性及法律效力。同理，写作学专家仅凭写作学知识是无法制作好规范的法律文书的。这里，写作知识已经整合成了法律文书写作的原理，成了法律借以表达的工具和载体，正如医学专家需要借助写作知识表达医学上的诊疗结果，但仅有写作知识的人是无力制作医学病历，更别说去医学院讲授病历书写课并对病历进行阅读和研究了。

所以，将法律文书写作作为一门法学学科加以研究和规范是法学发展的必然，也是法治的必需。

现行法学教育对法学院人才的培养方案中，法律文书写作作为一门必修专业课程，是向学生传授如何将所学的法律知识和原理整合起来转化为基本操作技能的工具课程，让学生掌握如何运用所学知识解决实际问题的方法和技巧。没有这种运用法学知识的技能，法学院学生再多的死的法律条文和原理的累积，都是零散的、教条的，无法解决现实中的实际问题。一个法学专业人才不能通过一份起诉书的规范写作实现检察机关的公诉职能，就如一个医生不能通过病历书写完成和传达他的诊断一样，是不合格的。所以，法律文书写作学的学习完善了法学专业人才的知识结构。

（二）完善司法技艺的需要

法学专业人才接受这套知识，法学教授用它进行批判性思考，用宽阔的研究视野使法律的规定与社会生活和谐一致；而法官和律师等法律家却将这套知识运用于实际生活中解决一个个具体的纠纷，在具体的纠纷解决过程中这套知识最直接或最重要的折射或复制就是各种法律文书，它详细记载了法律的整个运作程序中有法律价值的事项，这些事项都是与案件结果有密切联系的材料。可以说，法律文书就是体现运用法律的一般规定解决具体纠纷做出处理决定的全过程，这个过程就是我们通常所说的司法活动。

它是一种实践性的活动,依据亚里士多德关于知识的分类,属于实践理性。司法是一种特殊的实践理性,它是涉及他人命运的实践,处理的是已经被破坏了的常规化的人际关系,小范围内的社会秩序出现了某种不整合的,甚至是紊乱的状态,无论司法最终结果如何,都会涉及当事人的利益分配,包括生命、财产、自由等人权,都是当事人重要的或者比较重要的利益。另外,与其他的实践技艺相比,司法的另外一个特点是,它必须通过调查证据认定事实作出判断,决定当事人在诉讼中的命运。所以,有学者指出,“司法权的本质是一种判断权”。

在司法过程中影响处理结果的一切事项,都必须制作相应的法律文书,记载在司法机关的案卷中,以实现司法权的判断。法律对案件程序、实体、证据的合法性要求,最终要落实为法律文书的写作要求,即合法律性要求,将书本上死的法律文字,变成活的可感受到的法律力量。国家法律就是在法律文书的制作、整理、装订等这样的琐事中完成了它的想象性统一。良好的立法就这样通过法官、检察官、律师制作的法律文书,体现在实际的社会生活之中和处理具体案件的每一个诉讼活动之中。所以,法律文书是一种具有经验理性的实践技艺,需要不断在实践中训练完善,法律文书写作水平的高低,体现的是司法技艺是否精湛,让人们通过文书的结构和语言,看见和传达了法律应有的正义。

(三)提供构建法治理性的平台

对社会公众的理性法治观念具有绝佳启迪作用的案件如“黑社会头目刘涌案”,到“崔英杰杀死城管队长案”再到“许霆案”,面对如此重大分歧的案件时,在舆论和公众的强劲风暴中,法官、检察官等司法职业者首先乱了阵脚,没有足够的自信坚守自己的判断。这些极具民意争议性特征的案件,通过起诉书、判决书中着重展示的用法律术语、法律逻辑阐述得出法律结论的推理论证过程,启迪民众对司法独立的尊重,并主动通过媒体将法律文书向社会公众公开,使判决书等法律文书所传达的全方位的导向意见,表达司法秉承理性的坚毅,在案件的处理过程中能始终恰当地向社会传达出司法的冷性品格,从而有效地回应公众和媒体对案件的合理质疑,完全可以提供一个历练法治的平台。法治需要公民的理性,而理性取决于法律人的自主性构建,而法律人的构建途径主要是通过个案法律文书的法律论证分析阐述，教给关注该案件审理结果的民众一双明辨法理的法眼，逐渐培育他们的法意慧心，去探讨法之为法的真谛。如此，公众一时的不解或许正是启迪法治理性的开始，只有通过法律文书这个展示平台，才能提高司法机关通过个案助推法治的能力。

（四）训练法律思维的最佳途径

具有理性的思维，是司法权威的内在要素之一。这种理性思维须经过长期专业的训练才能获得。法官和律师等法律家就是凭借这种专业化的思维方式从事着令人信赖的司法职业。法学家将这种思维方式概括为以下四个方面的规律：

1. 运用术语进行观察、思考和判断。如起诉状和起诉书是两个不同的法律术语，制作的主体和目的在法律规定中完全不同，所以其写作结构、内容完全不同。

2. 只在程序中思考。如民事上诉状只能针对一审法院对该案的判决和裁定中错误的事实和证据的认定以及法律的错误适用而导致的判决结果错误进行反驳，从而在上诉状中提出有利于上诉人的上诉请求，而不是针对对方当事人一审中的起诉或答辩进行的反驳来提出改判一审判决结果的要求。

3. 注重缜密的逻辑，谨慎地对待情感、情理等因素。

4. 只追求程序中的相对的“真”。所有法律文书中的“真实事实”，都是经过法定证据按一定规则推导出来的。

5. 判断结论总是非此即彼。司法权是为解决社会纷争而存在的，本质就是一种判断，这种判断结论必须是肯定明确的，不能有歧义。如罪与非罪、合法与违法、侵权与否等。

徒法不能自行。再完美的立法都必须通过以法官和律师为代表的法律家们通过这套思维方式将法律操作出来，他们在这种思维方式下的自由空间被叫做司法独立。法律的发展日益与道德和政治、宗教与文学因素相疏离，其独有的思维方式也与大众的日常生活逻辑之不同，它要对司法的结论用法律术语按法律的方法进行符合法律逻辑的说理和论证，使法律现有的知识传统和实践传承保持稳定和连续，使法律成为专门化的实践技艺。法律文书就是这种思维方式的反映，由一份份法律文书所整合出的一个个具体案件中，是文书制作者运用法律的逻辑思维方法解决纠纷而建立的一个特殊的话语体系。法律家便借此营造的氛围表达自己对法律的忠诚而受人景仰。

(五)搭建了法律职业共同体的思考起点和交融平台，促进了法学研究的深入

面向社会的世俗生活，首先需要专业法学家为人们社会生活中的困惑、矛盾和冲突，寻找到切实的法律解决方案，确立基本的原则，也需要法律家在法学实践活动中，通过对具体的法律文书中所使用的法律语言、法律推理和法律方法以及法律结论的研究，让法律制度与社会现实相互对应，使理论和实践之间形成良性的共生系统。然而，在当下的中国，当实践真正需要法学理论和法律制度支持的时候，法学却并不在场。法律专家和普通民众一样似乎都在踊跃地借助媒体"表达意见"，而不是借助法律文书这一司法的工具展现法律的话语权威。有时，"民众的愤怒"甚至湮没了专家的声音。这是因为过去我们普遍轻视法官、检察官和律师等法律家对法学研究的努力和贡献而造成的。

随着法学研究在我国的繁荣和发展，专业法学家从对概念的抽象注释的法学研究转向对具体的实在的司法实践的关注，明白了要和法律家一样，不能像哲学家、文学家那样思考法律问题，二者通过对具体个案的法律文书写作研究，搭建了共同的思考起点和交融的平台。专业法学家可以表达自己在法律之上的个人之价值判断，甚至像抒情诗人那样呈展自己渴望无限接近天空的浪漫想象，但法律家却不能像诗人那样利用过度修辞的语言张扬自己的情感。他们必须通过法律文书制作技术，在程序范围内，用所谓理性的法律思维包裹起这种判断和想象，按照"法律共同体"之专业思维和逻辑的要求，来表达为法律共同体甚或被整个社会均予认可的问题解决办法。法律文书写作学有效地改变了法学家和法律家的这种相互隔绝和相互鄙视的状况，使他们相互切磋、相互促进，把法律从规则的机械适用转向法学原理的具体阐释。使法律文书中的每一个结论从现在的权威决断转变为理论的说服，真正体现法律的理性精神，逐步使法律文书不仅在现行法律条文和法律原理的推论中寻找和发现法律，而且在字里行间反映出文书制作者严密的法律思维和法律方法。司法实践中的许多案件，如美国的罗依、辛普森

案件,中国的吴留锁、杜培武、孙志刚案件和李庄案件曾经促使法学家直面法律实践中的难题,由此而引发一次又一次的法学论战。这不仅推进了法学研究走向深入,而且同时激活了法学家的内省意识、使命感和职业共同体观念。法学家们希望在法学之内而不是在法学之外解答这些难题,为此提供有效的论证,李庄漏罪案件的刑事裁定书是法学家用司法的理性通过对证据的法理分析,程序的严格适用,结论的严密推导发出的声音,在不安、紧张甚至对立的民意中彰显了司法的独特逻辑和方法,对这个举国关注的案件作出了令人信服的公正裁决,也为法学研究和教育提供了一个有价值的案例和实证。

二、法律文书写作学的学习方法

(一)转变对法律文书写作学的态度,明确法律文书写作学在法学学科中的地位

长期以来,由于中国司法特色,我国法治历程充满艰辛。导致将法律文书写作学等同于普通写作学的研究,重在对汉语词语、语法和修辞以及格式等要素的讲解,将一篇具有法律严密逻辑推理过程的法律文书"肢解"为孤立的格式、语言、修辞等的分析,只见一个个词语如何组成、句子如何表达和段落怎样分层次的写作学原理,却不见整体的文书构思的诉讼意义,传达的法律精神和司法对争议利益的平衡技艺,一些法律文书写作学教材,除了对格式样本进行重复的空洞的写作学原理注释外,忽略了帮助和引导学生在构思、阅读和写作法律文书过程中,通过讲解法律文书结构的布局到语言的运用,去展现法律严密的逻辑和法律话语的理性,欣赏到法律职业的美丽和智慧。这种无趣审美使很多人认为法律文书是一门枯燥的学科,法律文书是一门无师自通的技术,使法律专业的学生丧失了法律职业思维训练的大好时机,也使司法实践中司法独立和司法公正变得更加遥不可及。法律文书不讲法理,语法修辞用得再好有何诉讼意义?正如"足球要从娃娃抓起"一样,在法学本科阶段进行法律思维训练能起到事半功倍的效果。由于他们没有过多地与社会接触,没有受到太多其他思维方式的干扰,他们更容易接受一种新的思维方式,完成他们作为普通大众那套日常生活思维逻辑的转化,并经过法律文书写作课程的逐步强化训练,掌握基本的法律思维方法,以顺应未来职业的需要。大陆法系国家的大学法学院开设的"原理性

思维”的课程，英美法系创立的训练学生像法官和律师那样思考的案例教学法，日本的专门进行法律执业前训练的司法研修所，都无一例外把法律文书写作训练作为必修课。国内外很多法学院校还开设了事实认定方面和法律适用方面的课程。在我国，法学院学生是直接进入法律职业的，尽管有统一司法考试作为职业的准入门槛，但司法考试75%的知识是记忆性的，靠死记就能通过，与法律思维训练几无关联。所以在我国，法学专业的学生开设以训练法律思维方式为主的法律文书写作课程，就显得十分重要和更加必要。

（二）加强素质修炼和职业道德修养

常言说“文如其人”，法律文书作为一篇文章，一部文字作品，集中反映了制作者做人的综合素质。素质是一个人先天因素与后天因素相结合而产生的稳定潜在的长期起作用的基本品质、基本能力、基本观念。人才的素质包括许多方面，如合格的政治素质，全面的文化科学素质，良好的身体健康和道德素质，较强的工作能力素质，即与工作相关的能力素质。这包括：较好的口头表达能力即口才，文字表达能力，研究分析能力，社会交往能力和创新能力。法律文书制作者作为法律专业人才，当然应具备以上这些素质，而且由于法律职业对社会和他人的重要性决定了在这些素质中，更应强调的是制作者的职业道德素质和精湛的专业技能素质。一份法律文书中如果事实是虚假的，证据是违法取得的，法律是错误适用的，即我们通常说的冤假错案，因为得出的结论事关人命和财产，即使格式再正确，语言再规范，也是要被纠正和撤销的。如撤回起诉决定书，再审判决书等。一份判决书无论格式内容，结构语言多么完美，如果证明故意杀人罪的被告人“情节特别严重”的事实无充分证据，据此适用法律得出的死刑判决，当事人是一定不服的，检察机关和上一级法院也是会纠正的。再雄辩的言辞都不能代替利益的判断。相反，如果结论是公正并令人信服的，即使结构和语言表达有瑕疵，那是可以及时修正并在实践中逐步提高的。要写好一份法律文书，制作者的廉洁自律、严守中立，职业道德，法治信仰是先决条件。一个没有公平正直情怀的人，他拿什么法律正义通过法律文书的字里行间与社会交流和传达？

（三）加强法律专业知识的积累，提高法律思维的能力

法律是一种专门的技术知识，法律术语是这门专门知识中的最基本的

要素。所有的社会问题,无论它们来自民间还是官方,无论具体到抚养孩子的每月费用还是抽象到人格名誉,无论是春秋大义还是鸡毛蒜皮,都可以运用法律术语转化为法律问题进行分析思考并作出判断。任何一个国家都不具备调整一切社会事实的能力。立法者只将其中自认为重要的值得法律调整的部分,用法律术语命名,并确定起含义。比如“起诉”、“上诉”、“反诉”、“自诉”、“抗诉”等术语,就是将人们打官司的日常生活行为,纳入诉讼法律的话语体系中,用法律术语构建了一个新的人文世界,法律的每一个制度如“死刑”、“近亲属”都成为一个个术语,在法律世界里整齐地排列着,就像汉语词典里的汉字和词语,英语词典里的单词和词组,你掌握了多少量级决定着你的思考表达的能力和水平,用这套术语进行的法律叙事方式和重点已与用日常用语进行的基础写作叙事方式有很大不同。如叙述“被告人将被害人打伤”这样的日常生活事实,在法律文书中要用“轻微伤”、“轻伤”、“重伤”、“重伤致死”等表达伤害的法律后果。我们在司法实践中常见到,一位当事人向律师陈述案情,几个小时的叙述或许还会令人不得要领,但律师将此向法官陈述时只用几分钟就可完成。因为律师使用了法律术语进行交流和沟通,有效地阻隔了大众日常话语的介入,使法官和律师成为一种专门性的职业。对法律术语的积累和掌握便是用法律思维方式得出结论的基础,是制作法律文书的前提。法官和律师等法律家在法律文书中不用法律术语而是使用未经专业转换前的日常大众话语进行推理,就像英语写作中出现汉字及其语法表达习惯一样,莫名其妙,不伦不类的。

(四)不断总结法律文书写作的经验教训,提高法律文书的写作水平

仅有法律术语的积累是不够的,必须在司法实践中进行活的运用。法律的生命在于经验而非逻辑。作为一门实践技艺,法律文书的写作能力只有循序渐进的坚持训练才能掌握。必须认真总结每份文书的得失之处,重视从标题到署名的每一个文字表达和标点符号的正确运用,耐心修改纠正每个错误,方能逐步提高。法律文书尽管许多都有格式样本,但如前所述,法律文书不是上传下达的命令式行政公文,格式样本只是法制建设特定历史阶段的产物,只是初学者的入门参考,不是法律职业的安身立命的职业技术。而这些格式样本是如何按照法律的逻辑和方法进行的结构设置和功能定位却不是模仿能解决的,它需要对成百上千种文书格式在运用中进行归

纳，总结出格式设计的内在规律，并在具体的写作实践中创造发挥，实现个案的公平正义。如云南省人民检察院对起诉书格式的创造性改变，使烟草大王褚时健贪污一案更符合法律的思维和逻辑，让社会直观感悟了法治的精神。

所以，持之以恒的训练和不断总结，是提高法律文书写作水平的重要途径。那种本着“临时抱佛脚”的态度，只在需要制作文书时照搬格式就能写出的法律文书大多是经不住推敲的，不合格的，损伤的不仅是司法的权威，也是制作者的职业道德和能力。

【思考题】

1. 法律文书学的概念和性质是什么？
2. 法律文书学常采用哪些研究方法？
3. 法学本科生怎样学习法律文书写作学？

第二章 法律文书概述

内容摘要

本章从法律文书的概念和特点入手，从法律规定及其司法制度的宽广视野探讨了法律文书的历史沿革和分类标准，改变了大多数同类教材，单纯从写作学原理和静态的文书格式定义和分析法律文书的局限，将法律文书的基本原理和社会法制的进程，司法体制的运作，法学的发展方向，诉讼方式和程序的改革联系在一起，明确了法律文书作为司法的技术和技艺的重要地位和作用。通过介绍法律文书的历史沿革，让学生了解中国古代的诉讼文化以及法律文书写作要求，对当代法律文书制作技术的影响，并指出如何根据当前的司法环境去逐步完善和改进。

第一节 法律文书的概念、性质

一、法律文书的概念

我国第一部《刑法》、《刑事诉讼法》颁布于1979年，于1980年1月1日正式施行。司法机关办理刑事案件将按法律规定的程序进行。根据刑事诉讼法的相关规定，司法机关办理刑事案件需要制作一系列具有法律效力的文件，如起诉书、逮捕证、出庭通知书、立案报告书、刑事判决书等，把这些文书从诉讼法中分离出来专门加以研究，就形成了我们今天法律文书写作学这门学科的雏形，当时叫司法文书。是当时法学院校本科生的一门必修课。专门研究司法机关，主要指检察机关和人民法院（当然包括对刑事案件享有侦查权的公安机关）在办理刑事案件过程中，为了完成刑事诉讼行为，而依法制作的具有法律效力的文件总和。囿于当时社会法制状况和司法的水平，立法不健全，司法人员文化素质低，当时，法律只被看做解决纠纷的工具，不重视法律解决纠纷的过程，制作法律文书需要法律知识还是写作知识，对此问题的模糊认识，使得司法文书在理论研究方面各行其是；在法律实践中，对法律文书的要求只是“通俗易懂，简洁明了”。司法文书主要侧重于写作知识原理普及的研究，号召法官应该懂语文，写出的文书不应有错别字。

进入20世纪90年代后，我国的《民事诉讼法》和《行政诉讼法》相继颁布，诉讼立法体系业已确立。根据《民事诉讼法》和《行政诉讼法》的规定，司法机关和非司法机关（如当事人及其代理人）在进行民事和行政诉讼过程中需要制作一系列具有法律效力的文件，如民事起诉状、行政答辩状、民事判决书和行政裁定书以及申请回避、强制执行、财产保全等的申请书。将这些文件也纳入司法文书的研究范围，主体就不再只是司法机关，还包括了非司法机关，即公民、法人和其他组织以及他们的以律师为主的代理人和辩护人，他们在诉讼过程中依法制作的具有法律效力的文件。这时，司法文书被称为诉讼文书，并随着当时法制建设中欣欣向荣的立法活动而日益凸显其重要性。法治的实践中，人们已越来越体会到司法公正需要凭证和载体来表达与传达，社会不仅只关心纠纷的解决结果，更关心纠纷的解决过程。于是各最高司法机关相继颁布详尽的诉讼文书格式样本，并以办公文件的方式下达各个具体的司法部门，严格要求按格式制作办案文书，规范诉讼文书的写作。

整个20世纪90年代是法学十分繁荣的时期，诉讼文书写作是当时全国律师考试的必考内容，更是教育部确定的法学专业的十四门主干课程之一。但当时对诉讼文书写作的研究只是对最高人民法院、最高人民检察院、公安部、司法部规定的格式样本进行泛概念化的写作学注释。法学家几乎都成了“法律改革家”，无论是法学论文、讲稿和法官制作的判决书，都喜欢讨论“大词”、“关键词”和“新词”，都喜欢用“宏大的叙事方式”，代替立法者甚至政治家来思考制度的变革和司法大厦的设计，而很少有人关心奠定司法大厦的每块砖头即日常琐碎的司法事务及具体的司法技术的合理和完善的问题，诉讼文书的写作其实就是机械地照搬格式样本，内容生硬，缺少法律的灵魂和思维精神，千篇一律，表达不出个案的繁简和灵活，司法的正义无法从个案的文书上让人看见。

随着程序法立法的完善和司法技艺的提高，这些格式样本也在不停地增加和变更。目前，司法机关的文书格式种类究竟有多少，难以确切统计。但烦琐的格式和详细的写作要求并未对法律文书的写作实践，起到应有的规范作用。相反，我国的法律文书制作水平一直没有显著提高，以其为载体所体现的司法严重损害了司法机关的形象。许多冤假错案不是文书格式问题，也不是语言表达问题，而是违背基本法律原理，不符合基本的职业道德准则。呆板的文书格式再完美，言辞再雄辩，也难掩司法的不公和法律正义的缺失。

那么，这成百上千种格式的本质是什么？格式的制定者凭什么对其进行不断的增减和修改？这些格式遵循的是什么样的思维方式和逻辑原理？对法律文书的改革是否就是对文书书写格式的变更？对这些问题必须从法学的角度用法律思维和法律的方法才能准确回答。

于是，司法改革呼声迭起，诉讼文书作为司法公正的载体，司法业务的主要内容，司法技术的一部分，备受关注。原有格式被注入新的内容，它强调了法律结论的推理过程，重视每份文书的法律理由阐述，认识到了个案判例文书的重要性，整合了法律的知识体系，将公证、仲裁和合同等非诉讼法律文件也纳入了诉讼文书写作学的研究，一门以训练法律思维方式的写作学就此诞生，这就是法律文书。2002 年国家统一司法考试后，照格式制作诉讼文书的考题淡出，代之以训练法律职业思维方式为考查目的的论述题和体现具体程序操作技术的案例分析简答题。

综上，我们可以归纳出法律文书的概念是：法律文书是实施法律的载体和工具，是法律行为主体在法律规定的条件下，为规范行为，实现权利、履行义务或行使职权而制作的具有法律效力和法律意义的文书的总称。在这个概念中，“法律行为”是法的现象的重要组成部分，是由法律规定的具有法律意义和属性，能够引起法律后果的可以用法律进行评价的人的行为；“法律效力”指法律的保护力和拘束力；“法律意义”则指可以带来法律上的后果；“法律行为主体”指实施法律行为的自然人、法人或其他组织。

二、法律文书的性质

法律文书就其性质而言,属于应用文范畴,是一种以法律适用活动为其记载内容的法律应用文。法律适用是指行政机关和司法机关执行法律的活动,这种活动在狭义上是指国家司法机关运用法律处理案件的活动。而这种司法活动在今天已经成为一种职业,这种职业用一套专门的知识、专门的方法和专门的逻辑得出专门的判断结论,我们称为专业化。法律文书的性质就是司法职业化和专业化的载体和工具,也是司法水平的集中反映。

(一)法律文书是专业化司法的凭证和载体

古人说,"白马非马"。同理,我们耳熟能详的法律在社会生活中只是一些抽象的文字,是一种摆设,它必须在实践中被适用,被用来解决具体问题才显示出其存在的意义。由一份又一份法律文书构成的案卷材料体现了司法获得案件处理结果的全过程。所有的案卷都是以实体结果为中心,对整个处理程序中有法律价值的事项按诉讼程序法的规定进行的详细记载,如当事人告诉时的起诉状,法院调查时的笔录,侦查过程中填写的拘留证等。这些案卷材料的取舍是以与案件的关联度为标准的,凡是对案件的处理结果有影响的一切事项,都必须记载在案卷中。所谓司法本质上就是这样在法律文书的制作、整理、装订等琐事中完成了它的想象性统一,法律确定的精神和原则,法律对实体、程序和证据的具体规定,最终落实为对案卷制作的合法性要求,完成了依法治国的社会实践。如果说抽象的立法是死的文字,法律文书中的法律则是活的,可见的,有力量的。

因此,法律文书就不同于行文简单,格式固定,用以上传下达的行政公文,它是法律规定的主体用专门的知识"创作"出来的,十个不同的法官办理同一个案件,他们会制作出十个获得法律体制认同的不同的案卷材料来。原因何在?他们所运用和积累的知识不同。现代司法所运用的知识已经从生活中独立出来,是对日常生活的颠覆、侵蚀。如受伤、死亡作为法律术语与日常生活术语是很不相同的,法律上的伤害特指经按严格的人体医学损害标准鉴定后的轻伤、轻微伤和重伤,还有精神损害。"父母子女"这些日常生活称呼在法律上也是有很大区别的。在民法中未成年子女的父母称监护人,民诉法上则称为法定代理人,成年人的父母在诉讼法中则成为近亲属。这套由专门的术语和推理方法得出专门结论的知识就是现代司法所具备的专业知识。为了高效地处理案件,人们不得不把异彩纷呈的世界压缩到司法者容易理解和掌握的这套专业知识范围内,以把世界浓缩和简化,所有诉讼参加人的生活联系在审判中消失了,他们只是诉讼中的一个被称作"被告人"、"代理人""辩护人"的角色和符号。这套知识早在西方亨利六世时代就已见端倪,当时大法官福蒂斯丘爵士即赋予法律职业神秘性,主张法律是法官和律师界的特殊科学,一个法官需要二十年的时间才能掌握法律知识。1608年,法官柯克在与詹姆士一世的著名争论中,也以此为由拒绝了后者亲自审案的要求:"法律是一门艺术,一个人只有经过长期的学习和实践,才能获得对它的认知。"今天,法学逐渐成为一门独立的学问,在法学学科下,还有许多学科分支;司法也相应地分为许多机构和部门,如检察院、法院、律师事务所,不同学科和不同司法职业之间交流起来已经非常困难。在这种情况下,法律成为一种专门的技艺,这套知识也成了法律专业知识,它是由一套语言建构的法律体系,以法律文书作为凭证和载体,展示法律的话语权威。

所以,法律文书不同于行政公文,它从内容到形式都是一种独特的话语表达,是专业化司法的凭证和载体。

（二）法律文书是司法水平的集中反映

1979年《刑事诉讼法》采用职权主义诉讼模式,不仅体现在法律规定方面,如检察机关的起诉书副本至迟在开庭前三日送达被告人及其辩护人,还表现在具体操作时,检察机关可以任意超越起诉书向法院指控被告人的犯罪事实,法院也可不受起诉书的范围限制主动审判检察机关未起诉的犯罪行为,使被告人及其辩护人在法庭上常遭"突袭",无法充分行使辩护权。这种司法现状反映在一审刑事判决书中,在正文叙述控辩双方事实部分,用的是"检察机关指控认为……",意思是只要是检察机关指控的事实,不管用什么形式,是否法定期间,都可以作为审判内容。1996年修改后的《刑事诉讼法》采用当事人主义诉讼模式,强调控辩双方的平等,强调审判中立,充分保障当事人行使辩护权。操作技术严格按照"起诉书一本主义",要求法院审判必须在起诉书范围内,并须最迟在开庭前十日送达起诉书副本给被告人及其辩护人,判决书在正文这部分,用的是"起诉书指控……",意思是检察机关的指控都体现在起诉书中,体现了诉讼程序和内容的透明和公正,展示了司法的进步,反映了司法水平的发展和提高。

第二节 法律文书的特点和分类

一、法律文书的特点

法律文书特点是法律文书区别其他文书的独有特征,主要是以下几点:

(一)制作的合法律性

如前所述,没有法律规定,就没有法律的适用,也就没有司法,所以法律文书的使用和制作都必须有法律的规定。如原告手中有一被告签字认可且无异议的5000元借条,现被告住所地明确,法律文书可直接送达,原告可根据《合同法》第197条和《民事诉讼法》第189条制作一份申请书要求法院签支付令实现债权;如被告住所地不明确,原告可以根据《合同法》第197条和《民事诉讼法》第108条用民事起诉状向法院起诉;如被告下落不明且已满法定期间则可根据《合同法》第197条和《民事诉讼法》第166条或第167条用申请书要求法院宣告被告失踪或死亡。同样,没有《刑法》第232条的规定,就不能认定某甲非法剥夺他人生命的行为构成故意杀人罪,检察院就不能根据《刑事诉讼法》第141条制作起诉书。所以,每份法律文书都必须符合法律的具体规定。

(二)体现思考的程序性

法律按内容和功能的不同,可划分为实体法和程序法,这是一种重要的法理学划分方法。任何实体法权利的实现都必须有程序法的保障。因为程序价值的独立性,作为程序法技术的法律文书便有不可替代的独立价值,每一份文书从它的思维决策到结构和内容都是特定的。比如每个刑事案件的起诉意见书、起诉书、判决书,虽然是同一个案件,但由于侦查、起诉、审判的诉讼目的不同,针对同一案件的思维过程和结论就完全不同。如我们将在后面章节所举的崔英杰杀死城管案。在该案中,起诉书只能在侦查终结的基础上进行审查起诉后得出要求给被告人量刑的结论,而如何具体量刑则只能是法官在判决书中才能得出的结论。出庭通知书只能通知有关人员出庭,不能涉及本案事实结论等相关事项;民事起诉状只能确定原告的诉讼请求,说服法官立案,用诉讼的方式解决原被告之间的纠纷,而不能解决证据证明力,被告答辩是否正确,法院审理的纠纷焦点等问题。每份法律文书在程序范围内只能得出规定的思维结论,体现每个诉讼程序思考结果的一份又一份法律文书组成了案卷,将司法解决纠纷作出判断的全过程展现出来,体现了法律思维和推理的完美技艺。因为所有案件都发生在昨天,任何一份法律文书都不可能完全了解客观事实,它只能在程序范围内思考得出相应的结论,这就可以解释为什么检察院在起诉这个程序下认定的事实和法官在审判程序下认定的会有所不同,有时甚至截然相反;同时还可以理解为什么起诉书和判决书的首部一定要有"案由和案件来源"部分。因为司法只在程序范围内思考,程序价值独立,是看得见的正义。

(三)结构的稳定性

长期以来,所有法律文书写作教材称为"形式的格式化"特点。认为这是因为法律文书使用的频率极高,长期的司法实践使它逐渐形成了相对稳定的形式,程式化的表达方法。其实,这是因为立法规定和司法原则的相对稳定性,决定了法律推理过程和依据的相对稳定性,从而使法律文书中的结构布局具有相对稳定性,这些相对稳定的结构被各司法部门规范整理出来统一适用,既方便素质和司法能力参差不齐的法律文书制作者完成诉讼职能,又提高了司法的效率。

二、法律文书的分类

为了学习和研究的方便,任何学科都要对它的学习对象进行分类,才能更好地从整体上把握探究,从具体上了解和运用。法律文书虽然种类繁多,我们可以按不同的标准和目的进行不同的分类。

首先,我们可以根据是否为完成《刑事诉讼法》、《民事诉讼法》、《行政诉讼法》规定的诉讼行为而制作分为诉讼法律文书和非诉讼法律文书。

诉讼法律文书是指在刑事、民事和行政诉讼过程中,为了处理刑事、民事和行政纠纷,司法机关、自然人、法人和他们的诉讼代理人为了完成某一诉讼行为而制作的具有法律效力的文书总称。如公安机关为了履行执行逮捕职能而制作的逮捕证。其中由司法机关也就是人民检察院和法院以及行使对刑事案件侦查权的机关制作的那部分诉讼文书也被称为司法文书,它是法律文书这门课程的萌芽和雏形。诉讼文书是具有法律效力的，如没有起诉书或刑事自诉状，人民法院就不可能主动对刑事案件进行审判，没有民事起诉状，就不可能有人民法院的不予受理裁定书。诉讼文书集中体现了法律文书写作的全部规范要求，反映了法律思维的典型特征和风格特色，是法律文书写作学的重点研究对象。而非诉讼法律文书如公证、仲裁和律师咨询文书在构思决策过程和思维方式上与诉讼文书本质是一致的，但因为其非讼性，使其结构和内容以及写作要求更为简单。

本教材就采用这种分类方法。在总论一编介绍了法律文书写作的基本原理之后，分三章介绍刑事诉讼法律文书、民事诉讼法律文书、行政诉讼法律文书，再用一章将诉讼文书中共有的笔录专门讲解，再分两章分别介绍实践中常见的公证文书、法律咨询文书。

这是为了体现法律思维的连贯性和整体性，避免当前同类教材中按制作主体不同安排教材体例的缺陷：重文书格式样本的机械模仿和语法修辞的空洞介绍以及支离破碎的案例材料，轻案例的专业性和成千上万种格式样本增减、设计中的法理性和司法操作的思维整体性。这样安排主要训练法学院学生学习“像法官和律师那样思考问题”，重在了解一份法律文书写作过程的诉讼策略分析，决策、思维的技巧、诉讼风险评估、结构和修辞技术的完善等司法技艺，提高学生用所学法律知识解决社会纠纷问题的能力，学会如何在个案中平衡纠纷各方利益，而不是仅仅能照格式写出千篇一律的法律文书。所以每份法律文书的结论和结论形成的过程及理由比法律文书的格式和表达方式更重要，它才是法律文书写作的关键和难点，所谓“巧妇难为无米之炊”。

其次，以法律文书制作形式为标准划分为表格式法律文书、记录式法律文书和叙议式法律文书。

这是一种实用性和可操作性很强的分类方法，本教材在主要采用前一种划分方法的基础上兼采了此种方法。

表格式法律文书指的是将法律文书的结构和内容设计成表格，事先印制好，制作时根据相应案件诉讼阶段需要填写即告完成。如出庭通知书、拘留证、立案报告表等。这类法律文书在一个案件的案卷材料中占了60%～70%，照格式认真填写，制作简单，很容易掌握，其写作方法本教材不单列讲解。

记录式文书是指将诉讼活动客观记录下来作为完成诉讼职能的凭证。如现场勘察笔录、讯问笔录、法庭审理笔录等。笔录类文书写作也较容易掌握,实践中多由专事记录的书记员制作,本书专列一章简要介绍其思维特点和写作方法。

叙议式文书是指既要叙述案件事实还要将其作为推理的小前提,结合相关的法律规定和原理进行分析议论,推导出合乎逻辑的结论。在案卷材料中约占15%左右。但它却是我们学习法律文书写作的重点和难点所在。这类文书是对一个案件的重要诉讼阶段进行的总结。主要指体现刑事诉讼中的侦查、起诉、审判阶段诉讼结果的起诉意见书、起诉书、判决书;体现民事和行政诉讼以及刑事自诉中"告诉才处理"诉讼精神的各种起诉状和法院的刑事自诉、民事和行政各审级的判决书。这类文书结构严谨、思维严密,浓缩了诉讼制度、司法制度以及构成司法运作环境的各种经济、政治和文化因素,体现了制作者的素质和能力,也是司法实务中衡量一个人诉讼业务能力高低的重要标准。

第三节 法律文书的历史沿革

中华民族历史悠久,中华法系独具特征。以往,法学界对中国法制史的研究多侧重于对制度本身内容及其演变的探讨,所依据的材料大多是历朝所制定的律、令、格、式等成文立法,但这种研究的缺陷是它的视野基本是静态的制度层面,缺乏对这些法律条文实施过程和结果的发掘。由于这些局限的存在,我们的法制史研究还是没能描绘出古典法制的全景图。

对法律文书的历史沿革进行梳理的意义就在于了解古代法律文书是按什么逻辑表达的,体现了文书制作者什么样的角色意识,法律文书本身的语言特征及其对今天司法原则和技艺的影响。

一、中国古代中华法系对法律文书的影响

对今天司法程序技术影响最大的中国古代法制史内容是司政合一的审

判制度和重实体轻程序的纠纷解决理念。

由于中国古代司法重实体轻程序,所以作为程序技术的法律文书重视的是体现纠纷裁决结果的判决书,在古代称判词。判词的制作者是司法官员但在中国古代他主要是行政官员。所以法律文书的历史沿革也就是判词的历史演变过程。而中华法系绵延两千多年,我们以其中唐朝和清朝两个典型的高峰完备时期为代表来了解法律文书的历史发展过程。

在唐朝制作判词的司法官员也是行政官员是用科举考试制度选拔出来的。《新唐书·选举志下》记载:凡择人之法有四:一曰身,体貌丰伟;二曰言,言辞辨证;三曰书,楷法遒美;四曰判,文理优长。凡试判登科谓之"入等",其拙者谓之"蓝缕";选未满而试文三篇,谓之"宏辞",试判三条,谓之"拔萃"。中者即授官。科举考试以制作判词求官,提高了判词对个人的实用价值,文人学士对之格外重视,无不习熟。这就导致唐朝判词的一大特点:拟判。它主要不是在实践中判案定罪定分止争的技术,而是文人为了应试而显示渊博的学识和理想的情怀的。因此它的第二大特点就是骈体文结构,以文采偶俪为工,注重韵律,爱用典故,强调结构的工整和字句的华丽,充满了激情和浪漫。现存唐代判词《龙筋凤髓判》和白居易的《甲乙判》两部专集集中体现了这两大特点。

这种骈体判词特点在宋哲宗元符年间,由仙游人王回用散体判词打破。以后宋代、明代甚至清代骈体制判只在科举应试中使用,司法实践中则用散体文制判。

满清时期,司法活动沿袭了前代务实之风,判词的制作更加规范和完备,骈散并行,以散为主,种类丰富且实用性强。对法律文书的研究也形成体系,文体学家吴纳和徐师在《文章变体》和《文体明辩》中都将判词作为一种独立的文体予以确认并进行论述。这个时期有很多判词专集传世,如《清代名吏判牍》、《于成龙判牍》、《张船山判牍》成为后代研究祖国宝贵的法学文化遗产的重要史料,奠定了后世法制史学实证研究的基础。

二、现代法律文书制作的起源和特点

(一)现代法律文书制作的起源

主要是国民党的《六法全书》和解放区司法机关制定的文书。为了适应战争环境和解放区的司法实际情况,在体现传统司法法律逻辑推理缺失,

重道德教化和文学思维的基础上,增加了政治思维逻辑,文书写作格式和内容也大为简化,文字浅显易懂,这种写作风格逐渐演变成了影响至今的法律文书制作原则,使法律文书写作现状与现代司法要求公正目标相去甚远,也使法律文书写作学的研究和发展之路充满艰巨和曲折。下面是陕甘宁边区高等法院对黄克功故意杀人案的判决书,就体现了这一特点。

陕甘宁边区高等法院
刑事判决书

刑字第二号

被告:黄克功,男性,26岁,江西南康人,前抗日军政大学第六队队长。

右被告因逼婚不遂杀害人命案件,经检察机关提起公诉,本院公审,特判决如左

主文:

黄克功实行逼婚不遂杀害人命一罪,立判处死刑。

事实:

黄克功所枪杀的刘茜,女性,16岁,山西定襄人,陕西公学的学员。初在太原求学,自卢沟桥抗战后,愤暴日侵凌,感国难严重,于本年八月间,决然舍弃家庭学业,冒险间道来到延安城,即进抗日军政大学,在15队为学员,学习、工作均极努力。当时,黄克功适任抗大第15队队长,遂得与刘茜相识,通信往来,渐涉恋爱,感情尚好。九月间,陕北公学成立,所有抗大第15队全体人员,拨归公学。但不几日,黄克功仍复被调回抗大转任第六队队长,刘茜留在公学学习,二人关系开始疏离。嗣后黄克功向刘茜追求不已,送钱赠物,要求结婚,而刘茜感觉黄克功过于纠缠,发生反感,曾经表示拒绝,并给予劝戒和批评。黄克功失望,更听信谗言,以刘茜在公学已另有爱人,去信责备,同时更迫切地要求结婚。但刘茜不愿意,亦不给予答复。黄克功认为失恋是人生莫大的耻辱,忘却自己是革命队伍中的干部,放弃十年革命斗争的历史。不顾当前国家民族的危难,陷于恋爱第一主义的泥坑中,不能自拔,遂萌杀害刘茜的动机,藉以泄愤。于十月五日晚饭后,带备白

朗宁手枪,偕同抗大训练干部黄志勇到公学去访寻刘茜,在公学前适与刘茜相遇并有她的同学数人董铁凤等。黄即招刘茜走向河边散步。刘不能拒,离开她的同学同黄克功偕行。适天已入黑,黄志勇先行分手回校,尚见黄克功与刘茜仍留在河边谈话。黄即再向刘谈判,要求公开宣布结婚,刘予以严厉抗拒。当时黄克功即拔出手枪对刘恫吓,刘亦不屈服,黄克功感情冲动,失却理智,不顾一切,遂下最后的毒手,竟以打敌人的子弹对准青年革命分子的刘茜肋下开枪,刘倒地未死,尚呼求救,黄复对刘头部再加一枪,刘即毙命。黄克功于谋杀事毕后,即回校,取水洗足,企图毁灭血迹证据,即自行解下外衣及鞋子清洗,才去校部汇报。回来复将手枪擦拭,并在刘茜过去谈恋爱的信上加填十月四日的日期,藉作反证掩饰。陕北公学董铁凤等,因刘茜一夜未归,十月六日即到黄克功处询问;黄神色仓皇,假装不知。后群众在河边发现刘茜的尸体,特向陕北公学当局报告,并在当地检获白朗宁手枪弹壳两颗,弹头一颗,转报法院检验。在刘茜身上,左肋下有枪伤,入口乌黑色,无出口;左耳背有一枪伤,弹穿脑门,血液模糊;左腿有伤痕两处,紫黑色,实属枪杀毙命,此向杀人行为黄克功实为凶犯,证据确凿,当经抗日军政大学当局,将凶犯黄克功拘押,捆送法院,该凶犯黄克功自己承认杀人不讳,复经检察机关侦查起诉。

理由:

(一)蓄意杀害刘茜的犯罪行为,该凶犯黄克功既已直供不讳,更加以检察机关提出各种确凿证据证明,罪案成立,已无疑义。

(二)值兹国难当头,凡属中国人民,均要认清日本帝国主义及其走狗——汉奸才是自己国家民族的死敌,我们用血肉换来的枪弹,应用来杀敌人,用来争取自己国家民族的自由独立解放。但该凶犯黄克功竟致丧心病狂,枪杀自己革命的青年同志,破坏革命纪律,破坏革命的团结,无异帮助了敌人,无论他的主观是否汉奸,但客观事实,确是汉奸行为。

(三)刘茜今年才16岁,根据特区的婚姻法令,未达结婚年龄;黄克功是革命干部,要求与未达婚龄的幼女刘茜结婚,已属违法。更因逼婚不遂以至实行枪杀泄愤,这完全是兽性不如的行为,罪不可怠。无论刘茜对黄克功过去发生如何极好的感情,甚至口头允许将来结婚,在后因不同意而拒绝,亦属正当,决不能以此借口加以杀害。

（四）男女婚姻，应完全是出于自愿的结合，条件或不适宜，亦可正式分离，绝不允许任何的强迫。黄克功与刘茜的关系，最高限度只不过是朋友相恋，即使结婚，各人仍有其个人的自由，黄克功绝不能强制干涉刘茜的行动，更不能借口刘茜滥找爱人成为枪杀的原因。

（五）凶犯黄克功对刘茜实行杀害后，清洗衣鞋，擦拭手枪，消灭证据。复在刘茜信上，假造时日，捏造反证，更对学校法庭讯问的时候，初尚狡赖，推卸责任，这适足以证明黄克功预谋杀人的计划以及对于革命的不忠实，这些表现实为革命队伍中之败类。本院根据以上种种理由，特为判决主文。

本案经检察机关代表某某莅庭执行职务。

中华民国二十六年十月十一日
高等法院刑庭
审判长 雷经天
陪审员 某 某
某 某
书记官 某 某

追本溯源，新中国成立初期，以致在相当一个时期内，由于历史条件的限制，司法断案主要不是依据法律，而是依据政策，在这个时候，民法、刑法、诉讼法等法律尚未颁布，总结案例成为指导司法工作的一个重要形式，因此，法律文书的写作风格变化不大。

对法律文书的研究始于20世纪80年代初，我国第一部刑法和刑事诉讼法刚刚实施，第一部民事诉讼法也正处于试行阶段。当时，我国刚刚结束“文革”的无政府状态，开始步入法制轨道，“有法可依”乃法制的首要目标，法律只被看做解决纠纷的工具，制作法律文书需要法律知识还是写作知识，法律文书写作是法学专业课程还是写作专业课程，对此问题的模糊认识，使得法律文书在理论研究方面各行其是；在法律实践中，作为制度化建设的一个不可或缺的组成部分——法律文书的写作，与其他程序技术一样还未显出其重要性。对法律文书的要求只就是“通俗易懂，简洁明了”。由最高人民法院、最高人民检察院、公安部以及司法部根据诉讼法规定的主要文书制定出格式样本下发给各下级司法机关执行。虽然是作为办公文件下发的，但却是从法律的角度规范文书写作的，仍是一个法律问题，因为当时司法水平很低，将文书的内容和格式作出严格的规定，实在是不得已的做法。

与此同时，刚刚恢复的法学教育在课程设置上也缺乏合理性，几乎是一部立法开一门课，如刑法课、民法课、婚姻法课、劳动法课、环保法课，教学内容以及相应的理论研究几乎是对该部立法的泛概念化注释。在这样的背景条件下，对最高人民法院、最高人民检察院、公安部、司法部按诉讼法的规定制定的格式样本进行的研究，形成了一门独立的课程——法律文书写作，虽然被确定为法学专业的法学主干课程，但内容却是对文书格式进行写作学的注解，对文书中的法律原理和法律规定却很少涉及。

（二）现代法律文书的特点

这种现象对法律实践和法学研究的影响是巨大的，也形成了我国现代法律文书写作的特点。正如不具备医学知识的人不敢进医院拿手术刀，不懂法律知识的人却敢进司法机关操生杀大权一样，不懂医学知识的人不敢擅自书写病历，一些不具备法律知识的人却敢在司法机关写作涉及人命关天、财产万千的法律文书。制作法律文书时，法律思维被政治思维、道德思维和文学思维所代替，法律原理、法律逻辑被抛在一边，法律规定被曲解或肢解，文书格式被注释为写作技巧。所谓的法律文书写作学就是对最高人民法院、最高人民检察院、公安部、司法部规定的格式样本进行泛概念化的写作学注释。

随着程序法立法的增多和诉讼法制的完善，这些格式样本也在不停地增加和变更，目前，司法机关的文书格式种类究竟有多少，难以确切统计。除最高司法机关外，下级各司法部门自行制定的格式样本也不少。研究文书写作的教材、工具书、普法读物内容也在不断扩充和改版，从刑事诉讼到行政诉讼，从立案到裁判，从各机关到各种文书，从格式到内容，应有尽有，丰富而又详尽。

尽管如此，烦琐的格式和详细的写作要求并未对法律文书的写作实践，起到应有的规范作用。相反，目前，我国的法律文书制作水平却十分低下，以其为载体所体现的司法不公不仅损害了司法机关的形象，而且阻碍了法之公平正义的实现。具体表现在以下几个方面：

1. 法律语言与政治语言高度一致。

现代中国社会没有过严格意义上的司法,法律只是一种政治治理技术。在解决纠纷的过程中,法官运用的语言和知识都与当时的政治斗争密切相关。从过去陕甘宁边区高等法院刑事判决书认定黄克功为"日本帝国主义的走狗,民族的败类"到现在将"为改革开放保驾护航"作为个案判决理由,法律文书中这类语言俯拾皆是。

2. 法律文书中充满文学语言的夸张。

中国古代社会的法官(包括像包拯这样的法官)以及讼师门运用的语言和知识并不是现代意义上的法律语言,而是充满诗性的文学语言。科举考试造就了文人或诗人治国。法律文书中像"狗急跳墙"、"丧心病狂"、"禽兽不如"等道德审判的痕迹至今犹存;像"移干柴近烈火,无怪其燃;以美玉配明珠,适获其偶"这种充满诗意的文学语言,使法律文书失去了它应有的理性和严密。

3. 生搬硬套格式样本,内容千篇一律,不能体现个案特点和案件思维决策过程。

20世纪90年代末曾轰动一时的河南伊川吴留锁案,就凭几个简单的、矛盾百出的证据经两级法院三次审理,从立案到诉讼终结所有文书俱全,却将被告人超期羁押14年,最后在没有确实充分证据的情况下,仍对其以故意杀人罪判处死缓,还有近年出现的佘祥林、赵作海等错案。像这样形式上虽符合格式要求,内容上却生搬硬套的文书背后,不知有多少冤假错案。法律文书不讲"理",理由部分空话连篇,对法律条文不引用或不正确引用,更不阐述为什么引用似乎成了中国特色,从文书中看不出法律在"暗箱"里是如何操作的。

4. 对格式盲从,呆板适用,明知套用格式会损害个案真实性,仍不敢随意改变,缺乏创新能力。

对有些事实真伪不明,适用法律需作详细解释的复杂疑难案件,套用现存格式无法反映案件事实和讲清楚结论的形成过程,这就需对格式的原有结构进行适当的调整和补充;还有一些格式规定是概括性的,针对个案选择适用,但因制作者无力选择,结果不但未平息纠纷,反而引起新的争执。如按格式规定,离婚案件的判决书必须详细叙述原、被告双方从婚前基础到夫妻生活现状等涉及感情破裂和纠纷过程的五个要素。但在司法实践中引起离婚的事实要素却是非常复杂的,有些涉及当事人的隐私,最高人民法院在司法解释中明确规定,离婚案件可以不公开审理,但判决书中仍按格式规定千篇一律对离婚原因进行“大揭露”,不仅侵犯了当事人的隐私权,有时还激化了当事人之间本已平息的矛盾。一些人民法院试图对此灵活处理,判决书中只叙述当事人在法庭上经过质证的事实,集中反映双方争议的问题。但很快遭致反对,认为判决书格式是法定的,不得随意改变,将涉及隐私的内容在判决书中省掉,会从写作角度导致文书“语焉不详”。

那么,格式到底能否被随意更改?这成百上千种格式的本质是什么,有什么作用?格式的制定者凭什么对其进行不断的增减和修改?这些格式遵循的是什么样的思维方式和逻辑原理?提高法律文书写作水平是需要学语文还是学法律?对法律文书的改革是否就是对文书书写格式的变更?对这些问题单从写作学角度分析十分牵强,必须从法学的角度用法律思维和法律的方法才能准确回答。

三、当代法律文书写作的发展趋势

(一)法律文书写作是奠定司法大厦的基石

有一批重视司法实践的法学学者对此现象开始关注,并进行了深入的反思。

强世功通过对某农村的一起“依法收贷”案件的过程分析,认为案件就是通过写作每一份法律文书而制作出来的,而法律文书的写作的格式和内容的改变又与法治的变化密切相关;赵晓力对同一案件的分析结论认为,法律对案件的实体和程序的合法性要求,最终要落实为法律文书制作的合法性要求,法律文书就是使案件的处理获得一种合法律性;左卫民通过对司法过程中最有影响的民事判决书制作的分析认为规范民事判决书的写作可以遏制法官滥用自由裁量权;贺卫方针对昆明市检察院对法律文书写作的改革规定,在《南方周末》上发表评论认为,法律文书虽然是由语言构成的,但它与日常语言是有区别的,正是这些区别实现了法律的独立,实现了现代司法的公正;法律文书语言是否理性化,是考察法治程度的关键指标之一。龙宗智对虹桥案中,第五被告人贺际慎的第一辩护人在法庭上发表的辩护词中的小小称呼问题进行法律上的分析后认为,它关系到司法公正的基本问题,如审判的独立和自治。因此,要从法律文书的每一个词语的运用,每一个句子的表达做起,使每一个司法技术趋于合理化。此外,王利明先生从司法体制改革的角度,梁治平先生从法律解释的角度,舒国滢先生从法理学的法律推理和法学研究方法的角度,葛洪义教授从法律职业的思维方法和独特的语言适用角度,对目前实践中的法律文书写作问题进行了深刻的剖析后得出如下结论:法律文书写作形式上的格式化包含着远远超过形式主义的法律内容,它是法律专业知识的积累、复制与繁殖。每个案件都是独特的,法律文书反映的是文书制作者将堆积在大脑中的法学知识,按照逻辑规则进行整合和实际运用的能力,体现的是文书制作者在司法实践中的品格和创造性思维,其根本目的是通过建立法律语言的话语权威实现国家法治。

所以,按照同样的格式却制作出水平参差不齐的法律文书。法律文书写作是一门自由的司法技术,只要文书的结构和内容符合法学的原理和法律的具体规定,推理的过程遵循了法律的思维,使用法律的方法得出的结论,就无须固定的格式。就像写作记叙文必备的四大要素,小学生初学时理解能力有限,只好借助图形严格按固定的顺序和规定的方式来表达。随着知识和阅历的积累,再模仿范文对这些要素灵活运用而不断提高写作水平的。因此,无论是名家大师的作品还是小学生的看图作文,只要是记叙文体的,四大要素都必不可少,但体现出的作者知识和能力的深度和广度却高低不同,作品的等级也十分分明。

在这些理论指导下,法律文书从形式到内容的改革也引起了实践部门的高度重视,尤其是体现正义实现的最集中和最后的一个程序的法院裁判文书的改革,更是作为最高人民法院提出的“公正与效率”这一实际工作主题的重要内容。与此同时,各司法实践部门进行了大胆的探索,对现行格式的呆板和机械进行了大胆的突破,法律文书制作水平的提高,使我们向真正的法治迈了一大步。有影响的文书如下:

1. 云南省高级人民法院对云南烟草大王褚时健等贪污、受贿、巨额财产来源不明案的刑事判决书,在“事实和证据”部分,突破了千篇一律的高度概括控辩主张之后,再叙述人民法院“经审理查明”的事实和证据的写法。在“事实和证据”部分,用“评判如下”开头,直接表述控辩双方举证、质证、法官认证的过程、理由和结论。

长期以来，法院的刑事判决书都是先写事实，后写证据，而按法律的正确思维是先有证据，并按一定的规则整合起来，才形成了判决书中认定的案件事实的；刑事诉讼法修改的一个重要内容就是将审判方式从“纠问式”变革为“控辩式”，控辩双方的诉讼地位由形式上的平等变为事实上的平等。为了体现这种平等，最高人民法院将判决书的格式相应地从事实部分只写“法院查明认定的事实”修改为“先写控辩双方的意见，再写法院确认的事实和证据”两部分。但实践中的“重指控、轻辩护”，使大多数符合格式规定的判决书，在这一部分基本上原封不动地照抄检察院的起诉书内容，而对被告人及其辩护人的观点高度概括，一笔带过，如“被告人及其辩护人认为检察机关指控的事实部分失实”，至于哪部分事实失实，依据何在，均无从得知。

云南省高级人民法院的这种写法将法官的认证结论建立在对控辩双方的分歧进行科学评判的基础之上，而不是像过去那样离开控辩双方的争执，直接写本院审理查明的事实从而得出结论，形成“你控你的，他辩他的，我审我的”局面，使控、辩、审三方的事实、证据、理由和结论相互脱节甚至互不相关，使判决结果缺乏严密的法律逻辑，毫无说服力，造成司法不公。因此，云南省高级人民法院的这份判决书在全国各级法院产生了很大的影响，不少法院和法官争相效仿，出现了一大批优秀的刑事判决书。

2. 广州海事法院在判决书的“本院认为”部分，直接将合议庭的不同意见标明出来，使判决的形成过程更加透明和公开。

在美国法院的判决书结论并非只有一个，参与审判的每个法官的不同意见都要在判决书中反映出来，并以主审法官的意见作为案件处理结论。以此体现司法审判的公开性和透明度。

但我国现行诉讼法和法院组织法有关人民法院审判案件实行的是“少数服从多数”的原则和合议庭讨论案件对少数人的意见只能记入笔录作为不公开的副卷存档的规定，这就导致判决书说理不充分，缺乏透明度，错案责任无法被追究。究其原因是法官公布不同意见有后顾之忧，人们曾广泛关注的沈阳黑帮头目刘涌死刑改判死缓案的判决就是一例。

我们并非毫不顾忌法官的安全和权益，只是与该案法官对事关生杀予夺的讨论像地下工作者那样躲闪和藏匿相比，广州海事法院抛开法律文书格式规定的“本院认为”这样的安全技术，公开发表法官的个人意见就是难能可贵的，值得称赞的。这并非写作上的格式突破，而是法官的敬业精神和忠实于法律的凛然气势。从理性的角度来看，辽宁省高级人民法院的判决还是比较慎重的，征求了专家的意见。但判决书却未充分说明理由，只是使用“不能从根本上排除公安机关在侦查过程中存在刑讯逼供的情况”等模糊语言，这样形成的判决结果怎么令人信服呢？舆论大哗，激起公愤就不可避免。

3. 广西贺州地区中级人民法院对争议标的、分歧不大，事实清楚，证据确实充分的简单案件，判决书由叙议式改为填空式。判决书在诉讼中的重要性不言而喻，因而最高人民法院从首部中当事人的排列顺序，到正文的事实如何叙述、理由如何表达都详尽地作了规定。实际制作中，对这格式的机械套用让人错以为判决书似乎越长越好。当前人民法院人少案多，案件无论繁简都机械套格式，不仅浪费审判资源，而且拖延诉讼期间，损害当事人合法权益。贺州地区中院的举措，使得文书繁简分流，并使上述问题得到了有效解决，符合我国法官队伍的现状和司法实践的需要。

4. 成都市锦江区人民法院曾对一起拆迁安置房屋纠纷制作了一份图文判决书。该案中，争议房屋经过几次调整、扩大，其地理位置、结构、面积等情况如用文字叙述，不仅冗长且含混不清，法官对案情难以准确描述，判决内容也难以让当事人理解和正确执行。于是法官在判决书中画了两幅示意图，当事人就完全理解了判决书。过去，人们称千篇一律套格式的文书为“板着面孔说法”，过分的从写作角度强调判决书的严肃，但严肃并非死板，只要能说清判决理由，方式是多种多样的。正如海湾战争中，美国对伊拉克战犯的通缉令，就改变了传统的刻板严肃的文字加照片形式，而是用娱乐性的扑克牌形式，让人们轻松记住所要通缉的对象。

法学家就这样通过法律文书的字里行间，直面法律文书写作中反映出来的实在法及其存在的实践问题，没有重走注释法学的老路，而是另辟蹊径，将法学的注意力转向对专业法学家和职业法律家阶层的构建，出现了一大批“学者型法官、检察官”，他们以每份法律文书的写作为基石，奠定了司法的大厦。

（二）法律文书写作展现了法学发展趋势

经过各界二十多年的努力，2006 年 8 月，中国法学会法律文书学研究会在北京正式成立，法律文书研究会从中国写作学会正式回归中国法学会。这次回归不只是简单的机构变更，而是使我们多了一个视角，把握当前我国法学发展的趋势。

1. 法学有了两条发展线索：法律家的法学和专业法学家的法学

面向社会的世俗生活，法学需要这两条发展线索。首先需要专业法学家为人们社会生活中的困惑、矛盾和冲突，寻找到切实的法律解决方案，确立基本的原则，或为法律的确定做出合理而有说服力的论证；也需要法律家在法学实践活动中，通过对具体的法律文书中所使用的法律语言、法律推理和法律方法以及法律结论的研究，让法律制度与社会现实相互对应，使理论和实践之间形成良性的共生系统。

一般来说，专业法学家的思维是求异和创新，法律家的思维则是忠实和信仰法律，前者对特定的社会法律现象进行激烈的批判，后者通过法律文书写作，用法律这把利刃对社会进行冷静解剖；用边沁的说法，前者只有一只具备广阔视野、勇于追求美好未来的雄鹰的眼睛，后者也只有一只注重细节规划的苍蝇的眼睛。法学的进步犹如人需要两只眼睛一样需要专业法学家和法律家的共同努力。

过去，我们普遍轻视法律家对法学研究的努力和贡献。随着法学研究在我国的繁荣和发展，专业法学家从对概念的抽象注释的法学研究转向对具体的实在的司法实践的关注，明白了要和法律家一样，不能像哲学家、文学家、伦理学家或社会学家那样思考法律问题，二者通过对具体个案的法律文书写作研究，搭建了共同的思考起点和交融的平台。他们必须用所谓理性、冷静、刚性的"法言法语"包裹起这种判断和想象，按照"法律共同体"之专业技术的要求，来逻辑地表达为法律共同体甚或被整个社会均予认可的意见和问题解决的办法。

2. 法学研究从以立法定向的法律转向以司法定向的法律

随着大陆法系对判例的日益注重以及英美法对成文法立法的加强，法学研究正逐渐融合其各自特点并越来越具有相似性：那就是注重司法的过程和个案的研究，注重法律在实际司法中的创制、解释、推理、思维和漏洞的弥补，通过法律文书的写作，对典型案件进行学理分析，从中发现立法的成功与不足，进而针对法律漏洞寻求填补办法，探求立法体系的完善。

但是,在我国对案例的研究长期存在互不相干的两种倾向:一是法学家对案例的立法学研究,这种研究动辄引用德国法、英美法、台湾法甚至罗马法的条文及其原则,这虽然有利于我们对法律原理进行更深入的理解,却忽略了我国的法律原则和法律规定,很难为司法实践所直接借鉴,一个中国的法官和律师在法律文书中是不能引用德国法如何规定、王泽鉴如何认为的;另一种是法律家通过法律文书对案例所做的具体研究,这种研究有很大的实用性,它仅仅关注个案的具体处理,很难跳出案件本身进行学理上的探讨,从中抽象出一般性的法律原则或规则。

中国法学转向司法定向的法学,应当说是法学知识生产的新的增长点,是法学逐渐成熟、走向自治的机遇,是法学家职业共同体形成的一个基本方向。

我们还可以进一步说,司法定向的法学的转向也是实践法学的转向,是法学由古老的实践法学到近代偏向理论—纯知的法律科学再回到新的实践法学,将法律科学与制度实践融为一体的学问的转向。

比较而言,我们中国的法学的转向呈现为复杂的现象,它一方面要消解政策定向的法学的影响,更多的是意识形态的影响;另一方面要承继立法定向的法学和法律科学的成果,走向司法定向的法学。在这个阶段,上述三种法学及其利益—兴趣定向因素都会同时存在、相互竞争、相互影响。在此意义上,我们更愿意把当代中国的法学发展趋势笼统地称为“转型中的法学”,它的复杂性通过每一份格式内容不同写作水平参差不齐的法律文书予以再现和复制。换句话说,我们是通过法律文书的写作发现了法学的这种转型。如判决书中不再有“狗急跳墙”的字眼,详细叙述证据的举证、质证和认证过程等,使法律文书中的每一个结论从现在的权威决断转变为理论的说服,真正体现法律的理性精神,逐步使法律文书不仅在现行法律条文和法律原理的推论中寻找和发现法律,而且在字里行间反映出文书制作者严密的法律思维和法律方法,以此推动法学科学和谐地向前发展。

【思考题】

一、简答题

1. 法律文书的概念。

2. 法律文书有哪些主要特点?

3. 以文书制作形式为标准,法律文书可分为哪几类?

4. 诉讼法律文书和非诉讼法律文书的划分标准是什么?

二、论述题

1. 法律文书如何展现法学的发展趋势?

2. 为什么说法律文书写作是奠定司法大厦的基石?

第三章　法律文书的阅读和构思

内容摘要

本章讲解法律文书的阅读和构思问题。制作法律文书的起点和入手之处就在于调整好自己的思维，先学会阅读和构思，才能下笔写作，写出来的文书不一定格式规范，内容全面，但构思过程必须周到、严密。阅读是写作的基础，阅读量大小与写作水平的高低密切相关；目的决定过程，怎么构思决定文书的使用和内容的确定。法律文书的构思和阅读是写作法律文书技能中最基础和最重要的步骤，国外的法律文书写作大多以讲解这方面内容为主，而我国的法律文书学教材却鲜有介绍。本章介绍了阅读的方法和意义，它不仅是一项诉讼行为，也是法律文书制作技术的一部分；构思是司法的主客观环境调和的产物。通过对法律文书构思和阅读原理的了解，可以提高学生理解和整合所学书本上法律知识的能力，加强对争议纠纷是非的判断水平，养成法律人的理性思维品格。

第一节　法律文书的阅读

按时下法律文书教材的编排体系，在法律文书的概念和特点等的介绍之后，就是介绍各种具体法律文书的格式、写作方法和模仿训练，这些静态的写作学原理无论讲解多么详细，对法律文书写作而言都是零散的，空洞的。众所周知，写作技能的提高首先需要大量的阅读积累，常言说“熟读唐诗三百首，不会写诗都会吟”，“读书破万卷，下笔如有神”，“读书百遍，其义自现”;其次是写作前的构思决策,目的决定过程,每份法律文书写作目的不同,制作者的生活经验和社会价值的不同,对案件性质的认识就会不同,所使用的文书种类,采用的文书结构,认定的事实和适用的法律都会不同,得出的结论也不同。如同样的证据按不同的证据规则会形成不同的案件事实,典型的是美国辛普森案件,按刑事诉讼百分之百排除合理怀疑的证明规则,刑事案件中辛普森杀人事实就不能证明,因此刑事判决宣告辛普森无罪;而民事诉讼中根据高度盖然性的证据优势原理,辛普森杀人事实就可以认定,法官判决辛普森给受害人家属高额的民事赔偿。当下的司法实践中有些本应该使用判决的案件却因种种原因使用了调解书,导致结论的大相径庭,损害了法律的权威。另外,法官会因为早餐的好坏影响对被告人的定罪量刑,正如任何历史都是当代史一样,任何案件都是制作者构思出来的,同一个案件,不同的人根据他的经验和价值的不同,都会制作出不同的法律文书,得出不同的结论,形成不同的案卷材料。

所以本教材专章讲解法律文书的阅读和构思,以使学习者更加实际地掌握法律文书的写作技能。

三大诉讼法都把阅卷权规定为一项重要的诉讼权利,并制定了相关的保障措施,尤其是对律师的阅卷权利,更是十分重视,把它作为是否充分行使辩护权的标志。阅读案卷材料是司法业务的重要内容,其意义有:

一、阅读是得出司法判断的基础,是制作法律文书的首要步骤

司法的功能就是解决当事人的争议,对纠纷各方的利益进行平衡后作出权威的裁决。所以当一个待决纠纷摆在面前,文书制作者首先要找的模式不是文书写作的结构和内容问题,而是眼前纠纷双方利益如何平衡的问题,其他诉讼参加人又是如何平衡这些利益的。否则,他的写作水平再高,格式再规范熟练也是写不出一份法律文书来的。我们常听说某个法官对某个案件迟迟难以下判,律师觉得某案辩护词实在难写,某公安机关在限期内交不出一份侦查终结报告,指的就是这种情况。法官仅凭一个判决书格式模板就能写出判决书吗?他首先得阅读由起诉意见书、起诉书、辩护词、各种笔录等组成的案卷材料,结合自己的诉讼经历,形成关于本案事实和法律适用的判断,最后再形成对待决纠纷是非责任的确信作出判决。下面以一份判决书为例:

重庆某区人民法院
民事判决书

(1994)某经初字第213号

原告:重庆穗川贸易公司,地址本市市中区黄家丫口菜市场街421号。

法定代表人:刘明亦,该公司经理。

委托代理人:周发忠,男,该公司干部。

委托代理人:郑建国,重庆市第三律师事务所律师。

被告:周克林,男,1957年10月4日生,汉族,系重庆印染厂市中区经营部驾驶员,住本市沙坪坝区胜利村22号。

委托代理人:韩建新,重庆市第三律师事务所律师。

被告:重庆印染厂,地址:本市某区胜利村101号。

法定代表人:陈振,系该厂厂长。

委托代理人:许陆顺,系该厂汽车队干部。

原告重庆穗川贸易公司与被告周克林、重庆印染厂货物运输合同纠纷一案,本院受理后,依法组成合议庭,公开开庭进行了审理。原告委托代理人周发忠、郑建国,被告周克林及其委托代理人韩建新,被告重庆印染厂的委托代理人许陆顺等到庭参加诉讼。本案现已审理终结。

原告重庆穗川贸易公司诉称:一九九三年八月十一日,被告周克林以重庆印染厂名义与我司签订货物运输合同,在履行合同过程中,因发生车祸致使我司夏布、拉簧伞、皮鞋损坏遗失,造成直接经济损失119,427元。请求人民法院判令被告周克林赔偿直接经济损失及利息,以及我司逾期交货的间接损失,并由被告重庆印染厂承担连带责任。

被告周克林辩称:一九九三年八月十日,我与原告口头约定用我承包重庆印染厂的五十铃货车(车号四川03-18393)为原告运送夏布到深圳市,并未约定运拉簧伞、皮鞋。运输合同系车祸发生后原告要求我补签。因此只同意赔偿夏布的部分损失。

被告重庆印染厂辩称:周克林与原告签订合同未告之我厂,我厂未在合同上签章,车祸发生造成损失,我厂不应承担责任。

经审理查明:一九九三年二月二十七日:被告周克林与被告重庆印染厂签订单车承包合同,合同期自一九九三年二月一日至一九九三年十二月三十一日止。同年八月十一日,被告周克林与原告重庆穗川贸易公司签订货物运输合同,合同约定:由周克林承包的四川 03－18393 号五十铃货车为重庆穗川贸易公司承运夏布 3540 匹,拉簧伞 1000 把,由四川省隆昌县送达深圳市。合同签订后,被告周克林雇用的司机王正新在重庆装上重庆穗川贸易公司的拉簧伞 1000 把,及该公司职工周发忠的皮鞋 640 双前往隆昌县,在该县又装上重庆穗川贸易公司的夏布 3540 匹,于一九九三年八月十三日从隆昌县出发前往深圳市。八月二十日,在途经广西合山市河里乡村公所路段时,因汽车方向盘失灵翻车,致使原告的夏布损坏 600 匹,拉簧伞损坏、遗失 523 把,周发忠皮鞋损坏、遗失 504 双,造成重庆穗川贸易公司直接经济损失 95,230 元。因被告周克林、重庆印染厂对原告重庆穗川贸易公司的经济损失未进行赔偿,原告重庆穗川贸易公司遂向本院提起诉讼。审理中,被告周克林只同意赔偿夏布部分损失 20,000 元,重庆印染厂不同意赔偿。

以上事实,有原被告陈述,货物运输合同,单车承包合同,发货清单,检验货清单证明,证人王正新的证言等证据在案为凭,这些证明材料经双方当事人在法庭上质证,可予采信。

本院认为:原告重庆穗川贸易公司与被告周克林之间的货物运输关系成立,并已实际履行,应受法律保护。被告周克林应当按约将原告之货物按时、完好无损地送达目的地,途中因车祸而使原告之货物损坏、遗失产生的经济损失,应当由周克林负责承担全部赔偿责任。发包方重庆印染厂对要发包的货车负管理责任,在周克林无力承担赔偿责任时,应当承担连带清偿责任。原告要求被告赔偿夏布、拉簧伞损失的请求理由正当,应予支持。至于周发忠托运的皮鞋 640 双,在原、被告双方签订的货物运输合同中,没有约定,不属于本案处理范围。原告要求主张的间接损失没有证据,本院不予主张。依照《中华人民共和国民法通则》第八十五条、第一百零六条、第一百一十一条、第一百三十条和《中华人民共和国经济合同法》第二十条、第三十六条第一款第三项之规定,判决如下:

一、由被告周克林赔偿原告重庆穗川贸易公司 600 匹夏布,523 把拉簧伞的经济损失95,230元。此款限于本判决发生法律效力后立即付清。逾期则由被告重庆印染厂负责清偿后向被告周克林追偿。

二、案件受理费4090元,其他诉讼费1230元,诉讼保全费1124元,合计6444元(原告已预交)由被告周克林负担,限于本判决发生法律效力后连同赔偿款一并交清。

如不服本判决,可在判决书送达之日起十五日内,向本院递交上诉状,并按对方当事人的人数提出副本,上诉于四川省重庆市中级人民法院。

审判长 廖某

代理审判员 任某

代理审判员 张某

一九九四年十一月二十日

书记员 王某

在这份判决书写作之前,法官先阅读了起诉状和答辩状,先认识到这是一个侵权和违约责任的竞合,法律规定当事人有选择权,通过阅读起诉状明白了原告选择了要求被告承担违约责任,这就涉及了合同法律规定和原理,通过阅读答辩状和原被告提供的证据材料以及开庭审判,法官对本案合同主体,效力、责任承担等方面的事实和法律争议就明确了,并在此基础上根据最高人民法院的格式样本写出了这份判决书。

基层法院的普通案件如此,中级高级和最高人民法院那些疑难复杂案件更是需要对案例材料的详细阅读,特别是类似案件判决的阅读来帮助对待决的争议大的、复杂的案件进行公正合理平衡的裁决。

1985年最高人民法院就开始通过发典型案例的形式来指导司法实践。最先在《最高人民法院公报》上刊载典型案例,对各级人民法院审理相关案件发挥了重要的参考和借鉴作用。随着案例指导的推进,最高人民法院及相关部门通过《人民法院案例选》、《中国审判案例要览》、《最高人民法院报》公布案例。自2005年起,最高人民法院更是与最高人民检察院联合编辑出版《中国案例指导》丛书。该丛书所选案例在形式上,均由编辑委员会重新编号;在内容上,包括由案例所抽象出的案例指导原则,也包括起诉书、一审判决书、上诉状、二审判决书等法律文书；虽然这些案例不能作为裁判的直接法律依据，但是法官、检察官和律师可以作为裁判理由或者辩论理由引用。

从最高人民法院及地方法院实践的情况来看，虽然其使用的名称不太相同，但基本模式及目的是相同的，均是由法院经过一定的程序，遴选、编撰、公布具有一定典型性的案例，指导下级法院审理同类案件，以统一裁判标准、提高司法质量和效率，达到同案同判。

由此看出，案例指导制度指导的不是格式样本规范的问题，而是司法如何作出公正决断的问题。因为，再雄辩的言辞都不能代替利益的判断。所以法律文书制作前的阅读是远比法律文书格式等更为必要和基础的一个步骤。

二、增加对法律知识和原理的理解和掌握

俗话说“书到用时方恨少”，“纸上得来终觉浅，欲知此事须躬行”。法律如果不被适用，等于一纸空文；徒法又不能自行。所以，根据“白马非马”的逻辑原理，法律是在文书制作者具体用于解决社会纠纷的过程中通过活的文字展现出来的。法律文书是法律适用的凭证和载体，阅读它可以帮助我们了解学习抽象的法律知识和原理，检验我们对那些专业知识掌握的熟悉程度，同时发现那些知识的不足和漏洞，因为，理论永远是灰色的，只有生活之树常青！

如在上例民事判决书中，我们发现法官将“连带责任”这个法律原理理解错误，应该在判决理由中去掉“当周克林无力承担时”这句话。在判决结果中，也不能要求重庆印染厂“逾期”才承担对原告的赔偿责任，而应该和第一被告周克林在相同的履行期限内同时承担共同的赔偿责任。但由于本案法官对连带责任原理的错误理解，致使该判决执行难度变大，因为，原告得先向周克林要求履行，之后才能向第二被告要求赔偿。

随着两大法系的逐渐融合，大陆法系国家也开始重视案例的积累和编撰。在我国案例是指导人民法院审判工作的一种重要形式。案例无论是对法官个体的审理案件，还是对法院整体的审判工作，都具有指导意义。

首先，遵循先例是人类自古就有的经验，办案也不例外。每个法官在遇到疑难案件时，往往下意识地询问，有没有类似案件呀，它是怎么处理的呀？

这就说明了法官想借鉴参考类似案例。

其次,办案是将抽象的法律条文运用到具体纠纷的解决过程中,案例反映了法官如何将抽象、原则的法律条文变成形象、具体的行为规范的解释过程,反映了法官运用法律规范处理实际案件的办案思路。最后,对于人民法院审判工作的整体来说,系统地编选案例,将审判实践中的疑难问题集中起来,也可以有效地指导审判工作。中国法官对案件的审理不同于西方判例法国家法官只负责处理法律争议,不仅要处理法律争议,而且需要对事实进行认定,而在法庭上如何运用证据规则和社会经验对事实进行认定,成为法官在司法实践中急需指导的问题之一。因此,只有通过个案的文书写作对事实分析和证据认定规则进行归纳,使法官正确理解裁判规则和证据规则,掌握成熟的裁判方法,才能提升法官的审判实践水平。

案例也是立法机关制定法律的源泉,是人民法院制定司法解释的重要参考。法律和司法解释都是法官裁判案件的依据,但是由于我国经济发展迅速,社会关系急剧变动并日趋复杂,在短时间内需要制定大量的法律和其他规则来调整社会生活,而我国立法能力和立法技术又存在不足,在立法中甚至故意追求“宜粗不宜细”,致使我国立法呈现出简约、粗放、可操作性差的特点,公开典型案例的法律文书就弥补了这一缺陷。下面以连爱萍诉焦作市马村区待王镇靳作村民委员会人身损害赔偿纠纷案为例:

原告连爱萍于 2000 年 7 月 14 日行走时,一围墙倒塌将其埋在了砖堆中,治疗后被鉴定为十级伤残。2001 年 6 月 4 日,原告以李耕臣(倒塌的围墙系李耕臣组织人员所建)、马村区建设委员会(该围墙系马村区建设委员会要求李耕臣所建)为被告向马村区人民法院提起诉讼。法院于 2001 年 11 月 1 日判决两被告赔偿原告损失。后该案再审,马村区法院于 2003 年 7 月 2 日作出判决,以李耕臣与马村区建设委员会均不是该围墙的所有人或管理人,撤销了前一判决。原告又于 2003 年 8 月 9 日以靳作村民委员会为被告提出诉讼,靳作村委会以原告的起诉已超过诉讼时效为由请求法院驳回原告的诉讼请求。马村区人民法院判决支持了原告的诉讼请求。

本案让我们对这样两个法律原理进行思考,进而让我们理解了《民法通则及其意见》关于诉讼时效规定中的漏洞或者不完善的地方。我国《民法通则》第 136 条规定,身体受到伤害要求赔偿的,诉讼时效期间为一年,该法第137条又规定，诉讼时效期间从知道或者应当知道权利被侵害时起计算。《最高人民法院关于贯彻执行〈民法通则〉若干问题的意见（修改稿）》第196条规定：人身损害赔偿的诉讼时效期间，伤害明显的，从受伤害之日起算；伤害当时未曾发现，后经检查确诊并能证明是由侵害引起的，从伤势确诊之日起计算。

如果严格按照上述规定，本案中原告受伤是在2000年7月14日，且伤害明显，因此，其请求保护其权利的诉讼时效期间应当是从该日起一年内。原告虽然于2001年6月4日起诉，但其起诉的对象并不是真正的侵权人，能否引起时效中断存在争议。如果原告于2001年6月4日起诉的行为不能引起时效中断，则原告在本案中请求被告赔偿的权利就得不到法律保护，我们都会觉得这对于原告是不公平的，因为其毕竟一直在主张自己的权利，只是因为不知真正的侵权人是谁罢了。这样，我们就发现，我国关于诉讼时效起算时间的规定存在重大立法缺陷。在受害人不知道侵权人是谁的情况下，诉讼时效应当从受害人知道真正侵权人时起算。但需要指出的是，受害人应当在一定时间内为查找确定侵权人付出一定努力。这个案例让我们发现了诉讼时效法律规定的不完善之处，也就是说，理解了诉讼时效规定的法律原理以及如何完善它。

下面再通过一份判决书的阅读理解法律如何通过司法实践促使立法进步和法学发展。

董宏思诉中国人寿保险股份有限公司昆明分公司、中国人寿保险股份有限公司云南省公司不履行给付重大疾病保险金义务案。本案的争议焦点为原告董宏思所患疾病是否属于合同所约定的重大疾病，法院最后支持了原告。该案的受理和判决引起了社会的广泛关注，与其后的友邦保险案（全国首例针对保险合同本身提起的诉讼）共同推动中国保监会出台措施规范重大疾病保险合同。应当说，这个案件的裁判结果是正确的、妥当的，但裁判过程和裁判依据却值得推敲。

下面让我们来分析一下案情和裁判过程。在该案中，保险条款第21条注释6约定："急性坏死性胰腺炎是指由本公司认可的专科医院确认为急性坏死性胰腺炎，需要进行坏死组织清除、病灶切除或胰腺部分切除的手术治疗。"董做的手术是胰腺胰床引流术，术后诊断为：急性坏死性胰腺炎。

保险公司以"胰腺胰床引流术"不是"坏死组织清除术",更不是"病灶切除术",董所患的"急性坏死性胰腺炎"达不到合同条款规定的手术治疗标准或者说程度,因此拒赔。审理中,法院委托云南省法庭科学技术鉴定中心对"胰腺胰床引流术"和"胰腺坏死组织清除术"的医学界作出司法鉴定。鉴定结论为,"胰腺胰床引流术"和"胰腺坏死组织清除术"都是治疗急性坏死性胰腺炎的手术方式,但二者的选择是根据胰腺坏死的程度来决定的。法院认为:董所施行的手术虽为"胰腺胰床引流术",但该手术经云南省法庭科学鉴定中心《鉴定书》明确认可属治疗急性胰腺炎的手术方式,且该手术方式从医学原则、对症施治的实践证明,同样达到该合同注释 6 解释的"进行坏死组织清除"的目的,且原告的转危为安、顺利康复更证明了原告施行"胰腺胰床引流术"不但符合医疗原则,而且更科学。适用我国《保险法》第 31 条规定判决由保险公司给付原告重大疾病保险金 10 万元,并承担相应的滞纳金。

在这里,我们注意到法院适用的是《保险法》第 31 条,这需要以对保险合同条款有争议为前提,但鉴定结论只是明确"胰腺胰床引流术"和"胰腺坏死组织清除术"均为治疗急性坏死性胰腺炎的手术方式,并没有肯定"胰腺胰床引流术"就是"胰腺坏死组织清除术",也就是说,保险合同条款第 21 条注释 6 所约定的"坏死组织清除的手术治疗"与原告所施行的"胰腺胰床引流术"是不同的手术方式,前者并不包含后者,两者彼此关系泾渭分明,因此上述相关约定本身并不存在争议。所以,法院的裁判理由值得推敲。

虽然该案的裁判过程有可推敲之处,但站在社会公众的立场上,该案的裁决结果还是正确的、妥当的。这种正确性需要有正当理由予以支持。通过判决书的阅读和理解,从具体案情和其提出的问题以及法院说理中,我们能够找到影响法官作出如此裁决的正当理由。

在重大疾病保险合同中,保险人在对重大疾病进行定义时,常常通过限定具体手术的方式对保险责任范围内的重大疾病进行限制。应当说,明示合同条款必须严守和履行。但仅仅因为施行的手术方式与合同约定不符,就认定原告所患疾病不属于保险合同约定的重大疾病范围,这符合人们的通常理解和被保险人的合理期待吗?有如下疑问:一是以具体手术方式限定重大疾病范围是否符合人们的通常理解?按照人们的通常理解,重大疾病保险,保的是在患重大疾病时被保险人无力支付巨额医疗费用的风险。因此,一般的医疗费用支出较小的疾病不在重大疾病保险范围之内。在人们的通常理解中,重大疾病并不会与某种具体的手术方式相联系。二是以具体手术方式限定重大疾病范围是否违背被保险人的合理期待?对于被保险人来说,其在患有重大疾病时,期望采用先进的、科学的、合理的、风险更小的手术方式得到有效的治疗,而不会想到为确保重大疾病保险金的给付而采取保险人限定的手术方式。从医生治疗的角度来看,也会根据患者的具体情况,采取风险小而效果好的手术方式。此外,虽然手术方式的具体名称不同,但功效是一样的,以名称确定的具体手术方式限定重大疾病范围将会产生被保险人合理的投保期待无法实现的结果,使重大疾病保险徒具形式。三是以具体手术方式限定重大疾病范围,也就是将具体手术方式作为判断重大疾病的标准,是否具有医学根据?这个问题需要医学专家来回答。笔者需要指出的一点是,重大疾病保险的保险期往往为终身,在如此长的时间内,医学必定有大的发展变化,对某种重大疾病的治疗手术也会更新换代,以被保险人投保时的手术方式来限定若干年后被保险人患重大疾病时施行的手术,显然不符合医学的发展规律,对被保险人来说也不合理。

本案董宏思施行的手术严格来说不符合合同约定,但由于以手术方式界定重大疾病存在上述不科学之处,因此,应当从人们的通常理解和被保险人的合理期待的角度解释董宏思所患疾病是否属于重大疾病,答案显然是肯定的。以此作为裁判理由,判决保险公司给付董宏思重大疾病保险金,更令人信服。

可见,本案反映出这样一个问题:我国保险法中已有明确规定的保险合同解释原则(如不利解释原则)不能满足司法在裁判保险合同纠纷时的需要,因为在很多情况下仅运用这些解释原则无法充分保护被保险人的利益。这实际上是对立法提出了要求,怎样的合同解释原则能够使董案的裁判结果更有说服力呢?这就是"满足被保险人的合理期待"的保险合同解释原则。还有一个重疾险案例也反映了引入"满足被保险人的合理期待"这一保险合同解释原则的迫切需要。

以法律文书,尤其是以案件司法处理最终决断形式的法院裁判文书形成的案例是法学实证研究的基础和法学案例教育的素材。书本上法典上规定的法律条文无论看上去多么具体，但面对丰富的社会生活仍显出不够清晰明确，在许多案件的裁判中，对于适用哪条法律规定不存在争议，但对于所适用的法律规定本身存在不同的理解，根据不同的理解将会造成不同的裁决结果。对于此类案件的法律文书阅读，我们可以发现法律规定本身存在的问题，也可以展现法官律师等法律家在法律理解和解释方面的创造性。

例如，罗仕林申请宣告呈持续性植物状态的罗某某为无民事行为能力人案判决书的说理：

《民法通则》没有植物人是否属于无民事行为能力人的规定，也没有何为无民事行为能力人的原则规定。只有两条具体规定：《民法通则》第 12 条第 2 款规定："不满十周岁的未成年人是无民事行为能力人，由他的法定代理人代理民事活动。"《民法通则》第 13 条规定："不能辨认自己行为的精神病人是无民事行为能力人。"民通意见第 8 条扩大了无民事行为能力人的范围，该条规定："在诉讼中，当事人及利害关系人提出一方当事人患有精神病（包括痴呆症），人民法院认为确有必要认定的，应当按照民事诉讼法（试行）规定的特别程序，先作出当事人有无民事行为能力的判决。"

本案裁判紧紧抓住了《民法通则》第 13 条第 1 款中"不能辨认自己的行为"的表述，从而也支持了精神病人是不能辨认自己行为的人中的一种即无民事行为能力人的一种的判断。这就为把植物人解释成为无民事行为能力人奠定了基础。当然，此处也可能存在另一种文字理解，即此处以"不能辨认自己的行为"这一条件来限定精神病人，主要是为了排除间歇性精神病人，因为间歇性精神病人在病情未发作时，属于有民事行为能力的自然人。

阅读案卷材料是三大诉讼法都明确规定的一项诉讼权利，这里的"阅卷"，就是阅读该案的法律文书，了解案件的诉讼进程，有效完成现阶段的诉讼任务，并用法律规定的文书把它固定下来，为下一个诉讼环节做准备。

如果对一个案件涉及的事实证据和法律适用问题模糊不清甚至根本不懂，法律文书格式样本再熟悉，也是写不出一份公正的法律文书来的。一个律师读不懂起诉书的逻辑论证思路，结论得出的依据，怎么制作辩护词？没有阅读原告的起诉状，凭什么书写答辩状，仅仅靠答辩状的格式样本？读不懂法院的判决书，律师又如何代当事人书写上诉状，代理二审诉讼？如果不熟悉法律规定的证据的规则和证明标准,法官怎么能把案卷材料中大量的反复的甚至是矛盾的证人证言和被告人供述读懂,并在判决书中进行分析,评判出推理的小前提——案件事实呢?所以,对法律文书阅读越多,越能培养分析事实和发现问题的能力,对书本上的抽象成文法条文更能理解其规定的目的和原则,精神和内容,并在社会生活中具体适用、完善和发展,也是制作法律文书的一个首要步骤和重要的基本功。

第二节 法律文书的构思

法律的价值在于解决社会纷争,缓解社会冲突和对立,实现最大限度的社会和谐。但由法律术语、逻辑和方法构成的法律世界,与生活世界之间呈现出重合又分离的复杂情景,法律世界源于生活世界,它是独立的,与生活世界有不尽相同的逻辑,但它最后要为重塑生活世界的和谐秩序服务。所以,法律文书并非是一篇完全按法律思维逻辑和完美格式作出的"法律诗歌",而是制作者通过对法律逻辑和生活逻辑博弈后的结果,这就是法律文书写作的构思。

一、法律文书构思的意义

长期以来,法律文书写作学都是静态的从格式完整和语言表达方面讲解文书写作技能,再按照这些所谓的格式和写作要求去评判实践中的法律文书,结果当然是不尽如人意的。因为司法的目的,并非仅仅是为某个抽象的法律理念和条文提供具体注脚,而是为了解决特定时空环境下存在的某个争议或纠纷,就社会效果来说,因为法律在实施过程中所处的地理空间、政治空间还有文化空间的不同,法律逻辑再完美,格式样本再完备,纠纷问题如不能有效解决,探讨文书该如何布局和表达是没有任何意义的。其实,换个法社会学角度来审视法律文书的写作实践,根本的问题并非格式不规范和写作水平,而是法律理念和实践的时空性问题,也就是法律文书构思的问题,也就是说,作为特定时空下的司法凭证,一份法律文书的写作目的是要解决特定时空下的纠纷和问题。所以制作者写作前除了阅读相关法律文书,了解该纠纷司法解决的预期以外,就是根据自己的生存环境和经济利益以及主观需要构思使用什么法律文书,如何使用法律文书。

比如,某基层检察院为了帮助某国有企业讨债赚取佣金,制作了一份虚构的该企业领导犯玩忽职守罪的立案决定书,以此为前提制作了拘传证、逮捕证、查询银行账户通知书、冻结银行账户通知书,再以这些法律文书为依据带上手铐和手枪将该国有企业的债务人关押在检察院,以扣押没收赃款的名义要求债务人还清了欠款后,以该案证据不足,制作了一份撤销案件决定书,结束了这个案件的所谓侦查,实际上完成了帮企业的讨债行为,为检察院获利 20 万元。

这里我们可以看出,检察官制作这些法律文书前主要突出的是其权威和强制价值,在乎的是文书上署名处的检察院公章和标题处的检察院名称以及拘传证、逮捕证上债务人的姓名,至于这份文书的其他内容如格式是否规范,法条是否正确已经没有意义了,这些本不是写作者的目的。

公安机关为了完成严打期间的办案数量,就可能把行政违法案件如卖淫嫖娼案件,通过法律文书的写作技术,加工成刑事强奸案,只要获得一份卖淫者的证人证言,证明嫖娼者违背了妇女意志,使用了暴力手段与妇女发生了性行为,就完成了刑事案件转换。某县法院有 25 个民事案件,从民事起诉状、民事答辩状、立案决定书、应诉通知书到开庭笔录、送达回证等法律文书一应俱全,所体现出来的审判程序十分完整,当事人的姓名住址等自然情况清楚明确,问题在于这些案件从来没发生过,所有文书都是法官为了完成上级下达的办案指标编造的。

发生在社会生活中的纠纷也许并不复杂,如一个涉及专利侵权的案件,既可能是行政案件,也可能是民事侵权案件,还可能是刑事犯罪案件,因为现有的将案件分为刑事、民事和行政的分类方法是立法者的理性划分,并不能与现实生活中变幻无常的案件一一对应,有些案件属于刑事还是民事、行政案件性质,并非楚河汉界,泾渭分明,而是可以相互转化的;还有文书制作者的生存境遇,教育成长背景,经历和阅历,道德价值观,秉性与爱好,都会在文书写作中反映出来。

当然像上述这种假案并不多见,实践中的法律文书,一般来说都是实际发生了的案件,是客观存在的,但在某些情况下,的确是制作出来的,至于制作出来的是什么样的案件，则根据制作者的主观需要而定，实际发生的行为只是一些原始的素材，这些素材可以构成什么样的案件，包括怎么处理这些案件，不仅取决于法律，同时也取决于特定主体的特殊需要和制作者身处的不同语境。如案件审理终结后，法官认为被告人是有罪或无罪，原被告的婚姻关系是判解除还是维持，决定法官使用什么文书，采用什么结构，选择哪些事实，适用不同的实体和程序法律；同一个民事案件，在北京、上海的法官，考虑更多的是正式规则，所以更愿意判决结案，制作的是民事判决书，而在广大的乡土社会，尤其是中西部基层法官则重视乡规习惯，调解结案比例就高甚至高达80% ~90%，民事调解书就较多使用。即使是人民法院的判决书，尽管最高人民法院有规定的格式样本，而且样本还细致齐全，仅刑事判决书各审级和程序使用的曾有三十多种，按理说法官照格式一套就行了，但判决书的写作实践证明并非如此简单，结局和现状仍不尽如人意，学界和实务界对此的一致评价是：中国法官对判决书论证不够，法院判决书不讲理。其原因多是简单地归咎于法官的压力大、学历低、知识缺乏和制作技术低劣，不重视文书的格式规范，甚至是写作表达能力较差。但各级法院保存的案件卷宗内，判决书制作之前都有一份案件审理终结报告，详细介绍案件处理的全过程，对判决理由都有论证分析，即使是文化和专业水平相对较低的基层法院法官具有的分析论证能力也许比不上英美法官，但也比我们从判决书中推断的能力强得多。

二、法律文书构思的内容

对判决书写作状况不如人意的原因进行深入实际调查了解后，一个不争的事实是，非法官不能也，乃法官不为也，判决书包括所有法律文书制作水平不高的问题主要是制作者构思时受两大问题困扰，它们是：

（一）法律文书的阅读者即受众是谁

法律文书的受众是三大诉讼法法律规定已经明确了的，大多数文书如逮捕证、出庭通知书、询问笔录、讯问笔录都是单一的特定的并在法律文书的首部称呼或尾部致送机关处表达。

如民事起诉状的正本致送的是人民法院，原告在构思时是在对心中那个阅读者即法官陈述请求。某个由电视直播的公开审判的案件，被告人的辩护人在发表辩护词时，首部的称呼是："审判长、审判员、中央电视台和全国观众”,引起法学界一致批评。因为辩护词依法规定是向法庭陈述的,在我国按《刑事诉讼法》的规定,法庭有独任制和合议制两种组织形式,合议制由审判长和审判员组成。所以,该律师在辩护词中称“审判长、审判员”是正确的,因为辩护词的受众是合议庭,而且依法只能是合议庭。

但还有些公开性法律文书,受众虽然明确,但不特定,是整个社会,而社会是复杂的,所以受众种类较多,难以面面俱到。以判决书为例,买卖胜诉判决书的报道也不算新闻了,它折射出了法官在判决书写作前需要思考的问题是:判决书是写给谁看的,是当事人、普通民众还是法律职业共同体或者他们的精英?

稍有实践体验的人都知道,司法面对的世界之纷乱,个案需要解决的问题之复杂,需要平衡的利益之间博弈之激烈,是象牙塔里的法学院教授和学生难以想象的。所以,个案判决书的受众不可能面面俱到,它只能在具体时空条件下根据特定的利益有所侧重,结合司法实践的现状,根据最高人民法院规定的格式样本,大致是按以下类别灵活确定,并在此基础上构思和写作的。

1. 基层法院尤其是大量的基层派出法庭审理的事实清楚,证据确实充分的民事案件,这类案件的法官在尊重相关证据的前提下,更多地考虑案件的具体时空条件,判决书(也包括调解书)主要表达对民众真实生活中习惯规则和民意、民俗、民情的忠诚,强调判决的社会效果,其读者主要是当事人,功能就是解决纠纷的凭证在个案中还当事人一个公正而已,无须按最高人民法院详尽规定的首部中当事人的排列顺序,正文的事实如何叙述、理由如何表达等规范写作,判决书格式样本由叙议式改为了填空式,也不需要上网公开。司法实际中,对格式的机械套用让人错以为判决书似乎越长越好。人少案多,案件无论繁简都机械套格式,不仅浪费了审判资源,而且拖延了诉讼期间,损害了当事人合法权益。

2. 所有法院的二审判决和基层法院的典型案例以及高院和最高法的一审案件,其处理结果体现了所有实体、程序、政治、政策和社会影响的全部内容,这类判决书可以在网上公布,最为法律职业共同体所关注。写作时可以最高人民法院颁布的民刑事判决书格式规范写作,详细叙述案件事实和充分论证判决理由,真正反映司法实践的现状和水平,以保持和法学理论界、法学教育界的沟通和交流,成为法学研究的源头活水。

3. 对最高人民法院作为指导性的案例,需要在众多相似案件纷繁的判决理由中找出某些相对固定的规律加以总结,形成类似于英美法系的“裁判要旨”和日本的“判例要旨”一类具有拘束力的特定规则,这类判决书就需要理由部分的细致论证,并以司法解释的形式向各级传达,让各级法院的法官在制作相似案件判决书时阅读理解、参考遵循、妥帖运用。如果最高人民法院的司法解释是通过个案判决理由的全方位传达的,那么司法解释就有效确立了权威,同时可防止案件再解释。这类判决书也因其指导性规则和决定性判决理由成为以后其他法院和法官对类似案件判决的依据,完善了司法解释制度、减少了诉讼成本,这需要最高人民法院的法官在判决书的制作实践中去获得和积累,需要一种充满了技艺性的经验理性,

4. 对社会公众的理性法治观念具有绝佳启迪作用的案件如“邓玉娇案”到“许霆案”,面对如此重大分歧的案件时,在舆论和公众的强劲风暴中,法官不能首先乱了阵脚,没有足够的自信在判决书中坚守自己的判断。法官通过这类判决书中着重展示的用法律术语、法律逻辑阐述得出法律结论的推理论证过程,启迪民众对司法独立的尊重,并主动通过媒体将判决书向社会公众公开,使判决书所传达的全方位的导向意见,表达司法秉承理性的坚毅,在案件的处理过程中能始终恰当地向社会传达出司法的说理风格,从而有效地回应了公众和媒体对案件的合理质疑。法治需要公民的理性,而理性取决于法律人的自主性构建,而法律人要利用好判决书这个重要的构建理性途径。

从本质上说,判决书是司法解决社会各种纠纷的合法化证明,所以最主要的受众即阅读对象是案件当事人。在此基础上应结合社会的各种条件变化、法院审级、案件类型、法官素质和能力灵活界定并有所侧重。

还有如民事起诉状的写作构思问题,因为当事人的思维模式和律师截然不同,他只思考某个点,就好比结婚,普通人只注重考虑眼前如何结婚,不考虑离婚时怎么办,律师的思维方式则是一个面,它要关注未来,关注全过程,在给当事人安排结婚典礼时,还要预先设计好将来一旦离婚财产怎么分割。民事起诉状格式和内容比较简单,并不需要太高的写作能力和技巧。但律师写作前要对当事人的委托内容,要站在受众即阅读这份起诉状的法

官的角度进行缜密构思，对起诉状引起的整个民事诉讼进程和结果的把握，策略的分析，风险的规避等都要判断梳理，方才参照格式写出诉状内容。

比如诉讼请求的提出，在外人看来，不过是格式中的一个段落，几句简单的文字陈述，但对起诉状的制作者和阅读者法官而言，看到的远不只这些。许多原告往往在提出诉讼请求的时候胡子眉毛一把抓，以为能想到的要求都该列为诉讼请求向法院提出，但有时候这样往往是导致诉讼时间的延长或者诉讼成本的提高，不利于当事人诉讼利益的实现。例如，在一个具体的诉讼之中，当事人将诉讼请求的标的额提的很高，以为提出得越高，越有机会获得更多赔偿。但是，这往往就会导致诉讼费用的增加。诉讼费只是原告在起诉时先行垫付的费用，但在法院对案件进行裁决时，败诉方所应承担诉讼费的多少是根据判决结果对原告所提出的诉讼请求标的的支持比例来确定的。如果诉讼请求中不合理部分占了多数，那么其分担的诉讼费比例也就会相应的增加，从而增加了诉讼成本，无法实现当事人预期的诉讼利益。高昂的诉讼请求标的额也会使最终的判决得不到有效地执行。

诉讼请求提出不合理的另一个表现就是诉讼请求项目太多，也就是一个诉讼中有多重主张。这在实践中是经常发生的现象，正如很多人所想，提出的请求越多，得到解决的问题也就越多。实则不然，诉讼请求的项目过多除了导致诉讼费用的增加以外，还会导致诉讼时间的延长。每个具体的民事诉讼都有一定的审理期限，而过多的诉讼内容也会影响审判人员对于诉讼请求的严格审查与裁决，增加了引起二审程序的可能性。于是由此产生的在时间和金钱上的成本增加，必然不利于争议问题的实际解决，也更不利于诉讼利益的实现。

再有一个表现就是按什么法律责任的方式提出。如在侵权责任和违约责任竞合时，选择那种责任方式更能将当事人获得的救济最大化，可以请求较高的赔偿数额，同时还要考虑原告的举证能力、应诉的成本等因素。

所以，如何具体、明确、合理的在诉状中提出诉讼请求，首先考虑的是受众人民法院的认可并得到确认，有效降低原告的败诉风险，也是当事人诉讼策略的体现。

（二）法律文书的署名问题

法律文书由谁署名？署名不仅让作者增强责任意识，也给他带来相应的荣誉和利益,所以合理健全的法律文书署名制度对提高法律文书的写作水平的意义并不亚于其格式规范的掌握。每个作者在法律文书构思时,他的责任感、荣誉感、收益成本计算等问题是保证其写作高质量法律文书的关键。

现行刑事、民事和行政诉讼法都规定了判决书由合议庭署名的制度,最高人民法院规定的格式样本也有专门的"本院认为"部分。在中国当下的司法环境中,这种制度对撰写判决书的法官个人安全和权益有一定的保护作用,如沈阳黑社会头目刘涌案,由于考虑法官安全,合议庭评议都只能在网上匿名进行,哪个法官还敢将自己的观点细致表达出来,并写进判决书呢?即使没有安全顾虑,法官付出"人瘦了一圈"的艰辛劳动,认真撰写了60多万字(见人民法院报的报道)的判决书,仍不能留名,更无因此获得额外的物质和精神收益,他仍在某法院某审判庭后匿名。这是一种不尊重知识产权的判决书署名制度,使法官丧失了撰写优秀判决书的动力。因此对那些供法律职业共同体阅读研究的判决书、供下级法院作指导案件的判决书、供社会公众阅读的判决书,各级法院可根据实际情况采取各种激励措施,试行并逐步推广撰写法官在判决书中署名的制度,并同时公开合议庭每个法官的意见包括反对意见,以鼓励法官、检察官中的精英通过撰写判决书、起诉书青史留名,长期为后人引用,为学者研究,使该案件成为经典案例,该法官、检察官成为中国的"波斯纳"。在当前的司法实践中,律师文书的写作水平相对较高,出现了大量经典的优秀的辩护和代理文书以及对文书的法律思维和诉讼策略和制度价值深入分析的学术专著和研究资料,其原因之一就是律师文书都是制作文书的律师署名,他享有这份文书所产生的物质和精神利益并承担相应的责任,促使他在代理的每一个案件过程中,都会认真地不断地去积累和提高自己的每一份文书制作水平,提升自己的业务能力,展示自己的司法智慧和才华。

综上所述,法律文书的构思问题,不仅仅是写作能力问题,它折射出司法体制和司法制度的诸多问题,反映出立法者在纸面上建构的法律秩序与真实的社会生活之间不完全重合。我们不能对法律文书的写作实践和现状漠视不管,更不能用书本上的教条化的文书写作原理和刻板静止的格式样本去评判每份生效的法律文书,司法完全的绝对的独立是不可能的,法律不是万能的,它只是调整社会关系的手段之一种,政治、经济、道德等因素都会影响法律的调整效果。所以,法律文书中,仅仅只按法律的思维逻辑得出结论是不完全可能的,它有时还有政治的道德的甚至是宗教的逻辑原理,法学院讲台上得到表达的,基本上就是纸面上的一种法律,法律文书教学中传授的也是机械刻板的格式和表达要求,但学生毕业以后,面对鲜活真实的司法图景,这些庙堂里的法律显然太单一,太贫乏,只有通过一份份解决具体时空下纠纷的法律文书的阅读构思和写作,学生才能真正感受到法律在如何运行,法律文书的格式和文字背后,或者法律文书的格式内容下面,除了遵循法律的逻辑还要遵循多少中国语境的逻辑,它们构成了生动的充满生命力的中国特色的司法实践,这是法学院学生无论从事司法实务还是法学教研都必须要面对的问题。

所以,研究法律文书的阅读和构思的意义就在于,要以法律文书的制作实践,解决纠纷的实际效果为中心,反思法律文书的教学和研究,只习惯于静态的介绍各种文书的格式规范和表达要求,割裂法律文书制作者的生活背景、文化层次和办案经验以及由此产生的思维方式和价值观与文书格式内容的密切关系,将司法实践中出现的诸多法律文书写作问题简单地归咎于制作者的主观的不重视和客观上的知识无能,较少考虑法律文书写作与司法制度、司法体制和司法环境的关系,通过本章对法律文书的阅读和构思问题的解构,我们可以清楚地看到:法律文书的写作不仅有写作知识和能力的问题,但它又与司法体制和制度密切相关。

要提高制作法律文书这门司法技艺,仅仅掌握格式样本和文字表达的功夫远远不够,必须首先通过阅读了解待决纠纷所产生的社会环境,并通过分析构思了解该纠纷需要平衡的各方利益。由于利益的冲突,需求的多元,特别是当前中国社会正处于转型期,不同利益主体基于不同的需求必然会形成不一致的评价标准。在不同标准的挤压下,司法角色十分尴尬,经常面临选择的艰难和妥协,通过法律文书记载和体现的结果以及推理的过程,就不只是法律思维和方法了,它的格式和文字下面,是政治的、经济的、文化的各种逻辑和诉讼参与人各方背后利益共同体的博弈格局。因为司法活动的价值,就在于解决了法官和律师所面对的每一个争议和纠纷,并取得良好的社会效果。如果我们仅用文书的格式和表达方面去分析建构法律文书写作技术,不从司法制度、体制、方式、效果等方面去思考和改进,要想通过法律文书写作水平来提高司法技能,有效解决社会的冲突和纠纷,展示司法的公正和正义,启迪公众的法眼慧心,实在是一个难以企及的理想。

【思考题】

这是某区人民法院(1994)某法民初字第213号民事判决书的正文内容,请仔细阅读后回答下面4个问题:

(一)判决书原文摘录:

原告重庆穗川贸易公司诉称:1993年8月11日,被告周克林以重庆印染厂名义与我司签订货物运输合同,在履行合同过程中,因发生车祸致使我司夏布、拉簧伞、皮鞋损坏遗失,造成直接经济损失119,427元。请求人民法院判令被告周克林赔偿直接经济损失及利息,以及我司逾期交货的间接损失,并由被告重庆印染厂承担连带责任。

被告周克林辩称:1993年8月10日,我与原告口头约定用我承包重庆印染厂的五十铃货车(车号四川03－18393)为原告运送夏布到深圳市,并未约定运拉簧伞、皮鞋。运输合同系车祸发生后原告要求我补签。因此只同意赔偿夏布的部分损失。

被告重庆印染厂辩称:周克林与原告签订合同未告之我厂,我厂未在合同上签章,车祸发生造成损失,我厂不应承担责任。

经审理查明:1993年2月27日:被告周克林与被告重庆印染厂签订单车承包合同,合同期自1993年2月1日起至1993年12月31日止。同年8月11日,被告周克林与原告重庆穗川贸易公司签订货物运输合同,合同约定:由周克林承包的四川03－18393号五十铃货车为重庆穗川贸易公司承运夏布3540匹,拉簧伞1000把,由四川省隆昌县送达深圳市。合同签订后,被告周克林雇用的司机王正新在重庆装上重庆穗川贸易公司的拉簧伞1000把,及该公司职工周发忠的皮鞋640双前往隆昌县,在该县又装上重庆穗川贸易公司的夏布3540匹,于1993年8月13日从隆昌县出发前往深圳市。8月20日,在途经广西合山市河里乡村公所路段时,因汽车方向盘失灵翻车,致使原告的夏布损坏600匹,拉簧伞损坏、遗失523把,周发忠皮鞋损坏、遗失504双,造成重庆穗川贸易公司直接经济损失95,230元。因被告周克林、重庆印染厂对原告重庆穗川贸易公司的经济损失未进行赔偿,原告重庆穗川贸易公司遂向本院提起诉讼。审理中,被告周克林只同意赔偿夏布部分损失20,000元,重庆印染厂不同意赔偿。

以上事实,有原被告陈述,货物运输合同,单车承包合同,发货清单,检验货清单证明,证人王正新的证言等证据在案为凭,这些证明材料经双方当事人在法庭上质证,可以采信。

本院认为,原告重庆穗川贸易公司与被告周克林之间的货物运输关系成立,并已实际履行,应受法律保护。被告周克林应当按约将原告之货物按时、完好无损地送达目的地,途中因车祸而使原告之货物损坏、遗失产生的经济损失,应当由周克林负责承担全部赔偿责任。发包方重庆印染厂对要发包的货车负管理责任,在周克林无力承担赔偿责任时,应当承担连带清偿责任。原告要求被告赔偿夏布、拉簧伞损失的请求理由正当,应予支持。至于周发忠托运的皮鞋 640 双,在原、被告双方签订的货物运输合同中,没有约定,不属于本案处理范围。原告要求主张的间接损失没有证据,本院不予主张。依照《中华人民共和国民法通则》第八十五条、第一百零六条、第一百一十一条、第一百三十条和《中华人民共和国合同法》第二十条、第三十六条第一款第三项之规定,判决如下:

由被告周克林赔偿原告重庆穗川贸易公司 600 匹夏布,523 把拉簧伞的经济损失 95,230 元。此款限于本判决发生法律效力后立即付清。逾期则由被告重庆印染厂负责清偿后向被告周克林追偿。

案件受理费 4090 元,其他诉讼费 1230 元,诉讼保全费 1124 元,合计 6444 元(原告已预交)由被告周克林负担,限于本判决发生法律效力后连同赔偿款一并交清。

(二)问题:

1. 本案原被告双方争执的焦点问题有几个?请简要归纳后列出。

2. 法官是否已将本案的争议焦点审理清楚?审理过程是否符合现行民事诉讼法的基本原则?指出其中一处并试作简单分析。

3. 理由部分的推理按照司法原则应从技术上如何作最基本的改革?

4. 分析第一项判决结果中不符合法律基本理论和具体规定的内容并作简要修改。

第四章　法律文书的基本结构和主要表达方法

内容摘要

法律文书有很多种,从立案决定书到判决书,从公证文书到辩护词,成百上千种,而且还处在不断的增减变化之中,法律文书写作学的主要任务就是教授法学院学生练习和掌握这些文书的写作技巧,但一一讲解是不可能的。于是,本章在详细介绍了法律文书的阅读和构思的基础上,将所有法律文书增减变化中不变的本质和规律性的内容归纳为结构和表达方法两节的内容进行了介绍,并将其中蕴涵的法律逻辑和思维特点作了详尽的分析,让学生看到抽象的立法精神和原理,实体法的公平和正义,程序法的公正和效率是如何通过法律文书的结构组织来展开,并用多种表达方式来传达的。本章是全书的重点和难点,学生只有训练和掌握了这些结构和表达方式蕴涵的法律思维方法,才能不拘泥于呆板的格式规定,创造性地使用和参照各种法律文书的格式样本,培养分析和解决司法实践问题,不断提高司法的水平和能力。

第一节　法律文书的基本结构和内容

法律文书写作课程不是向学生传达信息,而是要教给学生在实践中进行法律文书写作所需要的技巧,重在行动。它不同于大学生的论文写作,因为阅读学生论文的人对论题已经了解,教师教会的是学生在怀疑中学习;也不同于学生的模拟法庭、诊所教育等实务课程，那些只是教学生对现实生活中的问题回答出法律上的答案即可，只为了了解熟悉相关法律原理和条文的掌握，该答案在现实中是否正确并不重要。而法律文书写作无论是对于教学的老师还是对学习的学生都是一项挑战性的工作，它不仅要具有相当的法学知识和原理的积累，还要有创造性的解决实际问题的分析和推理能力，这种法律思维的产物，较之于它的文风和语言修辞等问题而言，在阅读和构思之后，重要的也是首要的便是它的结构问题。

当前，所有的法律文书写作教材都视这些结构为应然，并以此为基础进行写作的简单重复的模仿训练，让学生知其然不知其所以然更不知其应然，无论模仿了多少练习，仍不能独立思考决策一份法律文书的写作。法律文书既然与法律相关，它和医学、建筑学一样有着自己独特的一套概念、用词和行文方式，要把法律规定中的立法目的精神转化成个案中令人信服的有效的可行结论，必须首先通过蕴涵法律思维特点的结构安排来体现。

一、法律文书结构的概念和内容

结构是从建筑学中借用来的术语，在写作学中通常指组织材料、编排内容的具体形式。它属于形式要素，是为表现文章内容服务的，它能准确展现作者的思维历程，帮助表达文章主题。法律文书的结构是指组织安排法律文书的组成要素、材料及内容的各种具体形式。

法律的思维和逻辑首先就体现在结构的布局安排上。司法过程是用事实和法律推理得出结论的全过程，所以事实、法律、结论就是法律文书必需的主要内容，在结构上称为正文。按照法律原理，推理的案件事实是由证据推导出来的，所以正文的事实部分还包括了证据；而一般的抽象的法律条款不是自动适用于个案的，它是一个复杂的演绎说理过程，我们从结构上称为理由；因此，所有法律文书都把事实和证据、理由和法律依据、结论作为正文部分，这正是法律文书写作的目的所在。

因为法律文书的程序性，任何司法的推理和结论都在一定程序下进行，这些与结论有关的主要程序是：得出结论的主体、使用的文书名称、受结论约束的当事人和其他诉讼参与人、已使用过的程序技术。这些内容从结构上属于首部的内容。

以起诉书为例，首部的内容就是：检察机关名称和文书名称（因为法律规定只有检察机关在起诉书中才能得出指控被告人有罪并求刑的结论)，被告人的基本情况(因为起诉结论只对被告人的权益带来影响，而辩护人和被害人的权益则无影响)，案由和案件来源(必须是侦查终结的案件才能审查起诉，审查起诉的必经程序是阅卷、告知义务、讯问被告人)，只有首先写清楚这些诉讼程序，起诉结论才产生应有的法律效力。

同理，结论得出之后，为了权利的制约和平衡，又会产生下一个权利或启动下一个程序。例如，起诉结论会启动法院审判程序，不起诉结论会启动被不起诉人申诉程序。结论作出的具体作者和日期，还有操作中一些手续等内容也需要在一份文书中载明，结构安排上称为尾部。

法律文书在结构上按上述法律逻辑和原理分为首部、正文和尾部三大部分。每个部分的具体内容因为每个诉讼程序的任务不同而繁简不同，略有差别。

如民事起诉状等当事人制作的行使诉权的书状类文书，主要是说服法官立案，要求用诉讼的方式解决纠纷，但由于诉讼资源的有限性，法官首先审查诉讼请求是否可诉，而诉讼请求是否有足够的事实和法律根据则在其次，所以，诉状类文书正文部分就先写诉讼请求，再写事实和理由。而法院判决书结构的正文部分则是先写事实和理由再写判决结论，这种正文内容体现了典型的职权诉讼特征，实践中有些法官灵活地把判决结果提到事实和理由之前来写，以方便当事人的阅读和理解，因为被告人阅读刑事判决书是先关注具体定罪和量刑的，如果他预期自己的罪行该判十年，而法官判决书结论是二十年，判决书写得再完美，他也是不服的，也会上诉的，前面已说过：再雄辩的言辞也不能代替利益的判断。相反，他以为要判死刑的，结果判的是无期徒刑，判决书有再多的问题他也不会认为是错误的。

二、法律文书结构的诉讼意义

因为诉讼的本质是相同的，都是解决争议和纠纷；司法的本质也是相同的，都是用事实和法律推理而形成司法的判断。所以，对于一份法律文书的诉讼目的而言，一个合乎法律逻辑的结构比语言表达和修辞风格更重要。如在刑事判决书中法官查明的事实部分必须分为事实和证据两个部分，结构安排中如果没有证据部分，事实部分从何而来？民事起诉状的结构安排中正文部分先写诉讼请求，再写事实理由，这是因为起诉状主要是说服法官立案,用诉讼方式解决纠纷,而法官决定是否立案首先审查诉讼请求的可诉性。

因此由于法的稳定性,法律文书的结构也是相对稳定的,古今中外,概莫能外。不同的只是因法制传统和法律文化形成的历史条件的区别,和个案的具体内容以及文书写作者的表达习惯。这些不同因素体现的文书结构的非本质差别,形成了风格不同的司法技术。我们以判决书为例,因为判决书的结构代表了所有文书结构的内容和要求,具有完整性和典型性。

(一)英美法系的判决书结构

英美法系的判决书结构为:

1. 首部

(1)法院名称、审级

(2)当事人基本情况

(3)案件名称和编号

(4)诉讼过程(即本案在作出判决前本院和其他机关经历的审理过程和诉讼程序)

2. 正文

(1)事实(包括争议双方各自主张、问题争论的焦点和法院据以判决的事实)

(2)可适用的法律,理由和结论(理由中要说明,为何适用某种法律或为何适用某种案例,法院决定的标准是什么)

3. 尾部:法官署名,判决作出的具体日期。

英国的司法判决和我们今天的法律文书结构一样,包含三个有机组成部分。即对案件事实的认定;对案件事实相关的法律问题及原则的陈述(也称判决理由,它对后来的法官具有强制拘束力);基于上述两项而作出的判决。

(二)日本民事判决书的具体结构

1. 首部

(1)案件号码与案件名称

(2)口头辩论终结的日期

(3)当事人的表示:原告、被告及其法定代理人,委托代理人

2. 正文

(1)判决结论

(2)关于诉讼费用的决定

(3)事实:

第一章　当事人所要求的裁判

原告的请求内容

被告对请求内容的答辩

第二章　当事人的主张

一、原告主张的请求原因

二、被告对请求原因的态度表示(承认、否认或不知)

三、被告对请求原因的抗辩

四、原告对被告抗辩的态度表示(承认、否认或不知)

五、原告的再抗辩(针对被告抗辩的抗辩)

六、被告的再次抗辩(针对原告再抗辩的抗辩)

……

(4)理由:争点及案情的确认(包括对无争议或自明的事实进行确认)

证据的列举

对争点的判断认定及说明

法律的适用

结论或结语(明确理由与主文的联系)

3. 尾部

(1)审理法院的表示

(2)附件:证据目录

(3)(当标的为不动产时)表示特定不动产位置、面积等的图案或其他文件,等等。

日本这种判决书结构设计在正文中先将判决结论(即主文)提前更符合当事人的心理。案件当事人,无论原被告在判决书中首先关注和期待的是涉及自己利益的判决结果,再关心得出结果的过程和理由。同时,这种结构和说理方式符合法律思维方式,显得较为直观,但对大众阅读来讲,其理解难度加大了,人们在阅读判决理由时,要不断翻到判决书的前面去了解当事人的争辩内容，这种结构使得一遍读懂判决书较为艰难，属于专家型的民事判决书，受众定位为接受过系统训练的法律人，因此显得生涩难懂。

（三）中国古代的判决书结构

而中国古代判词却没有进行这样的结构设计，法官（其实就是司政合一下的行政长官）通常在伦理方面对当事人进行一番说教和指责，就对纠纷作出裁决，他并不希望在判决中确立可以为后来法官引用的法律原则，只是为了平息某个纠纷。从这个判词结构设计的严格意义上说，中国古代并没有我们今天的司法职业和法律思维方式。

近代以来，大陆法系传入我国后，立法、司法分离，并独立成了相应的职业，判词的结构才开始变化，逐渐形成了今天的结构形式。以清末沈家本负责编撰的《考试法官必要》为例规定：判词的结构为：

1. 首部

（1）审判厅之名称

（2）罪犯的姓名、籍贯、年龄、住所和职业

（3）辩护人之姓名

（4）案由和案件来源

2. 正文

（1）主文（即判决结果）

（2）事实和证据，援引法律条文及援引之理由

3. 尾部

（1）审理推事（即法官）署名

（2）审判署押印盖章

（3）标明日期

（四）现行法律文书的基本结构设计

现行法律文书的基本结构设计为三大部分：

1. 首部

（1）标题

（2）案号

（3）法律行为主体及其自然情况

（4）案件所经过的法律程序

2. 正文

(1)事实

(2)法律依据

(3)结论

3. 尾部

(1)交代有关当事人的诉讼权利

(2)文书致送对象

(3)署名和日期

(4)附注说明

这种结构设计的中心是突出正文部分,即以事实为小前提,法律规定为大前提,推导出法律的结论的正文部分,因此是一个严密的逻辑整体。展现了“以事实为依据,以法律为准绳”的司法原则。

我国现行最高人民法院《法院诉讼文书样式》所规定的民事判决书结构为:

1. 首部

(1)标题和案号

(2)诉讼参与人的身份事项

(3)案由、审判组织和审判方式

2. 正文

(1)事实

第一,当事人争议的事实、理由及各自的诉讼请求(原告诉称;被告辩称;第三人述称)

第二,人民法院查证认定的事实

(2)理由

(3)判决结果

3. 尾部

(1)诉讼费用的负担

(2)交代上诉权

(3)审判人员署名

(4)判决日期

(5)书记员署名

由此可见,不是每种法律文书都具备这些内容,但每份文书都必须具备这固定的缺一不可的三大基本结构。只有在这稳定的基本结构之上,才有每种文书内容的繁简问题。如讯问笔录、拘留证的内容较为简单,第一审刑事和民事判决书的内容则很复杂,但它们的结构都是相同的。同一种法律文书,在结构内可根据不同的司法理念和诉讼目的进行内容的增减和顺序的变换。如职权主义诉讼下的判决书正文部分只写法院查明的事实部分,而当事人主义诉讼下,则增加了控辩双方主张的事实和证据部分。

像上述这种判决书结构设计将受众定位为普通的当事人,显得简练通俗,但说理不够,大众语言太多,这种内在的结构缺陷也导致了判决理由中对事实是如何认定的缺乏充分、有力的分析,使得推导出判决结论的每一步没有具体分析所适用的法律规范,使判决结论缺少说服力。

如何在上述两种判决书之间寻找平衡,决定了对判决书结构的具体调整,这种调整从微观上看是法律文书写作内容的改革,从宏观上讲其实是司法原则和理念的转变。

三、法律文书结构与格式的关系

由此可见,法律文书的三大基本结构是稳定的,体现司法独有的方法原则和逻辑思维,在这个结构框架下,因个案的内容繁简和诉讼目的不同每份文书又有不同的内在结构设置,这种根据具体诉讼环节的要求不同而固定的每种文书结构就是我们通常所讲的文书格式,它具有相对稳定性,并由特定职能部门来统一规范和发布并督促执行,这就是公安部、最高人民检察院和最高人民法院等部门规定的公安、检察和法院文书格式样本,国家工商总局规定的合同文书格式样本,公证机关规定的公证文书格式样本。本教材将在后面进行专章讲解,并对常用的文书格式引导学生严格训练后掌握运用。

四、法律文书格式的表现形式

如前所述,法律文书的结构和具体法律文书的格式都是相对稳定的。在司法实践的具体操作运用格式解决纠纷时,因为每份文书的完成的诉讼不同,反映在每份文书上它的内容要求就各不相同,各自格式就有很大差别,归纳起来,主要有以下三种:

（一）填写式

主要特点是所有内容和行文方式法律已作具体规定，制作时将这些简短内容设计成为表格或填空形式，根据具体案情相应填写即可。如侦查文书中的传唤通知书，逮捕证、拘留证、出庭通知书。这类文书占一个案卷材料的大部分，制作起来十分简单，无须专门训练和实践就可填写，常常由书记员完成。司法实践中，各个司法部门都有印制好的现成格式，无须训练和养成，本教材就不再介绍和讲解。如

××公安局

传唤通知书

根据《中华人民共和国刑事诉讼法》第九十二条第一款规定，现传唤居住在×××的×××于××××年××月××日×时到××接受讯问。

局长（印章）

（公安机关印章）

年　　月　　日

（二）记录式

记录式文书的特点是文书结构固定，主要内容是将某些诉讼活动的内容客观地记录下来作为司法的凭证，也就是各种笔录，又称笔录式文书，是案卷材料的重要组成部分，是诉讼证据之一。笔录种类繁多，诉讼法明确规定了各种笔录的制作条件和内容。但笔录写作格式明确，思路简单，只需在实践中多记多练就会制作，一般是由书记员专门完成。如人民法院的法庭审理笔录

法庭审理笔录（第　次）

时间：　年　　月　　日　　时　　分至　　时　　分

地点：

是否公开审理：　　　　旁听人数：

审判人员：

书记员：

审判长(员)宣布开庭审理　　　　　　　　一案。

记录如下：

有些笔录也是填写式，如检察院的死刑临场监督笔录。

(三)叙议式文书

叙议式也称打印式文书。其格式特点是只规定文书的形式，不规定具体的行文方式，这类文书格式规范完整，集中体现了法律文书法律思维逻辑结构和全部法律实体及程序内容，是学习法律文书写作的难点，也是训练法律思维的重点。具备了这类文书的阅读和写作能力，前两类文书的写作就不再是难事。在法律职业实践中，一般都是先从前两类简单文书的制作开始积累提高写作水平的。这类文书占一个案卷材料的比例并不大，主要是对重要诉讼阶段进行总结。

在现行法律体系下，这些文书主要是：体现刑事诉讼控辩审基本结构的起诉意见书、起诉书、辩护词、各审级和各程序用的刑事判决书、监狱执行文书，分别展示了对一个刑事案件侦查、起诉、审判和执行的过程，体现了完整的国家司法权如何通过检察机关的求刑权、法院的量刑权和监狱等机关的行刑权而实现的过程；民、行事诉讼中的各类诉状文书、各审级的民、行政判决书、调解书，展现的则是民、行事诉讼中“不告不理”的当事人主义诉讼本质，体现当事人如何告诉、法院如何审理的过程。

在这些文书中，重要的是判决书的写作。因为根据“司法最终”的原则，法院判决是司法的最后一道工序，是司法公正公平等价值的集中体现，是所有诉讼程序价值的真实反映，也是社会对法治现状的直观感受。所以，判决书的结构设置、内容增减、阅读写作甚至署名日期等问题一直是法学研究、司法体制改革、法治理念践行的热点和焦点问题。如判决理由如何书写是建立案例指导制度的技术难题，判决书的阅读是判后释疑制度产生的动因，判决书的署名问题则涉及法律文书制作者的著作权、法官安全等权益保护问题。所以，本教材着重讲解叙议式文书的写作技巧和思维训练，掌握了法律文书写作的重点和难点部分,也就渐渐形成了像法官和律师那样的思考方式,为今后从事法律职业打下坚实的基础。

需要说明的是,在我国现阶段司法体制不完善的情况下,司法仍具有浓厚的行政化特色,这些叙议式文书因此也称打印式。这是因为审判委员会审批案件,院长、庭长把关,独立审判还是一种理想,法律文书尤其是代表重要诉讼环节和司法机关对社会传达法律正义载体的叙议式文书并非制作人独立完成后送达生效的,它有一个行政管理的审批程序,甚至还有母本,如作为判决书制作依据的案件审理终结报告,它还被分为原本、正本和副本,并加盖各种印章方能产生应有法律效力。

第二节　法律文书的表达方法

对当事人而言,法律文书的结论或作出的判断关系到他的财产、人格、前途甚至生命,总体看来,诉讼过程就像一场得失所系的赌赛,在其中司法有权力确保胜诉方真正胜诉,并通过个案的公平来彰显司法的正义。面对这种压力,法官和律师在法律文书中作出判断或结论时,要有充分的理由论证自己结论的合理性,让阅读这份文书的人清楚地看到,在经过细致的调查研究之后他别无选择,只能作此判断。这时,法律的思维逻辑就转换成了表达方法问题了。表达方法是指人们把自己的思想情感等内容通过语言物质化并展现出来的方法,主要有记叙、说明和说理。这些表达方法和原理与普通写作学是不尽相同的,法律文书制作者不仅要用自己的语言知识去读和写,还要从争议的案件事实和理由陈述以及法律适用中思考用语言如何表达,尽力将文书写得更明确,减少不必要的法律表达,使阅读者更易于理解。

一、记叙在法律文书中的运用

记叙是记录某一行为或事件发生、发展变化过程的一种基本的表达方法。

司法的原则是“以事实为依据,以法律为准绳”,这里的事实是案件事实而不是客观事实,如客观事实是张三杀了人,但案卷材料和法庭审理过程中,证明张三杀人的证据不足或没有,按刑事诉讼的证明规则就不能形成张三杀人的案件事实,而案件事实在文书中的展现,主要是靠记叙完成的,因此记叙是法律文书中最重要和常用的表达方式。

(一)言之有物

即记叙的内容应当实在具体,要能够显示出案件事实的性质和程度。

如按普通写作学对记叙的要求,“被告人李某用木棍猛击被害人张某致其受伤(或死亡)”,这个叙述就已经具体了,但作为法律文书中的案件事实就显得空洞模糊,李某持的木棍多粗多长?从哪里来的?打击的位置?击了几下?被害人死亡原因的法医结论是什么?受的伤经法医鉴定为是轻伤、轻微伤还是重伤?这些跟定罪量刑有关的事实是需要证据印证的,必须记叙清楚的。正确的写法是:“被告人李某从自家屋檐下取出一根长2米、直径约6厘米的木棍,向被害人头部连续猛击数下,造成其头部多处软组织伤,颅底粉碎性骨折,经法医鉴定为重伤(或造成其颅内大出血死亡)。”

法律文书记叙的言之有物要求文书中叙述的案件事实必须能用证据进行证明,充满司法理性的说理,而非文学化的夸张渲染。如“打得被害人体无完肤”,“被告人狗急跳墙,丧心病狂地向被害人砍去”,“被告人拐卖妇女数人”,“被告人贪污数十万元”,“被告人乘月黑风高,窜至某厂办公室行窃”等记叙皆因证据无法证明案件事实而影响文书结论;民事诉讼文书中常见的错误叙述则是“被告违约,原告要求其赔偿因此造成的全部物质损失”,并未具体叙述损失的内容和数额,且无法举证。2003年国家司法考试卷四第二题,根据法律规定和原理改正一份刑事附带民事起诉状的错误,事实部分记叙的错误是:“原告再次找被告交涉时,被告态度恶劣,不但不听原告交涉,反而拿起铁锹铲原告,原告躲闪不及,右脚跟踺被铲断,虽然住院治疗30余天,仍然留下残疾,行走不便,经鉴定为三级伤残”,这里的错误是,没叙述清楚被害人因此遭受的物质损失种类、数额,因而不符合《民事诉讼法》第108条规定的“有具体的诉讼请求和事实、理由”的起诉条件,应按法律文书规范化要求,修改为“造成原告人损失医疗费多少元,误工费多少元,共计人民币多少元”。

由此可以看出,打官司就是打证据,法律文书对事实的叙述一定要以确凿的证据为基础。

某区检察院的一份起诉书:“秦力伙同其子秦伟秋等人将王春华、王献国、解庆勇、侯伟打伤。”一审法院对该案作出了无罪判决,裁判理由是“现有证据,认定被告人不在现场的证据较为充分,而指控被告人参与伤害的证据不充分且存在矛盾”。后检察机关对该案提出抗诉,抗诉书将秦力的行为明确表述为:“被告人秦力指使秦伟秋等人殴打被害人的行为,事实清楚,证据确实充分,应构成故意伤害罪。”

对照起诉书、抗诉书,可以发现检察机关对秦力行为的叙述前后不一,即由“伙同”改为“指使”。而判决书则明确指出:现有证据无法证实被告人秦力在现场。由此可见,两机关的分歧在于:本案被告人秦力究竟以何种方式参与了故意伤害行为?在刑事法律文书中,“伙同”是一个记叙时常用的词汇,但人们在使用时很少深究其内涵。就本案而言,“伙同”存在两种可能:一是秦力仅指使其子等人殴打他人,二是秦力直接实施了殴打行为。若指控秦力直接参与了殴打,则秦力必在犯罪现场;若秦力仅仅指使,则不一定在犯罪现场。而不同情形所需要的证据是截然不同的。在不能证明秦力在犯罪现场的情况下,要想证实其犯有故意伤害罪,则必须证明秦力有指使行为,如不能证明,法院则根据无罪推定原则,可以宣告无罪。

在民事诉状中,原告只叙述“原被告之间系父子关系”,按大众语言的理解,“父子”就是父亲和儿子,没什么歧义。但在法律体系中,父子关系有三种:亲生、收养和继父子,而原被告到底是何种父子关系,须在事实部分表达清楚并举出相应的证据证明。如亲生父子关系,则须举出亲子鉴定结论证明,养父子关系要有收养协议等书证或证人证言证实,继父子关系则需要父母的婚姻关系和子女年龄等证据证明。

(二)言之有序

序,即顺序,就是要让记叙按一定的顺序展开。

在法律文书中叙述案件事实时,什么该先写,什么该后写,什么不该写,应该按每一个法律关系需要的事实构成统筹安排。大多数法律文书学教材只认为法律文书对事实的叙述顺序是以时间为线索,按时间、地点、人物、事件、原因、手段、结果等要素展现出来的,因为案件事实都是实际发生在社会生活中的事件和行为,采用普通记叙文的要求只是基础,它还要在事实叙述中解决以法律规范为前提的构成某一法律关系的各种条件。

如张某与李某登记结婚这个事实引起了婚姻关系的产生，对他们登记的时间地点经过结果等的叙述则不能作为离婚案件事实的全部内容，只是引起消亡婚姻法律关系（也就是离婚）的一个法律事实而已，按现行《婚姻法》关于夫妻离婚的法律规定，婚姻关系消亡，还需要具备夫妻感情破裂、无和好可能等缺一不可的法律事实。如果要抚养子女的还需叙述有利于子女健康成长的各种条件事实，每个法律事实都要按普通记叙的要求表达清楚。

例如："被告人崔英杰于2006年8月11日17时许，在本市海淀区中关村科贸大厦西北角路边，因无照经营被海淀区城管大队查处时，即持刀威胁，阻碍城管人员的正常执法活动，并持刀猛刺海淀城管队副队长李志强（男，36岁）颈部，伤及李右侧头臂静脉及右肺上叶，致李急性失血性休克死亡。"

这是一份起诉书对案件事实的叙述，检察院在结论中将被告人的行为定为故意杀人罪。按《刑法》规定的故意杀人罪的四个构成要件，起诉书的事实部分要解决主观方面和客观方面两个构成要件。

从起诉书的事实叙述中看出：客观方面被告人实施的杀人行为是"持刀猛刺"被害人，危害社会的后果是被害人"死亡"，行为和结果在刑法上的因果关系是"伤及李右侧头臂静脉及右肺上叶，致李急性失血性休克死亡"；主观方面则是"因无照经营被海淀区城管大队查处时"，为"阻碍城官人员的正常执法活动"这个动机而产生的故意。

所以，法律文书记叙的顺序应以法律规范为前提，将构成某一法律关系的事实要素叙写清楚，不能随意改变。如是为了抢劫而将他人杀害，还是杀害了他人后见财起意，是先登记结婚再继承的遗产还是继承遗产后再登记结婚，都会影响案件的性质；同时诉讼程序的事实叙述先后顺序也对结论的公正与否产生重大影响，甚至是司法制度的变革。最突出的是关于证据与事实的叙述顺序问题。

众所周知，案件事实来源于证据。查明案件事实的诉讼过程就是举证、质证和认证过程，在不同的诉讼阶段对证据和事实的掌握是不一样的，法律文书通过这两部分的先后顺序表达了诉讼的进程差异。如当事人在起诉状中先写事实理由后写证据，是因为诉状是为了说服法官立案，强调请求的可诉性，证据是为防止滥用诉权而写的，所以只写基本证据既可；被告收到答辩状后，法官组织双方当事人再庭前证据交换，开庭时再对各自主张举出全部证据，法官还可依职权收集部分证据，判决书中就需要先写出上述证据确认的全过程，最后根据民事诉讼证明标准推导出本案判决依据的案件事实。

在职权主义诉讼下，检察机关的起诉书是先写事实后写证据，修改为当事人主义诉讼后，各地做法不尽统一，云南省的检察机关曾先写证据后写事实，以突出检察机关指控事实的真实性，北京等大部分检察机关则不写证据，只在尾部附相关证据，这是为了避免法官主观臆断，先入为主；而法官的刑事判决书就不同，须先写证据再写事实，这是判决书的灵魂。

（三）详略得当

案件事实来自于社会日常生活，琐碎、复杂而又紊乱，制作者用法眼慧心去分析梳理和归纳提炼，就有了取舍和详略的问题。

首先，跟法律关系无关的事实必须舍弃。如跟定罪量刑无关的被告人曾有过的已被处罚过的违法和犯罪行为甚至是合法行为。如被告人受伤住院，他的同伙去医院探望的行为；父亲向儿子索要赡养费，事实中却叙述了被告对死去的母亲如何不孝的大量事实。

其次，由于个案特点，有些案件如团伙化犯罪和职业化犯罪，多人多次长期犯罪，要把每人每次犯罪行为叙写清楚以准确判决，还有民事和行政诉讼中的共同诉讼和集团诉讼，事实部分的内容就十分复杂，这时就应进行必要的归纳叙述，避免法律文书篇幅太长，如动辄上万、十万甚至高达66万字的公诉意见书和判决书，既费力费神，也不便操作。有些案件事实，按既有格式规范书写，仍显繁复呆板牵强，就应简单灵活地记叙，如争议不大的简易程序审理的各类案件。这些详略得当的记叙方法可节约司法资源，集中精力写好重大复杂案件的法律文书。

二、说明在法律文书中的运用

说明是指简明扼要地对事物、事理进行介绍和解说。法律文书的首部和尾部的全部内容都是采用这种方法表达的。

（一）首部中的说明

1. 标题：法律文书中标题里的机关名称是根据法律规定的职责范围和案件管辖原则来确定的，如起诉权应由检察机关行使，由案件管辖法院的同级人民检察院完成，文书名称则由诉讼法明确规定，起诉书、起诉意见书、民事起诉状、上诉状、反诉状、答辩状等都是由法律规定了使用条件和写作内容的。因此，一个由北京市高级人民法院审判的第一审刑事案件的控告文书，标题只能是“北京市人民检察院起诉书”。

2. 当事人的基本情况

当事人的基本情况说明中首先是称呼问题，这是由法律规定和原理确定了的，如在刑事诉讼中，张三杀人被追诉，侦查文书中他被称作“犯罪嫌疑人”，起诉书之后至一审判决书，被称为“被告人”，如上诉，在二审文书中，应称“上诉人”，如其未上诉的，称为“原审被告人”，终审以后，执行阶段，被称为“罪犯”。父母在民法中，被称为未成年人的“监护人”，在民事诉讼法中则称为“法定代理人”，成年人的父母则称为“近亲属”，在婚姻法中，父母是“直系血亲”，在继承法中，又被称为“继承人或被继承人”。这些法律术语包含深刻的法律原理和具体的规定，必须严格依法使用，表达清楚。如许多学生在训练法律文书写作时，就常表达不清“法定代理人”、“法定代表人”、“诉讼代表人”、“诉讼代理人”、“委托代理人”等基本法律术语。

其次是当事人的情况说明写哪些？

自然人应该说明的有以下八项内容：姓名、性别、年龄、民族、出生地、文化程度、工作单位和职业（或职务）、住所地。

这些说明的内容，目的在于将自然人作为法律主体，将其特定化，以准确适用法律。这些内容都是法律规定的法律行为主体的法律特征要素，在实际操作中，是作为案件事实的一部分并用证据证明的，如证明被告人的民族，要有书证和证人证言，民族跟定罪量刑和诉讼程序都有必然联系，写作时不能随意增减。如某自然人是某个民事诉讼简易程序的被告，其出生地或者文化程度两项内容未说明，并不影响案件实体和程序法律的实施，为了节约诉讼资源，可省略。需要增加的内容也是法律有明文规定的，如一个人的政治面貌与定罪量刑无关，法律面前人人平等，所以就不能在自然情况的说明中，增加是否党团员这一项；相反，一个人是否残疾，则是法律规定减轻或免除刑罚的要素，显然应该说明。

在每一份具体文书格式规定的自然情况说明中，不仅包括了这八项基本情况的说明，还包括了当事人作为特定诉讼阶段的主体所需要的程序要素。例如：

被告人崔英杰，男，1983 年 7 月 15 日生，身份证号码：130624198307152017，

汉族,河北省阜平县人,农民,文化程度:高中,户籍所在地:河北省保定市阜平县平阳镇各老村(暂住本市海淀区中关村51号楼地下室)。因涉嫌犯故意伤害罪,于2006年8月12日被北京市公安局海淀分局刑事拘留,经本院批准,同年9月9日被北京市公安局逮捕。

这是起诉书对被告人基本情况的说明,从姓名到住所地等八项内容是被告人作为犯罪构成主体的条件,拘留、逮捕的情况说明,则是在启动审判程序时的程序条件,因为法律规定,起诉的目的是求刑,如被告人不需追究刑事责任,检察院是不会使用起诉书的,只能使用不起诉决定书;既然要判刑,依法就应当采取必要的强制措施,以确保审判的顺利进行,而强制措施采取的期间、批准的机关等因素与审判程序的期间确定、刑期折抵、作出无罪判决后的国家赔偿都有关。

在民事诉讼中,法律为了保障公民诉权的行使,在《民事诉讼法》第108条中规定的起诉条件很宽松,对被告的要求只是“明确”就行了,因为司法实践中,经济的流动性决定很多民商事法律行为发生在陌生变化的环境中,原告就被告的管辖原则,让原告在起诉时说清楚被告的八项自然情况很难,所以只要“明确”就行了,没要求“具体”,但如何“明确”呢?一般是要求姓名、年龄、住所地真实有效,法律文书能送达就可以了,否则,被告是虚假的,就应是刑事诈骗了,应向公安机关报案。实践中,公安机关和法院在民刑事案件的管辖上扯皮和推诿,很多都是被告是否“明确”的问题。

法人的自然情况说明内容应严格按法人作为主体的法律特征。法人应有独立的名称,固定的场所,能够独立承担民事责任。

所以法人就应说明:名称、住所地、法定代表人姓名和职务。例如:

原告:大地汽车公司,住所地:甲市壮志路123号

法定代表人:某某,该公司董事长。

这里需要说明的是法人作为主体的法律特征,法人的企业性质、联系方式等是个案操作问题,在具体文书中可写,格式不能统一规定。

(二)案件经过的诉讼程序的说明

程序价值具有独立性,司法的公正和正义是通过实体和程序两方面的完美结合实现的,实体公正必须通过程序的公正让人看得见。如公安机关侦查终结后,认为被告人的行为构成犯罪,依法应当追究刑事责任,向检察

院提出起诉意见。在起诉意见书中,公安机关应首先说明侦查程序的合法性,以保障起诉意见的公正性,被检察机关所接受。法院判决书也有同样的道理。例如:

"犯罪嫌疑人崔英杰、张雷、牛许明、张健华、段玉利涉嫌故意伤害、窝藏一案,由崔公海于2006年8月11日17时许报案至我局。我局经审查,于当日立案进行侦查。犯罪嫌疑人崔英杰、张雷、牛许明、张健华分别于2006年8月12日、8月31日被我局抓获归案;犯罪嫌疑人段玉利于同年9月1日投案。犯罪嫌疑人崔英杰、张雷、牛许明、张健华、段玉利涉嫌故意伤害、窝藏一案,现已侦查终结。"

"北京市人民检察院第二分院以京检一分刑诉字[2006]第243号起诉书指控被告人崔英杰犯故意杀人罪、被告人张雷、牛许明、张健华、段玉利犯窝藏罪一案,于2006年12月1日向本院提起公诉。本院依法组成合议庭,公开开庭审理了此案。北京市人民检察院第一分院指派检察员徐焕出庭支持公诉,被告人崔英杰及其辩护人夏霖、李劲松,被告人张雷及其辩护人赵文阁,被告人牛许明及其辩护人王洪普,被告人张健华、段玉利到庭参加诉讼。现已审理终结。"

"原告李杏英因超市存包与被告上海大润发有限公司杨浦店(以下简称大润发超市)、上海大润发有限公司(以下简称大润发公司)发生财产损害赔偿纠纷,向上海市杨浦区人民法院提起诉讼。上海市第二中级人民法院认为此案在本辖区内有重大影响,遂依照《中华人民共和国民事诉讼法》第十九条、第三十九条的规定,决定提审。"

由上几例可以看出,程序的繁简与一个案件的实体难易程度无关,有的案件实体内容很复杂,但程序很简单,有的简单案件却历经多种复杂程序,尤其在申诉案件的再审、重审等程序中,制作时都要一一说明清楚。

(三)尾部需要说明的主要是署名和日期

在我国现行司法体制下,署名问题很简单,依照法律的规定表达清楚就可以了。日期从实体上说影响诉讼时效和追诉时效,从程序上看,涉及诉讼期间和文书效力。如首部已说明原告收到一审判决书的日期是某年的3月5日,中间没有不可抗拒的事由说明并向法院提出顺延的申请,而对该份判决书不服的上诉状尾部日期却是4月1日,这份上诉状理由再充分,也不能引起二审,因为一审判决已生效,当事人不服只能申请再审。

三、描写在法律文书中的运用

描写是一种运用语言文字把人、物及环境的形态、特征等内容形象地描绘出来,使描绘的内容直观化、具体化的一种表达方法。法律文书的描写目的是把诉讼活动中的物证、财产、标的物、现场环境等直观准确化,以突出人、物及环境的众多特征中的诉讼意义。如一台电视机,如它系某质量纠纷合同的争议标的物,就应按合同约定的品牌、颜色、规格、型号等因素在相关诉讼文书中描写,以确定其质量和标准是否违约,责任如何承担等问题;但如果是某盗窃犯罪的物证,则就主要应按特定的特征来描写,重点描写其新旧破损程度,特殊的痕迹和性能状态,以与失主的证言相印证。

法律文书中描写的运用不多,主要是对环境的描写,法律上称为现场,如现场勘察笔录,还有就是法医对尸体检验和活体检查后的描写。下面是一份现场勘察笔录中对尸体的描写:

"床上躺着周某某的尸体,右胸有31厘米的刀伤二处,右手拇指、食指、中指的指甲内都存有人的皮屑,手指上有血迹;床上、东墙上有喷溅性点状血迹。"

四、说理在法律文书中的运用

说理就是讲道理,也就是论证理由。在法律文书中,就是用法律事实按法律的逻辑推导出法律结论的过程。英美法系用归纳推理的逻辑原理推导出结论,大陆法系则用演绎推理也就是三段论的逻辑形式得出结论。我国也是采用三段论的形式得出结论,先以一定的证据规则推导出案件事实,再以案件事实为小前提,法律规定为大前提,推导出结论。

(一)下面以李杏英诉上海大润发超市存包损害赔偿案为例来分析

李杏英诉上海大润发超市存包损害赔偿案

原告:李杏英,女,66岁,退休职工,现就聘于上海航空旅行社工作,住上海市双阳路。

委托代理人:张桂庄,上海市鲤庭律师事务所律师。

被告:上海大润发有限公司杨浦店。地址:上海市黄兴路。

负责人:骆建中。

被告:上海大润发有限公司。住所地:上海市共和新路。

法定代表人:徐仁羽,董事长。

二被告委托代理人:周知明,上海市申达律师事务所律师。

原告李杏英因超市存包与被告上海大润发有限公司杨浦店(以下简称大润发超市)、上海大润发有限公司(以下简称大润发公司)发生财产损害赔偿纠纷,向上海市杨浦区人民法院提起诉讼。上海市第二中级人民法院认为此案在本辖区内有重大影响,遂依照《中华人民共和国民事诉讼法》第十九条、第三十九条的规定,决定提审。

原告李杏英诉称:原告去被告大润发超市购物时,到该店设置的22号自助寄存柜处存包,按提示投入1元硬币。当该硬币又从退币口出来的时候,投币口上方吐出一张印有1250719748数字的密码条,并见近原告胸口处有一箱门自动打开。原告遂将随身携带的黑色皮包一只(内有刚领取的旅游团款4660元和私款650元)、雨伞一把寄存在该箱内,然后进去购物。购物出来后,原告按密码条的提示输入密码,却打不开箱门,便找大润发超市的工作人员。在被要求写下箱内寄存物品的名称及钱款数额后,工作人员用钥匙打开原告指认存物的箱门,发现箱内是空的。当晚,原告即报警并留下笔录。事后原告就此事与大润发超市和大润发公司交涉,未果。原告认为,超市要求消费者将自己的财物存入超市设置的自助寄存柜内,双方形成的是保管合同关系,超市应当对保存的消费者财物承担保管责任。由于大润发超市对自己给消费者提供的自助寄存柜的安全、可靠性过于轻信,疏于管理,以致原告存入柜内的钱物遗失。请求判令二被告给原告赔偿经济损失5310元;诉讼费由二被告负担。

被告大润发超市、大润发公司辩称:原告当天在大润发超市购物是事实,但购物与存包没有必然联系,并非所有的消费者都需要存包。原告提供的密码条,只能说明存包箱曾被原告打开过,但不能证明原告确实在里面存放过物品,更不能证明存放的物品是包、伞和巨款。另外,原告使用的自助寄存柜,是大润发超市无偿提供给消费者使用,以便消费者存放零星物品的,双方就此形成的是无偿借用关系。大润发超市已经将自助寄存柜的使用方法和注意事项以明示的方法告知给消费者。对于消费者携带的大件物品、贵重钱物,大润发超市还设有人工寄存处。现在自助寄存柜本身没有损坏,故大润发超市和大润发公司对原告所称的物品遗失没有过错,无须承担民事赔偿责任,原告的诉讼请求应当驳回。

经庭前证据交换和开庭审理,上海市第二中级人民法院确认了下列双方当事人均无异议的事实:

被告大润发超市是被告大润发公司隶属的企业。

2000 年 11 月 1 日下午,原告李杏英在被告大润发超市处购物,并使用该店设置的自助寄存柜。下午 5 时 30 分左右李杏英购物结束后,持该店自助寄存柜号码为 1250719748 的密码条找到大润发超市的工作人员,称其购物前曾将皮包一只(内装从原告聘用单位上海航空旅行社刚领取的旅游团款 4660 元及个人钱款 650 元,计 5310 元)、雨伞一把存入该店 22 号自助寄存柜的寄存箱内,现因无法打开箱子,要求解决。大润发超市工作人员将李杏英指认的箱门打开后,发现里面是空的。工作人员告知李杏英,其指认的箱门与其所持密码条显示的箱门号码不一致。但是,当工作人员将与密码条号码相符的另一箱门打开后,发现里面也是空的。当晚,李杏英向上海市公安局杨浦分局五角场镇警署报案。

审理过程中双方当事人形成的争议焦点是:

焦点一:皮包、包内物品和雨伞是否放入自助寄存柜内。

原告李杏英认为,2000 年 11 月 1 日下午 3:00 左右,其在受聘单位上海航空旅行社领取了旅游团款 4660 元后,就乘车于下午 4:00 左右到被告大润发超市,时间是连续的,中途没有辗转,故应确认其已将上述钱款和物品放入超市的自助寄存柜内。

原告李杏英为此提交的证据是:

证据 1:大润发超市号码为 1250719748 的自助寄存柜密码条,以证明李杏英当时确在大润发超市寄包。

证据 2:上海市公安局杨浦分局五角场镇警署 2000 年 11 月 1 日的询问笔录,以证明李杏英确向警署报案,并证明李杏英与大润发超市的交涉经过。

证据3:大润发超市的两份送货单,以证明李杏英当时确在大润发超市购物。

证据4:上海航空旅行社的暂支单和上海航空旅行社于2002年8月30日出具的证明,以及证人上海航空旅行社出纳俞红的证词,以证明李杏英作为上海航空旅行社的业务员,确曾于2000年11月1日下午3:00左右,在本市中山南路617号615室上海航空旅行社原南市营业部出纳处,领取了旅游团款4660元。

被告大润发超市和大润发公司对原告李杏英上述证据的真实性不持异议,但认为这些证据不能证明李杏英将皮包、包内物品和雨伞放入大润发超市的自助寄存柜内。

被告大润发超市和大润发公司提交了证人大润发超市原接待科科长徐勤华的证词,以说明当时原告李杏英向其投诉及处理经过。

焦点二:消费者使用超市的自助寄存柜存物时,与超市形成何种法律关系?如果消费者存入自助寄存柜内的物品丢失,超市是否承担赔偿责任?

原告李杏英认为,自助寄存柜是超市为吸引消费者到其店内购物,同时又要保证其店内货物安全而设置的,这是因购物而派生出来的保管服务。本案双方当事人形成的是保管合同关系。现因被告大润发超市的过错或者说未尽到管理责任,致使本人寄存的财产丢失,大润发超市理应承担民事赔偿责任。

被告大润发超市和大润发公司认为,大润发超市为方便消费者购物而向消费者无偿提供了自助寄存柜,双方就此柜的使用形成的无偿借用合同关系。大润发超市提供的自助寄存柜是质量合格产品,大润发超市也已将使用方法和注意事项明确告知给消费者,尽到了告知的法律义务。现有证据只能证明原告使用过大润发超市的自助寄存柜,不能证明原告确实将自己的物品放入柜内,更不能证明原告所称的物品是在该柜内丢失的,故大润发超市无须承担赔偿责任。

为此,被告大润发超市和大润发公司提交如下证据:

证据1:证人上海华明电子金属柜厂销售副厂长李鹤鹏的证词。李鹤鹏出庭陈述,大润发超市使用的自助寄存柜是该厂产品。该产品出厂时即标示着“操作步骤”和“寄包须知”,使用的密码共有十位数,前两位数表示自助寄存柜内寄存箱的箱号,后八位数随机组合,能1亿次不重复。各自助寄存柜内的寄存箱均从左到右排列,号码从左上方开始,自上而下纵向编号。该产品经中国上海测试中心测试合格,没有发生过质量纠纷。

证据2:反映大润发超市在醒目位置公布寄包事项的一组照片。标题为“免费寄包柜注意事项”的内文是:(1)密码单妥善保管,请勿示人;(2)价值超过200元商品、现金、手机、皮包等贵重物品请勿存入;(3)自助寄包自存自取,如有遗失概不负责;(4)存包不过夜,过夜后果自负。

证据3:大润发超市的接待科若干工作规定和登记表,以说明大润发超市对自助寄存柜的内部管理。规章主要内容有:对由于种种原因无法通过正常输入密码打开的箱子,工作人员征得消费者同意,先填写应急开箱表格后拿钥匙当客人面打开,并核对物品是否与消费者描述的相符。

原告李杏英对被告大润发超市和大润发公司提交的上述证据真实性没有异议,但认为其对证人李鹤鹏所述自助寄存柜的密码组成方式并不了解,大润发超市也没有向其明示过。

针对争议焦点,上海市第二中级人民法院查明:

本案所涉的退币型自助寄存柜,是被告大润发超市于1999年10月从上海华明电子金属柜厂购入的。当时共购入24个寄存箱为一组的自助寄存柜21个,16个寄存箱为一组的自助寄存柜1个,全部安置在店内。每组自助寄存柜上,均标有“操作步骤”和“寄包须知”。“操作步骤”的内容为:寄包……(1)未关的门关上;(2)投币;(3)取密码纸,勿向他人展示密码;(4)包放入箱内;(5)关闭。取包……(1)密码输入;(2)取出物品;(3)关门,只能打开箱门一次。“寄包须知”的内容为:(1)请使用者看清“操作步骤”和“寄包须知”,不会使用者向管理员请教后再操作,本商场实行自助寄包,责任自负;(2)寄包前先将未关的箱门关上,再投币寄包;(3)寄包必须投币开门,密码纸妥善保管,供取包使用,密码只能开门一次;(4)现金及贵重物品不得寄存;(5)当晚22:00前请取走您的物品。另,大润发超市在其服务台内,还设有“大件寄物”的服务项目。

本案审理过程中,审判人员到被告大润发超市进行了现场勘验。现场勘验确认,原告李杏英所称“近胸口处自动打开”的箱门,是22号自助寄存柜内的3号箱。3号箱密码条的前二位数应为“03”,而李杏英所持密码条的前二位数是“12”。经开启22号柜的所有寄存箱，密码条前二位数为“12”的只是第12号箱，该箱位于整组箱柜的最下边一层(近脚处)。在现场勘验过程中，李杏英承认购物当天见到自助寄存柜上的“操作步骤”和“寄包须知”。

上海市第二中级人民法院认为：

关于双方当事人的争议焦点一。综观原告李杏英提交的证据，只能证明2000年11月1日下午3:00左右，其曾在旅行社领取过旅游团费4660元；间隔1个多小时后，其在被告大润发超市购物，并使用过该超市的自助寄存柜。李杏英提交的证据，不足以证明其在使用自助寄存柜时，曾将内有5310元钱款的皮包等物放入寄存箱内。

关于双方当事人的争议焦点二。合同是当事人之间设立、变更、终止民事关系的协议，是当事人一致的意思表示。《中华人民共和国合同法》第三百六十五条规定：“保管合同是保管人保管寄存人交付的保管物，并返还该物的合同。”第三百六十七条规定：“保管合同自保管物交付时成立，但当事人另有约定的除外。”依照上述法律规定，保管合同是实践合同，即保管合同的成立，不仅须有当事人双方对保管寄存物品达成的一致意思表示，而且还需寄存人向保管人移转寄存物的占有。被告大润发超市作为一家大型超市，为前来购物的消费者提供了人工寄存和自助寄存柜寄存两种存包方式。在大润发超市的自助寄存柜上，印制着“操作步骤”和“寄包须知”。通过“寄包须知”中关于“本商场实行自助寄包，责任自负”、“现金及贵重物品不得寄存”的内容，大润发超市已经把只愿将自助寄存柜提供给消费者使用，不愿对柜内寄存的物品承担保管责任的意思明白表示给消费者。原告李杏英看到自助寄存柜上的明示后，仍不用人工寄存而选用责任自负的自助寄存，说明李杏英不愿将自己的物品交付给大润发超市保管，而只愿使用该超市的自助寄存柜暂时存放。因此，双方当事人没有达成保管合同的意思表示。另外，李杏英按照自助寄存柜的操作步骤，通过“投入硬币、退还硬币、吐出密码条、箱门自动打开、存放物品、关闭箱门”等人机对话方式，直接取得对自助寄存柜的使用权，实现了存放物品的目的。这一过程中，李杏英的物品没有转移给大润发超市占有，大润发超市也没有收到李杏英交付保管的物品。李杏英只是借助使用自助寄存柜继续实现对自己物品的控制和占有，而大润发超市由于没有收到交付的物品，也无法履行保管职责。他们之间不存在保管合同成立的必备要件——保管物转移占有的事实。因此，双方当事人就使用自助寄存柜形成的不是保管合同关系，而是借用合同关系。

《中华人民共和国消费者权益保护法》第十八条第一款规定："经营者应当保证其提供的商品或者服务符合保障人身、财产安全的要求。对可能危及人身、财产安全的商品和服务，应当向消费者作出真实的说明和明确的警示，并说明和标明正确使用商品或者接受服务的方法以及防止危害发生的方法。"被告大润发超市通过印制"操作步骤"和"寄包须知"，已经将自助寄存柜的正确使用方法告知消费者，对可能危及消费者财产安全的事项作出真实的说明和明确的警示。根据证人李鹤鹏的证词以及当时自助寄存柜箱门没有被撬痕迹等情况，可以认定大润发超市的出借物无瑕疵并具备应有的使用效能。对无偿借用给消费者使用的自助寄存柜，大润发超市已经尽到了经营者应尽的法定义务。《合同法》第五条规定："当事人应当遵循公平原则确定各方的权利和义务。"第六条规定："当事人行使权利、履行义务应当遵循诚实信用原则。"现场勘验证明，原告李杏英持有的密码条所对应的柜箱，与李杏英指称其放置皮包的柜箱不一致。在此情况下，李杏英既不能证明其确曾将所称钱款放入自助寄存柜内，也不能证明其所称物品的遗失是自助寄存柜本身存在的质量问题造成的，更不能证明其所称物品的遗失是大润发超市在提供寄存服务中的故意或重大过失行为所造成。因此，李杏英要求大润发超市和被告大润发公司承担其所称物品遗失的赔偿责任，缺乏事实根据和法律依据，难以支持。

综上，上海市第二中级人民法院于2002年10月10日判决：

对原告李杏英的诉讼请求，不予支持。

案件受理费222元，由原告李杏英负担。

一审判决后，上海市第二中级人民法院又向当事人指出：当前，许多超市除了向消费者提供人工寄存服务以外，还推出智能化自助寄存柜服务。这本是一件既方便到超市购物的消费者，又为超市节约经营成本的好事。但由于自助寄存柜服务是现代经营理念和新技术的产物，它突破了传统的保管寄存范畴，在商家与消费者之间形成了新型的借用关系，由此引发本案这起因消费者使用自助寄存柜而产生的纠纷。在本案中，被告大润发超市和大润发公司虽然胜诉,但有一点需要说明:相对消费者来说,经营者占据着资金雄厚的优势,是强者,理所应当为消费者提供更多的以人为本的服务,尽最大可能“让消费者满意、使消费者放心”,这是现代经营者应当自觉遵循的经营宗旨。就本案来说,如果超市能将“自助寄存柜”改变一下名称,使其更体现因使用该柜而在超市和消费者之间形成的借用关系,则能减少误解;如果自助寄存柜的寄存箱和密码条上能明确显示箱号,则可能避免消费者错拿错放物品;如果超市能利用现有技术在自助寄存柜前安装电子监控设备,则原告所称遗失的物品是否放入了寄存柜内,如果放入是被何人取走以及如何取走的等问题,就会一目了然。超市不应该满足于已将注意事项用文字明示给消费者,还需不断提升服务水平,加强对智能化自助寄存柜的管理,使其更趋完善,力争为消费者营造一个更加方便、安全、舒适的服务环境。

对上海市第二中级人民法院的这一建议,被告大润发超市和大润发公司诚恳接受,表示一定从此案中吸取教训,切实提高对消费者的服务水平。

第一审宣判后,双方当事人没有提出上诉,一审判决发生法律效力。

司法实践中,法律文书的通病是:谈法律太少,阐述证据链和法律逻辑如何成立部分太薄弱甚至没有,而这份由上海第二中级人民法院制作的民事判决书却是难得的一份说理充分的优秀判决书。

1. 首先整个推理的小前提,也就是本案案件事实体现了平等的当事人主义诉讼特征。“原告诉称”部分和“被告辩称”部分体现的是“不告不理”的民事诉讼基本价值,并将起诉状和答辩状按法律的逻辑进行了梳理,归纳出双方哪些事实无争议,争议的又是哪些,明确了本案争议的焦点也是法官审理的内容,然后按“谁主张谁举证”的民事证据规则,说明了双方如何举证和质证、法院又是如何依法收集证据的;通过这些证据的分析,按民事诉讼的证明标准,法官推导出了本案案件事实,即原告没有将所称物品存入被告的自助寄存柜内。

2. 然后分析本案的法律规定和原理,也就是推理的大前提。法官先明确这是合同法律关系,它为什么不构成原告主张的保管合同法律关系,是因为根据本案事实它不具备保管合同成立的必备要件——保管物转移占有的事实;而构成被告主张的借用合同关系,同时被告方履行了借用合同中借用方应尽的法定义务,对原告使用借用物造成的损失就不承担赔偿责任。

3. 最后得出结论,原告的诉讼请求不予支持,并承担全部诉讼费用。

然而,跳出本案法理之外,按一般常理去理解,原告作为一个已过六旬的老人,是一个弱者,为并不多的几千元的诉讼标的,与一个作为相对强者的大型超市打官司,肯定不是滥诉和缠诉,客观事实也许是她真的把所述的风烛残年打工挣来的钱财和物品存进了被告的寄存柜内丢失了,她真的很在乎和心疼,按她的注意和理解,超市提供的存物柜应该是安全的,对那些明示的文字她不一定全明白,所以法官在感情上和人性上是同情她的,但法官的职责是施行法律,这些是不能写进判决书的,判决书是维护法律权威的。于是,法官在判决书写完后,写了一段法官后语,对胜了官司的被告方从管理和便民方面应尽的义务,如何改进服务质量方面提出了自己诚恳的建议,抚慰了原告,让双方理解服从判决,确保了判决的生效和执行。

这份判决书观点明确,论据充分,论证严密,为类似案件的审理提供了很好的指导和示范。

（二）下面是一份同样说理充分的优秀刑事判决书实例

孙爱勤介绍贿赂案

公诉机关:江苏省镇江市京口区人民检察院。

被告人:孙爱勤,男,47岁,原系江苏省镇江市城市建设综合开发领导小组办公室副主任兼拆迁安置事务所主任,因本案于2001年6月21日被拘留。

辩护人:周羽正、戎浩军,南京三法律师事务所律师。

江苏省镇江市京口区人民检察院以被告人孙爱勤犯受贿罪、公司人员受贿罪,向镇江市京口区人民法院提起公诉。

起诉书指控:1993年4月,镇江市供销社房地产开发公司（现名神龙房地产开发公司,集体所有制企业,以下简称供销公司）与挂靠在镇江市振华房屋开发公司（以下简称振华公司）的刘以江联合开发健康路8号地块。

业务过程中,被告人孙爱勤伙同供销公司副经理朱锦顺等人,利用朱锦顺的职务便利,共同收受刘以江贿赂的20万元,孙爱勤将其中的5万元占为己有。1994年6月,镇江市丹徒县房地产管理局(以下简称丹徒房管局)与刘以江联合开发健康路17号地块。业务过程中,孙爱勤又伙同丹徒房管局局长周伟,利用周伟的职务便利,先共同收受刘以江贿赂的10万元,二人各分得5万元;后孙爱勤单独收受了刘以江贿赂的8万元。孙爱勤伙同朱锦顺等人收受贿赂的行为,触犯了《中华人民共和国刑法》第一百六十三条的规定,构成公司人员受贿罪;孙爱勤伙同周伟以及单独收受刘以江贿赂的行为,触犯了《刑法》第三百八十五条的规定,构成受贿罪。孙爱勤一人犯两罪,应当数罪并罚,请依法判处。

公诉机关向法庭提交了如下证据:

1. 证人刘以江的证言,主要内容是:1993年年底我挂靠振华公司期间,通过战友从部队拿到健康路8号地皮的批文。这块地上当时有一座小二层楼需要拆迁,是通过当时任拆迁办副主任的孙爱勤帮忙拆迁的,因此认识了孙爱勤。我因无资质和能力开发这块地皮,就请孙爱勤给找一家有实力的开发商,把这个项目转让出去,条件是除地皮费用以外,要转让费50万元,孙同意。孙先联系了京京开发公司的陆广裕,因陆做不了主,孙又联系了振华公司的朱锦顺。开始是我委托孙爱勤、陆广裕与朱锦顺谈,地价一共算250万元,这个价码是我提出来的。我告诉孙爱勤,要250万元我就赚钱,事成以后有你们的好处。他们谈得差不多时,孙爱勤叫我出场,与朱锦顺和他们公司的经营科长一起签了协议。我又对他们讲,我不会亏待你们。土地转让费划过来后,我从中提取20万元现金送给了孙爱勤,叫他给他们几个人分分。

2. 证人朱锦顺的证言,主要内容是:1993年3~4月份,我刚调到振华公司任副主任,很想做成一些业务,就找到孙爱勤,请他帮忙介绍。因为孙是市拆迁办的副主任,认识的开发商多,信息广。孙向我介绍了健康路8号这块地皮,说是刘以江的,问我愿意不愿意要。与刘接触后,刘说这块地皮要250万元。我认为我们可以赚钱,就接下来并签了协议。后来听孙爱勤说,刘以江答应给我们一笔费用。我认为这是“回扣”,但我和孙爱勤、刘以江事前没有商量过拿“回扣”的事。有一天晚上,孙爱勤打电话叫我,我就和我公司的王本勋一起到孙家。在孙家楼下,孙给了我和王本勋每人5万元现金,说是刘以江给我们的,并且说刘一共给了20万元。开发这块地皮,我公司赚了100多万元,孙爱勤从中起了介绍和引见的作用。

3. 证人王本勋的证言,主要内容是:我任振华公司经营部经理期间,朱锦顺叫我协助他办开发健康路8号地皮的事。有一天晚上,朱锦顺叫我和他一起去孙爱勤家,孙把一包东西给了朱锦顺。下楼后,朱从这包东西中拿出一沓钱给我,让我先拿着,我就收下了,回来一数是5万元。以后我问朱锦顺,这5万元是怎么回事? 朱说这钱是刘以江给的。刘从部队上弄的地皮便宜,他赚了钱,拿出些钱来撒撒。朱还说,刘以江给我公司转让地皮这件事,是孙爱勤从中周旋,孙爱勤也得到了钱。

4. 证人陆广裕的证言,主要内容是:我早就认识刘以江,当时他是转业军人,说他准备搞房地产,请我帮忙,我同意了。孙爱勤我也是早就认识,因为都在一个系统。有一天孙爱勤对我说,他有一个朋友要搞房地产,但什么都不懂,又没有人,想让我和这个人见见面。一见面才知道是刘以江。刘说部队要搞开发,他已经和部队谈好一块地皮,叫我去看看。我看过后告诉他们,这块地皮位置好,盖了房子不愁卖。刘以江从部队拿到批文后,孙爱勤对我讲,让我帮刘以江找一家有实力的合作伙伴,并建议我去找一下以前和我在一起的朱锦顺。我就向朱锦顺介绍了刘以江这个项目,朱听后说一起谈一谈。后来谈成了,孙爱勤对我讲:"老刘这个人爽气,他说不会亏待我们。"有一天晚上,孙爱勤打电话叫我去他家,我去后,刘以江也来了。孙爱勤就让我们二人到外面,刘以江把一个袋子给了孙爱勤,说:"你们几个人的都在里面。"我说:"这是什么意思?"刘说:"这个不是事先说好的吗。我说话算数,你就不要客气了。"说完他就走了,孙给了我5万元。

5. 被告人孙爱勤的供述,主要内容是:1993年下半年,刘以江从部队搞到一块地皮,要开发商品房。但刘没有资质,也没有能力开发。我是搞拆迁工作的,与镇江市的房屋开发商比较熟,刘就托我找人。我先帮他找了陆广裕,由于陆不合适,我又帮他找了朱锦顺,朱锦顺认为这块地可以搞。在朱锦顺、王本勋、陆广裕、刘以江他们商谈过程中,我参加几次。正式商谈地价时,朱锦顺还价,刘以江说:"地价250万元,就这么定了。你们几个我是不会亏待的。"我也附和着说:"就这样吧。"有一天晚上,刘以江给我打电话,意思是给我送钱。他把我叫到楼下，给我一只塑料袋，里面装着20万元。后来我把这些钱分给朱锦顺、王本勋、陆广裕每人5万元，我留下5万元。

6. 证人刘以江的证言，主要内容是：孙爱勤以前和我哥哥刘以镇是邻居，我去我哥哥家打牌时认识孙爱勤，但那时没有交往。在开发健康路8号地皮的过程中，孙爱勤帮助我找到朱锦顺。健康路17号地皮是我跟军区文化站签订协议共同开发，由于在开发过程中情况发生变化，我前期投入的资金不产生效益，就又让孙爱勤帮助联系了丹徒房管局的局长周伟。我当时提出来这块地皮要有500万元资金才能合作，但周伟认为有300万元就可以运作了，我就同意周伟把300万元资金付到我账上，他们进场开发、建筑、销售，与部队的经济往来由我负责。我和房管局的合作很成功。为此，我叫孙爱勤、周伟和我一起去上海，在上海我给了他们10万元；第二次是我开车到孙家楼下，叫孙出来到我车里，我给了他8万元。这8万元孙爱勤是否分给周伟，我不知道。我给孙钱，一是因他帮助我找到了合作开发伙伴，我要向他表示感谢；二是我很想交孙爱勤这个朋友。

7. 证人周伟的证言，主要内容是：1994年年初，通过孙爱勤认识刘以江。孙爱勤介绍我们认识后，我就和刘以江谈合作开发健康路17号地皮的事，孙爱勤没有参加。有一次，刘让我和孙爱勤与他一起去上海。在酒店吃完饭我正准备洗澡，刘以江拿着一包报纸包的东西进入我和孙爱勤住的房间说："这点钱你们拿去买东西。"我看纸包比较大，知道钱不少，就说："买东西有个一两万就行了。"然后就去洗澡。我洗澡出来，孙爱勤从他的被子底下拿出5沓钱（每沓1万元）给我。我当时对孙说："你反正是介绍人，没什么事。我在开发的这个房子上还要与刘以江打交道，万一他不按协议办，我们单位不好交代。我拿上2万元就行了。"孙说没事，他把5万元给了我。除这5万元以外，我和刘以江再没有其他经济来往。

8. 被告人孙爱勤的供述，主要内容是：1994年刘以江从部队上搞到第二块地皮，又托我联系开发单位，说不会亏待我，我就帮助他联系了周伟。谈判过程中我参加过，刘以江要五五分成，周伟要四六分成。刘以江就托我给周伟说说，我给周伟说过后，协议是按五五分成签订的。此后有一天，刘以江叫我和周伟去上海。在宾馆，他当着周伟的面，把一只装有10万元的塑料袋交给我，并说你们两人分分。周伟当时还对他讲，不要这么客气。当晚,我就将其中5万元交给周伟。这件事过后3-4个月,刘以江又给我打电话,约我在我家楼下见面。在他的汽车上,他把一只装有8万元现金的塑料袋交给我。我连家都没有回,就直接到周伟家。当时他妻子在家。给周伟4万元时,没有当着周伟妻子的面。在和刘以江来往过程中,我没有违反原则帮刘以江的忙。只是在他开发过程中,我多次到过他的工地,帮助他解决一些拆迁钉子户的矛盾。

被告人孙爱勤辩称:我只是给刘以江联系过开发商,是私人帮忙性质。我没有利用过我职务上的便利,为刘以江在拆迁上出过力或者谋取过什么利益,况且我那时的职务只是开发办下属的拆迁办副主任,想帮忙也帮不上。再有,4万元我确实交给周伟。对指控的其他事实,没有异议。

孙爱勤的辩护人提出:(1)孙爱勤与朱锦顺之间没有共同的犯罪故意,也不存在共同的犯罪行为,孙爱勤从中只起了介绍作用,其行为不能构成公司人员受贿罪。(2)孙爱勤与周伟之间没有共同的犯罪故意,客观上孙爱勤也没有参加周伟与刘以江之间的交易过程,其行为不构成受贿罪。(3)收刘以江后来送的8万元,将其中4万元转交给周伟,是孙爱勤主动讲出来的,不存在避重就轻的问题。不能因为周伟不承认,就认定这8万元都是孙爱勤所得。

江苏省镇江市京口区人民法院经公开审理,除认定在刘以江贿赂的8万元中,被告人孙爱勤占为己有的是4万元以外,确认了公诉机关指控的其他事实属实。

江苏省镇江市京口区人民法院认为:

关于被告人孙爱勤收受刘以江贿赂款8万元的去向,孙爱勤说将其中4万元送给了周伟,而周伟否认。除孙爱勤的供述与周伟的证言外,此事无其他证据证实。因周伟与孙爱勤之间存在明显的利害关系,周伟的证言不能采信。因此,公诉机关指控孙爱勤将收受的8万元全部占为己有,证据不充分。对孙爱勤在此事上的辩解,应予采纳。

1997年10月1日修订后的《中华人民共和国刑法》第一百六十三条第一、二款规定:“公司、企业的工作人员利用职务上的便利,索取他人财物或者非法收受他人财物,为他人谋取利益,数额较大的,处五年以下有期徒刑或者拘役;数额巨大的,处五年以上有期徒刑,可以并处没收财产。”“公司、企业的工作人员在经济往来中,违反国家规定,收受各种名义的回扣、手续费,归个人所有的,依照前款的规定处罚。”此条罪名为公司人员受贿罪。

在刑法修订之前,全国人大常委会《关于惩治违反公司法的犯罪的决定》第九条规定:“公司董事、监事或者职工利用职务上的便利,索取或者收受贿赂,数额较大的,处五年以下有期徒刑或者拘役;数额巨大的,处五年以上有期徒刑,可以并处没收财产。”这条规定的罪名是商业受贿罪。第十四条规定:“有限责任公司、股份有限公司以外的企业职工有本决定第九条、第十条、第十一条规定的犯罪行为的,适用本决定。”

被告人孙爱勤伙同朱锦顺、周伟,并分别利用朱、周二人的职务便利,非法收受刘以江的钱财,为刘谋取利益,其行为触犯刑法,构成共同犯罪。但是,孙爱勤的行为发生于刑法修订施行前,应当依照1979年《刑法》和《关于惩治违反公司法的犯罪的决定》定罪量刑。对孙爱勤伙同朱锦顺,利用朱锦顺的职务便利非法收受刘以江钱财的行为,应当认定构成商业受贿罪;对孙爱勤伙同周伟,利用周伟的职务便利非法收受刘以江钱财,为刘谋取利益的行为,应当认定构成受贿罪。孙爱勤一人犯两罪,应当数罪并罚。孙爱勤的犯罪所得,应当依法追缴。

综上,江苏省镇江市京口区人民法院于2001年11月15日判决:

一、被告人孙爱勤犯商业受贿罪,判处有期徒刑二年;犯受贿罪,判处有期徒刑八年六个月,并处没收财产1万元。决定执行有期徒刑十年,并处没收财产1万元。

二、被告人孙爱勤犯罪所得14万元予以追缴。

一审宣判后,被告人孙爱勤不服,以其不是共同犯罪,其行为不构成商业受贿罪及受贿罪为由提出上诉。孙爱勤的辩护人也认为,孙爱勤的行为只应认定为介绍贿赂罪,且本案已过追诉时效,应宣告无罪。

江苏省镇江市中级人民法院经审理认为:

关于因开发健康路17号地块,刘以江第二次送给上诉人孙爱勤现金8万元,此事有刘以江的证言和孙爱勤的供述证实,足以认定。孙爱勤供述,这8万元中的4万元转送给了周伟。此事只有孙爱勤的供述,不能认定。据此认定的本案事实是:1994年5月经孙爱勤介绍,丹徒房管局局长周伟与挂靠在振华开发公司的刘以江洽谈后,联合开发镇江市健康路17号地块。事后,刘以江送给孙爱勤10万元,孙爱勤当即转送给周伟5万元,自得5万元。同年10月,刘以江又送给孙爱勤8万元。此外,孙爱勤还于1993年4月,介绍并促成供销公司的副经理朱锦顺与刘以江联合开发镇江市健康路8号地块,期间孙爱勤收受了刘以江的现金5万元。

修订后的《刑法》第十二条第一款规定:"中华人民共和国成立以后本法施行以前的行为,如果当时的法律不认为是犯罪的,适用当时的法律;如果当时的法律认为是犯罪的,依照本法总则第四章第八节的规定应当追诉的,按照当时的法律追究刑事责任,但是如果本法不认为是犯罪或者处刑较轻的,适用本法。"本案发生于修订后的刑法施行以前,应当适用1979年《刑法》的规定。

1979年《刑法》中没有规定公司工作人员受贿为犯罪。1988年1月21日第六届全国人民代表大会常务委员会第二十四次会议通过的《关于惩治贪污罪贿赂罪的补充规定》第四条规定:"国家工作人员、集体经济组织工作人员或者其他从事公务的人员,利用职务上的便利,索取他人财物的,或者非法收受他人财物为他人谋取利益的,是受贿罪。""与国家工作人员、集体经济组织工作人员或者其他从事公务的人员勾结,伙同受贿的,以共犯论处。""国家工作人员、集体经济组织工作人员或者其他从事公务的人员,在经济往来中,违反国家规定收受各种名义的回扣、手续费,归个人所有的,以受贿论处。"

上诉人孙爱勤在刘以江托其帮忙介绍开发单位时,介绍并引见刘以江与朱锦顺、周伟二人相识。促成他们之间的联合开发后,孙爱勤收受了刘以江所送的现金,并分别转送给朱、周等人。孙爱勤事先没有与朱锦顺、周伟共谋收取刘以江的好处,也没有与刘以江共谋给朱、周二人送礼。因此其主观上,既不具有与他人共同受贿的故意,也不具有与他人共同行贿的故意。客观上,孙爱勤只是在行贿人与受贿人之间实施了引见、沟通、撮合的行为,既不是共同行贿,也不是共同受贿,而是介绍贿赂。

朱锦顺是集体所有制的公司工作人员,在经济往来中收受回扣,按照《关于惩治贪污罪贿赂罪的补充规定》第四条的规定,这种行为应以受贿论处。但是修订后的《刑法》规定的受贿罪,其主体必须由国家工作人员构成。朱锦顺不是国家工作人员,按照修订后《刑法》的规定,其行为已经不能构成受贿罪。《关于惩治违反公司法的犯罪的决定》虽然规定"公司董事、监事或者职工利用职务上的便利，索取或者收受贿赂，数额较大的"构成商业受贿罪，但该决定是从1995年2月28日公布施行的，对发生于1993年的这种行为不能适用。朱锦顺收受刘以江贿赂的行为尚且不能构成犯罪，上诉人孙爱勤向其介绍贿赂，当然也不构成犯罪。一审认定孙爱勤是商业受贿罪的共犯，是定性错误。

周伟具有国家工作人员身份，上诉人孙爱勤向周伟介绍贿赂，其行为触犯了1979年《刑法》第一百八十五条第三款的规定，构成介绍贿赂罪，应当处三年以下有期徒刑或者拘役。其在介绍贿赂过程中分得的5万元，是违法所得。

无论根据1979年《刑法》第七十六条的规定，还是根据修订后《刑法》第四章第八节的规定，法定最高刑为不满五年有期徒刑的犯罪，经过五年都不再追诉。1979年《刑法》第七十七条还规定："在人民法院、人民检察院、公安机关采取强制措施以后，逃避侦查或者审判的，不受追诉期限的限制。"第七十八条规定："追诉期限从犯罪之日起计算；犯罪行为有连续或者继续状态的，从犯罪行为终了之日起计算。""在追诉期限以内又犯罪的，前罪追诉的期限从犯后罪之日起计算。"上诉人孙爱勤于1994年6月犯介绍贿赂罪，至2001年6月21日被拘留。期间，孙爱勤没有被采取过任何强制措施，也没有重新犯罪。根据1979年《刑法》，介绍贿赂罪的五年追诉期限已过，依法不能再追究其刑事责任。但是其违法所得，应当依法追缴。

综上所述，上诉人孙爱勤的上诉理由及其辩护人的辩护意见，于法有据，应当采纳。一审判决认定孙爱勤犯商业受贿罪、受贿罪，是适用法律不当，应当纠正。据此，江苏省镇江市中级人民法院依照《中华人民共和国刑事诉讼法》第十五条第(二)项、第一百六十二条第(二)项的规定，于2002年9月25日判决：

一、撤销一审刑事判决；

二、上诉人孙爱勤无罪；

三、上诉人孙爱勤的违法所得5万元，予以没收。

1. 对孙爱勤案件法律文书说理的分析，主要掌握法律文书中的刑事诉讼中的证据锁链和形成问题。

法律文书学界一直把证据作为事实的一部分，认为是用说明或记叙的方法来表达的。按法律的逻辑,证据只不过是一个个“孤立”的“单个”的事实“碎片”,它本身也需要被证明,如一把刀是否因是作案工具而成为具体案件的物证,光出示一把刀是不能证明的,它必须有鉴定结论、证人证言等证据印证,如刀上所留血迹与被害人血型一致,刀把上的指纹与被告人的指纹达到同一认定标准。同理,证人证言等言词证据能否作为证据需要物证、鉴定结论、勘验检查笔录等证据来印证,这些经过印证的真实证据只是一个个事实“碎片”,将它们按不同证明标准和证据规则拼接就形成了不同的案件事实。比如,同一个案件举证责任的分配不同,一个证据到底该由控方列举还是辩方列举,原告负责还是被告负责,案件事实就会不同,甚至相反,如辩护律师和医疗事故中的举证责任分配问题。

所以,法律文书对证据的分析论证首先应表达清楚“谁举证”,然后是如何质证?法律明确规定了质证的期间、方式,如证据必须在判决前提供,证据应尽量在法庭上对质,在我国证人出庭率低一直是诉讼法学界和司法机关头痛的问题。最后就是认证的问题。同样的真实有效的证据,按刑事诉讼“百分之百排除合理怀疑”的证明标准或按“高度盖然性”的民事诉讼证明标准所形成的案件事实是不同的,典型的如“辛普森案”;还有一个主观的因素,那就是自由心证,这是由人的认知局限造成的,法官它会“因为早餐的好坏影响对被告人的定罪量刑”,法学界称为“自由裁量权”。

因此,同样的证据和同样的“拼接”方法,张法官和李法官推导出的案件事实不一定是相同的,如著名的南京彭宇案中对老人摔倒系自身行为还是彭推倒所致的事实推断,但无论如何不同,自由裁量权再大也必须符合法的基本精神和社会大多数人的公平正义标准。所以在法律文书中,将证据的举证、质证认证过程表达出来是法律文书被称为法律文书的精髓所在,实践中的许多文书,在文书中不写证据,或者随意在文书结构中为拼凑格式和内容,而用说明的方法罗列几个不符任何证据原理的证据,这是造成法律文书不讲理,司法自由裁量权过大的重要原因。

2. 在孙爱勤案的说理过程中,一审法院对案件事实的形成,说理较为充分,特别是证据的列举和认证。众所周知,案卷材料中和法庭审理时,证人证言和被告人供述这类言词证据都是分散而凌乱甚至是矛盾的,法官在心证过程中,要按法律的原理和逻辑把每个合法的与案件有关联的真实证据，根据其所属的证据类型、证明对象和证明内容对其梳理和整合，一些写作者没有这个耐心、责任和逻辑思考能力，有人还以为这些证据是证人或被告人自己陈述的，法官照抄或照录下来的，果真那样，冤假错案的发生将不可避免，法律文书千篇一律，不讲道理，司法谈何神圣和庄严？

上例中，在事实部分，证据 1 属于证人证言，证明对象是受贿罪构成的客观方面要件中的第一个事实要素“他人贿赂及其所要的利益”，因为没有人贿赂的证据哪来被告人接受贿赂的证据？证明内容是“刘以江为了感谢被告帮其开发房地产赚了钱，拿出了 20 万元贿赂款”，之后的证据 3、4、5 印证了这一点，被告人被指控受贿的第一笔账 5 万元的证据锁链宣告完成，证据 6、7、8 是另一笔 9 万元的受贿事实的证据链，这个证据链中把被告人的供述和辩解具体列举，比大多数判决书笼统说“被告人供述为证”精密得多，将其中的矛盾，即孙爱勤说有一笔 8 万元的贿赂款给了周伟 4 万元，而周伟不承认，经分析后排除了周伟的证言，而认定孙只收到了 4 万元，并据此作出了一审判决。只是排除这个证据的理由不合法，仅以双方“有明显的利害关系”为由，后来二审法院纠正了这一错误，以“孤证不能定案”的法理，认定孙收到的是 8 万元。

在理由部分，二审法院认定的事实是孙爱勤犯罪所得为 18 万元，相对于一审认定的 14 万元，是更不利于孙爱勤的，在这种情况下两审判决结果差异却大相径庭，原因就在对法律的适用水平上，一审对法律的适用是简单的、机械的，二审在其基础上考虑了相关法律及其司法解释等所涉及的时间效力，新旧法的溯及力、共同犯罪、追诉时效等法律原理，结合本案事实对法律的适用进行了严密的分析和论证，最后作出了令人信服的生效判决，用精湛的司法技术向被告人送达了正义，用充分的说理向社会表达了法律的公平，这是这份判决书的优秀所在。

道理是在一定的语言环境中才成为道理的，如果没有事实和理由部分的充分说理，一审如何认定孙爱勤的犯罪事实？二审又是如何得出了相反的无罪事实的确信？本案一、二审的不同判决结果对被告人的个人命运影响是多么巨大，法律人就是这样凭借法律文书写作技术通过每份文书形成的说理体系，表达了对法律的忠诚，建立了一个讲道理的话语系统，通过像本案这样的个案的透彻的说理，展现了司法应有的公正和公平。

【思考题】

一、简答题

1. 法律文书的结构和内容是什么?

2. 法律文书对记叙的要求是什么?

3. 法人的自然情况应如何表达?

二、案例分析题

刑事附带民事起诉状

案情:田某和苗某是前后院邻居,田某家盖的房子挡住了苗某家的采光,苗某多次交涉,田某不听,反将苗某打成重伤,田某被逮捕。在刑事诉讼过程中,苗某为提起刑事附带民事诉讼,委托本市某律师事务所律师胡某为其诉讼代理人。胡律师接受委托后,为苗某写了如下诉状:

刑事附带民事起诉状

原告:苗某,男,34 岁,汉族,某公司职员,家住本市四方区花家胡同 20 号。

被告:田某,男,36 岁,汉族,某公司职员,家住本市四方区花家胡同 21 号。

请求事项:

1. 请求法院依法判处被告赔偿全部医疗费、误工损失费和伤残补助费;

2. 请求法院判处被告拆除影响原告家采光的非法建筑;

3. 请求法院判处被告赔偿原告精神损害费 4 万元。

事实和理由:

被告田某和原告系前后院邻居。今年 3 月,被告在房屋改建过程中,不顾邻里关系,新建的房屋后檐离原告家的前窗只有半米,严重影响了原告家房屋的采光。原告多次同被告交涉,被告均置之不理。今年 4 月 1 日,原告再次找被告交涉时,被告态度恶劣,不但不听原告交涉,反而拿起铁锨铲原告,原告躲闪不及,右脚跟踺被铲断,虽然住院治疗 30 余天,仍然留下残疾,行走不便,经鉴定为三级伤残。以上事实,有证人王某的证言,某医院的诊断证明书,以及某司法鉴定室的鉴定报告为证。

被告的上述行为,严重侵犯了原告的合法权益,给原告的身心健康造成了极大的伤害,现向贵院提起刑事附带民事诉讼,请求法院依法判处。

具状人:胡某

2003 年 5 月 4 日

问题:请根据刑事附带民事诉讼的法律规定和基本理论,从对执业律师法律文书规范化的角度,分析本刑事附带民事诉状存在哪些问题,并简要说明理由。

第二编　诉讼法律文书

第五章 刑事诉讼法律文书

内容摘要

刑事诉讼法律文书是公安机关、检察机关、人民法院和其他国家机关在处理刑事案件和其他刑事执法活动中,以及法人、非法人团体和公民在进行刑事诉讼活动中,根据刑事诉讼程序要求和法律规定,制作的具有法律效力或法律意义的各种文书的总称。刑事诉讼法律文书种类繁多,不但包括刑事侦查法律文书、审查起诉文书、刑事裁判文书,还包括刑事辩护文书、刑事执行文书和刑事监督文书等。本章中,应注意熟悉以上各类刑事诉讼法律文书的概念,加深对以上刑事诉讼法律文书的认识,重点掌握该各类法律文书的具体写作规范、写作要求,以期能将其应用到具体的实践操作中,提高刑事诉讼法律文书写作能力。

第一节 刑事诉讼法律文书概述

一、刑事诉讼法律文书的概念和种类

(一)刑事诉讼法律文书的概念

刑事诉讼法律文书是指公安机关、检察机关、人民法院和其他国家机关在刑事诉讼过程中,法人、非法人团体和公民在进行刑事诉讼活动中,根据刑事诉讼程序要求和法律规定,制作的具有法律效力或法律意义的各种文书的总称。它是根据《刑事诉讼法》的具体法律规定,完成刑事诉讼法律行为,处理刑事案件时制作的各种法律文书。

刑事诉讼法律文书具有以下主要特点：

1. 是国家司法机关处理刑事案件的一种专门的书面凭证，其目的是揭露、证实和惩罚犯罪，以实现国家的司法权，从而维护国家的利益和社会秩序。

2. 必须有诉讼参与人参加，如刑事案件的当事人、诉讼代理人、辩护人、证人、翻译人员、鉴定人员等，以他们在刑事诉讼中维护自己或他人的合法权益，准确地给被告人定罪和量刑，保障无罪的人不受法律追究。

3. 要按照特定的程序和要求进行写作。刑事诉讼法律文书主要是检察院、法院等司法机关制作的，在代表国家意志的同时，必须忠实地体现法律，严格按照《刑事诉讼法》规定的公、检、法三机关各自的职权制作刑事诉讼法律文书，通过书面的形式，使案件情况、材料和证据客观地记载保存下来；使司法机关、诉讼参与人根据同一文字材料统一认识；使案件的处理结果能准确、具体地表达出来。在刑事诉讼活动中，除执法机关外，公民、法人和非法人团体参与诉讼而制作和使用的各种文书也是刑事诉讼法律文书的重要组成部分。刑事执法机关和公民、法人在刑事诉讼程序中，从立案、侦查、起诉、审判、执行到第二审程序、死刑案件的复核程序、上诉等各个环节上，都必须依照刑事法律、法规和司法解释的有关规定，制作和使用各种刑事诉讼法律文书，不能随意制作和使用。

我国是社会主义国家，我国司法机关进行揭露、证实和惩罚犯罪的刑事诉讼活动，必须切实保障当事人和其他诉讼参与人的诉讼权利，严格遵守法律规定的诉讼程序。认真书写刑事诉讼法律文书，能使我们通过刑事诉讼活动，准确、及时地打击犯罪，保障无罪的人不受刑事追究。各种刑事诉讼法律文书的制作和使用必须履行一定的法律手续。

（二）刑事诉讼法律文书的种类

刑事诉讼法律文书种类繁多，差不多上千种，公、检、法、监狱等机关都有详尽的格式样本规定，要一一讲解，既无可能，也无必要，况且这些格式也在不断变化发展中，作为教材，为了避免初入门的本科学生陷入思路混乱、无从下笔的文书写作学习痛苦中，本教材根据《刑事诉讼法》的基本原理和具体的法律规定，以及办理刑事案件的操作流程，将刑事诉讼法律文书分为刑事侦查法律文书、审查起诉法律文书和刑事裁判法律文书、刑事执行法律文书等。

这种分类无论在刑事法学理论上,还是在刑事诉讼的实践经验中都是较为科学、合理的。根据刑事法学理论,犯罪的人,有义务向国家交代自己的犯罪事实,并接受国家司法机关对其依法进行的侦查、起诉和审判;而犯罪人有权要求司法机关按照法律进行调查,认定其犯罪事实和应负的刑事责任,并保护其合法权益不受侵犯。

根据我国的刑事诉讼实践,刑事案件的侦查、起诉、审判是刑事诉讼活动的最主要的内容,在这三个阶段制作的刑事侦查法律文书、刑事起诉法律文书和刑事审判法律文书已经形成了比较成熟和完整的体系。它们除了法律规定的具体条件不同外,不仅适用的法学原理和推理的法律逻辑相同,而且写作结构和风格也完全一样,如起诉意见书(无论是公安机关制作的、还是检察院或监狱等制作的)、起诉书(还有不起诉决定书)、各审级的刑事判决书(如一审、二审、再审、重审,自诉、公诉、附带民事诉讼)等,没有必要重复一一讲述其写作要求,本教材将其按诉讼法律的思维方式将其整合成本章共六节的内容,是为了教学时思路清晰、简洁,便于学生法律思维方式的训练和掌握。主要的分类有:

1. 刑事侦查法律文书

刑事侦查法律文书是《刑事诉讼法》规定的刑事侦查机关(包括所有依法享有对刑事案件刑事侦查权的机关,如公安、安全、监狱等国家机关、军队的保卫部门等)在整个刑事诉讼活动中制作的具有法律效力的文书的总称。是将侦查机关揭露犯罪、证实犯罪、查缉犯罪嫌疑人的主要过程依法客观、准确地以书面文件固定下来。侦查机关在揭露触犯我国《刑法》规定的犯罪行为时,重点是发现那些情节恶劣、复杂,手段诡秘,动机隐蔽的犯罪行为,必须在侦查的各个程序和采取的各种侦查措施中依法制作各种侦查文书,如现场勘查、调查访问、辨认、鉴定、拘留、逮捕等,必须依照《刑事诉讼法》的法定程序证实某种犯罪行为的客观存在。刑事侦查法律文书主要有立案文书如刑事案件立案登记表、破案文书如破案报告、侦查措施文书辨认笔录、强制措施文书如提请批准逮捕书、侦查终结文书如起诉意见书等。

2. 刑事起诉法律文书

刑事起诉法律文书主要是公诉机关和自诉人在决定是否对刑事案件进

行起诉时依法制作的诉讼文书，在公诉案件中，控诉职能主要由公诉人承担，通过对侦查机关侦查终结后移送起诉的案件进行审查，决定是否提起公诉或者不起诉；对于提起公诉的案件，出席法庭，支持公诉。在自诉案件中，控诉职能由自诉人承担，自诉人通过向法庭提交足够的证据，在人民法院受理案件时出庭控诉犯罪，为法庭准确查清案情、正确适用法律提供材料。刑事起诉法律文书包括刑事自诉案件使用的各种法律文书如刑事自诉状、刑事附带民事起诉状、刑事上诉状，还有检察院的审查起诉文书如起诉书、出庭文书如公诉意见书、各种撤销文书如撤销起诉决定书。

3. 刑事裁判法律文书

刑事裁判法律文书是人民法院根据事实和法律对刑事案件依法进行裁判的书面决定。根据“司法最终”的原则，刑事审判是整个刑事诉讼活动的中心阶段，是司法的最后一道工序，审判职能由人民法院的审判人员承担，是对于起诉的案件依法进行审理并作出裁判，通过裁判文书，就个案代表司法向社会公众交代，使国家的刑罚权得到实现，并且保证无罪的人不受到刑事处罚。刑事裁判法律文书主要有各审级的刑事判决书、刑事裁定书。此外，还有各种命令（如执行死刑命令）、决定（如回避决定书）等。

限于篇幅，我们只能对每类刑事诉讼法律文书选择一种常用的制作难点较多的文书为例进行详细讲解，并举例分析，以培养学生举一反三的能力，本教材以后的其他章节亦秉承这一写作技巧。

二、刑事诉讼法律文书的作用与写作要求

（一）刑事诉讼法律文书的作用

刑事诉讼法律文书在司法实践中起到很大的作用。

1. 通过制作和发布对刑事案件进行处理和裁判的文书，能及时打击和惩罚各类刑事犯罪，使无罪的人不受到刑事追究，教育公民自觉遵守法律，应用法律捍卫自己的权利，增强法制观念。保证准确、及时地查明犯罪事实，正确应用法律，惩罚犯罪分子，这是我们的首要任务。通过写作刑事诉讼法律文书，能帮助我们提高刑事诉讼的效率，保证办案质量，明确各个司法机关在刑事诉讼活动中的职责分工，做到分工负责、互相监督和互相制约，通过分工履行各自的职责，使各机关在整个诉讼活动中各司其职、各负其责。侦查、起诉、审判机关的诉讼权限只限定于刑事诉讼中的某一个阶段

或范围,不许超出法定权限,通过刑事诉讼法律文书可形成有效的互相监督、互相制约的机制。在整个刑事诉讼过程中,各部门的职责又共同组成一个整体,各部门之间互相配合、协调一致,共同完成刑事诉讼任务。

2. 在惩罚犯罪的同时,我们应当保障无罪的人不受刑事追究。公民的人身自由和其他各项权利不受侵犯是《宪法》所规定的,依法保障公民的合法权益不受侵犯,保障无罪的人不受刑事追究,是完成刑事诉讼任务的重要内容。刑事诉讼活动本身就是最好的法制教育过程,公、检、法机关要在工作中组织群众、发动群众。公民参加刑事诉讼活动有时是当事人,有时是见证人,他们都要接触到刑事诉讼法律文书,通过对犯罪的举报、控告、协助侦查机关破案,直到起诉、审判和惩罚犯罪分子的整个刑事诉讼活动,以及依法保障诉讼参与人在刑事诉讼中的合法权利,认真依法履行职责,都能达到对公民进行法制教育的良好效果。刑事诉讼法律文书的作用还表现在,能调整各种法律关系,有效合理地解决某些纷争,稳定社会秩序,促进社会安定;能作为检查法律执行情况的重要依据。根据刑事诉讼法律文书,不仅对具体案件的处理和裁判正确与否能加以评判,而且对以后总结法制建设工作的经验、完善法律法规也有重要的意义。

3. 刑事诉讼法律文书是司法机关依照国家刑事法律的规定作出的文件,代表国家行使权力,其制作的刑事诉讼法律文书是具体实施国家法律处理刑事案件的结果,具有法定的强制性作用,其他任何单位和个人都必须严格遵照执行,不得违抗和改变,否则,依法强制执行。如出示逮捕证逮捕犯罪嫌疑人,宣布判决后将罪犯收监关押等。

(二)刑事诉讼法律文书的写作要求

1. 紧紧围绕被告人是否构成犯罪,如何承担刑事责任这个中心。刑事案件以犯罪事实为定罪量刑的根据,如实准确地认定犯罪嫌疑人、被告人的犯罪事实,是适用法律的基础。根据我国《刑法》的规定,任何犯罪行为都必须是对国家、集体或个人有危害的,行为的社会危害性是客观存在的,不以人们的意志为转移,这种危害行为达到了违反刑事法律的严重程度,并且依法应受刑事处罚,这有别于仅仅违反行政法规、民事法规或其他法规而未触犯刑律的行为。刑事诉讼法律文书要求写明案情事实的各种法律要素,把犯罪嫌疑人、被告人的犯罪事实叙述清楚,以便认定犯罪嫌疑人、被告人有罪或者无罪、罪轻或者罪重，最后，正确适用法律，准确地定罪量刑。

2. 掌握刑事法律的特点，熟悉刑事法律规定。刑事诉讼法律文书是司法过程的书面表现形式，必然要以刑事法律和具有法律性质的文件为依据，只有符合法律规定，才能受到法律的保护，才具有法定效力。刑事法律与民事法律、行政法律等其他法律有明显区别，刑事法律具有最严厉的强制手段，它不仅可以剥夺犯罪人的财产权利，而且可以剥夺其政治权利、人身自由乃至生命，它是专门对付犯罪的特殊手段，这些手段只能由刑事司法机关代表国家依法行使。刑事诉讼法律文书制作者必须熟练掌握刑事法律和有关具有法律性质的文件，严格按照实体法、程序法的规定制作刑事诉讼法律文书。《刑事诉讼法》第44条规定："公安机关提请批准逮捕书、人民检察院起诉书、人民法院判决书，必须忠实于事实真相。故意隐瞒事实真相的，应当追究责任。"

3. 应当具有刑事诉讼法律文书的专业性。刑事诉讼法律文书结构比较固定，有法定的，有执法机关制定的，也有实践中总结的。刑事诉讼法律文书要表达侦查中运用社会科学与自然科学成果，研究为揭露犯罪、证实犯罪、查缉犯罪嫌疑人和预防犯罪所采用的技术、策略和侦破各类案件的方法。刑事起诉法律文书要反映检察机关对侦查活动和审判活动是否合法实行的法律监督，以及自诉人指控的犯罪事实和提出的诉讼请求及理由。刑事审判法律文书要体现审判机关依照刑事法律，作出的具有法律效力的强制性决定。刑事诉讼法律文书一般均由首部、正文、尾部构成，如公安部制定的《预审文书格式》、最高人民检察院制定的《刑事检察文书样式》等。刑事诉讼法律文书的固定结构，是由文书本身内在逻辑联系所决定的。

4. 要注意刑事诉讼法律文书用语的特殊性，准确表达。刑事诉讼法律文书本身具有严肃性和权威性，制作者的态度应严肃认真、一丝不苟。刑事诉讼法律文书是不可缺少的诉讼文书，刑事诉讼主体要执行一定的诉讼职能，完成某项诉讼任务，必须记载司法机关及当事人和其他诉讼参与人的诉讼活动及其形成的各种诉讼关系和产生的法律后果。它是依法正确进行刑事诉讼活动的重要保证。刑事诉讼法律文书必须按照规定的专门格式制作，要求语言文字具有高度的准确性，必须做到事实真实、证据确凿、逻辑严密、语言文字规范、意思明确、言简意赅，不容许含糊其辞或模棱两可。

第二节　刑事侦查文书

一、刑事侦查文书概念

刑事侦查文书是指根据《刑事诉讼法》规定在刑事诉讼中，对刑事案件行使侦查职能的机关为实现其侦查职能而依法制作的具有法律效力的规范性文书。其是侦查机关在刑事诉讼活动中行使侦查权的凭证。刑事侦查文书种类甚多，一般由法律文书名称、案号、具体内容、文书制作单位、制作日期这几部分组成。此外，刑事侦查文书的写作中还需注意文书中涉及的有关人员的情况、所列举的事实和证据必须真实，文书的制作要及时。刑事侦查文书是严格依法制作的文书，严格依法包含三层意思，一是指办案程序要依法；二是认定案件事实要依法；三是文书格式要遵循公安部制定的统一标准。这就使得刑事侦查文书具有不同于一般文书的特点：

1. 严格的依法性。刑事侦查文书是实施法律的工具，必须依照国家法律法规的规定和要求制作。依法性表现在，一方面，在制作刑事侦查文书时要严格遵循程序法规定制作，即先制作哪种文书，后制作哪种文书，都必须按照规定的程序依次进行，不得随意更改或颠倒顺序，如先有提请批准逮捕书才有批准逮捕决定书，再有逮捕证。另一方面，又要严格按照实体法制作，即在文书内容上对案件事实的表达及其对案件性质的认定都应依法进行。

2. 材料的规定性。我国《刑事诉讼法》、《办案程序规定》等法律法规，对刑事侦查文书的材料来源和规格都作了具体规定。公安刑事侦查文书的材料包括三大类：第一类是事实材料，即案件事实和证据事实。第二类是反映在执法活动中的情况材料。第三类是理论材料，即《刑法》、《刑事诉讼法》等法律法规的条款。材料的规定性具体表现在制作每一文书时，必须严格依据其适用的法定条件来选择和运用材料，不符合法律要求的材料是不能运用于文书之中的。

3. 形式的规范性。刑事侦查文书是有着规范格式的文书，这种规范性主要表现在两方面：一是文书形式规格的统一化。即每一种刑事侦查文书的形式、规格、用纸、文字书写、用印等均有统一的格式和标准。二是文书内部结构的程式化。公安刑事侦查文书是按照公安部统一制定的格式要求来安排其文书内容项目和结构顺序的，一般由首部、正文和尾部三部分组成，而其中每一部分包含的内容项目及结构层次也比较固定。有的文书呈现表格化，即采用程式化的行文方式。文书表格化是程式化高度发展的产物。这种结构的程式化既易于制作，也便于使用。

4. 语言的术语化。术语具有简明、准确和单一解释的特点，常常在一词一语中包含着十分复杂但又有所特指的内容，使人一看就能理解它的特定含义。刑事司法活动产生了大量的专业术语，形成了独特的术语系统。语言术语化的形成及其程度的不断提高，给刑事侦查文书写作创造了极为有利的条件，它可使语言更加准确、简要、严谨、周密。

5. 适用的特定性。适用的特定性是刑事侦查文书发生法律效力后，只能对所审理的案件中涉及的单位、个人产生法律效力或具有法律意义，并不具有普遍的法律约束力。适用的特定性还表现在文书的应用上，即每种文书只能在特定的环节上才具有法律作用，应用于其他的办案环节是没有法律效力的。例如，《提请批准逮捕书》是逮捕犯罪嫌疑人时向人民检察院提请审查批准的法律文书，而不是执行逮捕的凭证，执行逮捕则必须凭“逮捕证”。

二、刑事侦查法律文书的基本要求

刑事侦查法律文书的基本要求就是内容真实清楚。内容真实清楚包含三层含义：一是文书涉及的有关人员基本情况要真实清楚；二是文书所叙述的事实要真实清楚；三是文书所列举的证据必须真实清楚。内容真实清楚要求在文书写作上，既要获取真实、准确、全面的材料，又要对案件事实及办理过程进行客观、科学的表达。

理由正确充分是指刑事法律文书无论是对案件性质及其各构成要素的认定，还是对有关的人、事、物做出的结论（或处理意见），都是既要准确，符合法律精神，又要具有强大说服力。

履行法律手续也是使法律文书确认其应有的法律效力的重要手段。刑事法律文书履行的法律手续有签署意见、签名、盖章、捺指印等。例如，《呈请拘留报告书》等呈请类文书必须及时呈送单位领导审批。侦查法律文书如果不履行相应手续或缺少某一手续将不具有法律效力。

刑事侦查法律文书主要内容的基本要求如下：

（一）犯罪嫌疑人基本情况

犯罪嫌疑人基本情况包括犯罪嫌疑人的姓名、性别、年龄、身份证件号码、民族、文化程度、籍贯、职业或单位及职务、住址、违法犯罪经历等。下面着重介绍姓名、年龄、单位及职业、住址、违法犯罪经历等几项内容的制作要求。

1. 犯罪嫌疑人姓名。应写明犯罪嫌疑人合法身份证件上的姓名，如果没有合法身份证件的，写明在户籍登记的姓名，尚未得到犯罪嫌疑人身份有效证明文件的，可用犯罪嫌疑人自报的姓名。如果犯罪嫌疑人是外国人，除应当写明合法身份证件上的姓名外，还应当同时写明汉语译名。有些文书，如《呈请拘留报告书》、《提请批准逮捕书》等文书，则应写明与案件有关的所有名称，包括曾用名、绰号、化名、乳名、笔名等。

2. 犯罪嫌疑人年龄。一般应准确写明出生的年月日，并以公历为准。

3. 犯罪嫌疑人单位和职业。单位名称应当写全称，必要时在前面加上地域限制，以便准确认定。职业指其从事的工作种类。没有单位的，根据实际情况写个体工商户、在校学生、农民或者无业等。

4. 犯罪嫌疑人住址。应当填写犯罪嫌疑人被采取强制措施前的经常居住地。一般来说，犯罪嫌疑人的经常居住地就是户籍登记中的住址，如果经常居住地与户籍登记中的住址不一致的，应当在填写经常居住地的同时，填写户籍登记的住址，如果是身份、住址不明的，可以填写其自报的住址。

5. 犯罪嫌疑人违法犯罪经历。违法犯罪经历情况主要包括受到的刑事处罚、治安处罚和劳动教养处分等。填写时应当注意：第一，应当按时间先后顺序进行，写到目前状况为止。第二，应简明扼要，重点突出，详略得当。第三，应按法律的规定着重写出对本次定罪量刑有法律意义的违法犯罪经历。

（二）案件名称

案件名称是立案、破案、结案移送起诉环节对案件确定性质。实践中，根据不同案情和案件所处的诉讼阶段，案件名称的内容也不同。

立案侦查阶段:一般情况下是犯罪嫌疑人姓名加上涉嫌罪名,如“高××故意杀人案”。这种方法适用于有明确的犯罪嫌疑人和涉嫌犯罪情节清楚的案件。有的以被害人情况确定,如“张××被杀案”,这适用于犯罪嫌疑人情况不明而被害人和被害情况清楚的案件。有的以案发地、案发时间或者立案时间确定,“××宾馆被盗案”,“6·24 抢劫案”。这种方法适用于犯罪嫌疑人或被害人情况不明,或者犯罪嫌疑人、被害人人数众多,不便概括的案件,或者有保密必要的案件。

侦查终结、移送起诉阶段:必须遵循犯罪嫌疑人姓名加上案件性质作为案件名称的做法。一人一罪的,写明犯罪嫌疑人姓名再加上涉嫌罪名;一人数罪的,写明犯罪嫌疑人姓名加上由主罪(重罪)到轻罪的所有罪名;共同犯罪的,写明案件主要犯罪嫌疑人姓名再加上由主罪到轻罪的所有罪名;集团犯罪的,写明首要犯罪嫌疑人姓名、涉嫌罪名及集团案。

(三)其他项目及事项

1. 发文字号。由发文机关代字、具体业务部的简称、文书名称简称、年份和发文顺序号组成。

2. 批准人与批准时间。填写批准制作该文书的有关负责人的姓名和签字时间。

3. 办案单位与办案人。填写办案单位或部门的名称,办理案件的人或有关事项的承办人的姓名。

4. 填发人与填发时间。填写制作文书的人的姓名,实际制作文书的时间。

5. 法律条文的援引。引用时应注意以下几点:第一,引用的法律须用全称,不能用简称。第二,引用的法律条文要具体,条文中有条、款、项的,要具体到条、款、项。第三,不能引用宪法、内部规定、政策性文件或一些会议精神。

6. 印章使用。对外使用的文书,应当在成文日期上加盖能够对外独立承担法律责任的单位印章,不能使用内部印章。需要公安局局长名章的,应当印在“局长”二字之后,成文日期之上,与公安局印章上下对齐。凡一纸两联或一纸多联的刑事法律文书,在每联的中间连接线处填写发文字号,加盖印章(或专用骑缝章)。对于多页的文书,需要时,在各页右侧边沿加盖骑缝章。

三、刑事侦查文书格式

以人民检察院的审查逮捕案件意见书为例：

×××人民检察院

审查逮捕案件意见书

××检捕审字【×××】×号

本院于××××年××月××日接到×局以×公刑捕(××××)××号提请批准逮捕书提请批准逮捕犯罪嫌疑人×××涉嫌×××罪的法律文书及案件材料后,承办人检察员×××、书记员×××依法审查了案卷材料,讯问了犯罪嫌疑人,核实了有关证据,现已依法对本案审查完毕。

犯罪嫌疑人基本情况：

×××,又名×××,男,×周岁,生于××××年××月××日,×族,中华人民共和国公民,无党派,××文化,农民,家住×××,××××年××月××日因涉嫌×××罪被×××刑事拘留,现羁押于×××看守所。

该×××自幼上学,×××至今。家中×口人,父亲×××,××岁,×,母亲×××,××岁,×,妻子×××,××岁,×,女儿×××,××岁。

该×××未受过行政、刑事处罚,无影响羁押的严重疾病。发案、立案、破案的经过：

一、案件事实的认定及证据

(一)侦查机关认定的案件事实

(二)经审查认定的案件事实及证据

侦查机关认定的前述案件事实有证据证明。

经审查,前述案件事实有下列证据证明：

1. 物证、书证

犯罪嫌疑人人口信息

【以上证据内容与公安机关提请逮捕书所列犯罪嫌疑人身份情况相符,能够证实在押人员与犯罪嫌疑人系同一人,同时证明犯罪嫌疑人已年满

十八周岁，已达法定刑事责任年龄。】

被害人户籍证明

【以上证据内容可证明被害人身份情况与人体损伤鉴定中被鉴定人身份情况相符，系同一人。】

2. 证人证言

证人×××（性别，××岁，住址）于××××年××月××日在×××向×××、×××作证：

【×××】

3. 被害人陈述

被害人×××（性别，××岁，住址）于××××年××月××日在×××向×××、×××陈述：

【×××】

4. 嫌疑人供述和辩解

犯罪嫌疑人×××于××××年××月××日在×向×××、×××供述：

【×××】

5. 鉴定结论

【×××】

6. 勘查、检验笔录

【×××】

7. 视听资料

【×××】

以上各项据以定罪的证据，收集程序合法，符合法定形式，内容真实可靠，相互能够印证，完全可以采信。

对以上证据进行分析可得，第一，依据×××等，可证明有×××的事实发生；第二，根据×××，可证明×××的事实系犯罪嫌疑人×××实施；第三，证明犯罪嫌疑人实施犯罪的证据通过其他证据印证，能够排除合理怀疑，已经查证属实；第四，该案中犯罪嫌疑人之行为无任何违法性阻却事由；第五，犯罪嫌疑人×××已年满十八周岁，系成年人，且无证据表明其患有不能辨识和控制自己行为的精神疾病，故其应当具有完全刑事责任能力。

综上，犯罪嫌疑人×××之行为完全符合×××罪之犯罪构成。

故犯罪嫌疑人×××犯罪事实清楚，犯罪证据确凿，符合刑法规定，可以认定其涉嫌×××罪。

二、需要说明的问题

×××

三、处理意见

承办人意见：犯罪嫌疑人×××以×××手段，×××，其行为已符合×××罪之犯罪构成，现有证据能够证明其犯罪事实，可能判处有期徒刑以上刑罚，且（系有组织犯罪、黑社会性质犯罪、暴力犯罪、多发性犯罪，严重危害社会治安和社会秩序），采取取保候审、监视居住等方法（可能继续实施犯罪行为，危害社会；可能毁灭、伪造证据、干扰证人作证或者串供；可能自杀或逃跑；可能实施打击报复行为；可能有碍其他案件侦查；不足以防止发生社会危险性），鉴于以上，对于犯罪嫌疑人×××，应认为有逮捕必要。

故犯罪嫌疑人×××，涉嫌×××罪，依据《中华人民共和国刑法》第×××条、《中华人民共和国刑事诉讼法》第六十八条之规定，建议批准逮捕。

承办人：×××　×××

××××年××月××日

部门负责人意见：

主管检察长意见：

四、范例及评析

×××人民检察院

审查逮捕案件意见书

×××检捕审［2011］号

一、受案和审查过程

本院2010年××月××日接到××市公安局××分局以×××字

(2010)×××号提请批准逮捕犯罪嫌疑人张某、谭某、周某涉嫌××××罪一案的文书及案卷材料、证据后，承办人助理检察员×××审阅了案卷，讯问了犯罪嫌疑人，告知了有关权利义务，核实了相关证据，现已依法对本案审查完毕。

二、犯罪嫌疑人基本情况

犯罪嫌疑人张某，男，现住地：××××××××××。因涉嫌××罪，于2010年××月××日被××市公安局××分局刑事拘留，现羁押于×××区看守所。

简历：自幼读书至××××年××月，××××年××月至××××年××月在家务农，××××年××月来××市务工至今。

家庭情况：父亲×××，××岁，职业××；母亲×××，××岁，职业××；弟弟×××，××岁，职业××。

犯罪嫌疑人谭某，男，××岁，××××年××月××日出生，×族，××市××区××街道××号人，职业××，××文化程度，户籍所在地：×××××××××，现住地：×××××××××。因涉嫌××××罪，于2010年××月××日被××市公安局××区分局刑事拘留，现羁押于××市××区看守所。

简历：自幼读书至2010年××月自××区××中学辍学，后无业至今。

家庭情况：父亲×××，××岁，职业××；母亲×××，××岁，无业。

犯罪嫌疑人周某（绰号：××），男，××岁，××××年××月××日出生，×族，××市××区人，政治面貌××，××文化程度，职业××，现住×××××××××，户籍所在地：×××××××××。

简历：自幼读书至××××年××月辍学，后无业至今。

上列除犯罪嫌疑人"张某"自述其曾因犯盗窃罪，于××××年××月被判处有期徒刑一年，缓刑一年六个月外（无材料证实），犯罪嫌疑人谭某、周某均未发现行政、刑事处罚记录。

上列三名犯罪嫌疑人均未反映有影响羁押的严重疾病和其他情况。

三、发案、立案、破案经过

2010年××月××日，蒋某报案至××市公安局××区分局，称当日2时许，张某、谭某、周某将其从××网带至××××地，以其拿走张某摇头丸和K粉为由,敲诈勒索其××元。同日,××市公安局××区分局决定对××被敲诈勒索案立案侦查。犯罪嫌疑人张某、谭某和周某分别于同年××月××日和××月××日归案。此案告破。

四、经审查认定的案件事实及证据

(一)侦查机关认定的案件事实

2010年××月××日2时许,犯罪嫌疑人张某伙同谭某、周某从××区××网吧内将蒋某带至×××地,以蒋某拿了张某的"货"(摇头丸、K粉)为由,逼蒋某拿出两万元钱,蒋某不从,张某、谭某、周某对蒋某进行殴打、恐吓,蒋某被迫答应给五千元钱。后张、谭、周三人将蒋某带至××饭店××房间看管起来。××月××日上午10时许,张某、谭某两人将蒋某×带至××街,并要被害人去拿钱,蒋趁机报警。张某、谭某被抓获。

(二)经审查认定的案件事实及证据

经审查认定的案件事实:

2010年××月××日2时许,犯罪嫌疑人张某邀约谭某、周某从××市××区××街××网吧内将蒋某带至××地,以蒋某拿了张某的"货"(摇头丸、K粉)为由,采取语言威胁、暴力胁迫的方式强迫蒋某拿出5000元钱,其间,张某强行从蒋某包内劫取人民币30元、手机一部和项链一根。因蒋某称要等到早上拿钱,后张、谭、周三人将蒋某带至××饭店××房间进行看管。当日10时许,张某、谭某两人将蒋某带至××街,蒋趁机报警,犯罪嫌疑人张某、谭某被抓获归案。同年8月10日,犯罪嫌疑人周某归案。

认定上述事实的证据如下:

1. 被害人陈述

被害人蒋某(女,××岁,住×××××××××)分别于2010年××月××日在××街派出所(侦查员:××、××)和2010年××月××日在××饭店(侦查员:××、××)共作两次陈述。

证实:2010年××年××日2时许,张某和谭某让其从××网吧出去,当时其看到自己的包在张某手中。因拒绝,张某便强行将其拉出网吧,并坐上一辆出租车,除张某、谭某外,还有周某也在车内。三人来到旁边一个亭子处,张某打其耳光,并让其赔偿两万元钱"货款",谭某称如果不拿便要将其扔进湖里。并且,张某从其包里翻出手机、项链和30元钱并拿走。随后,谭某将其拉到一边,最终蒋某答应找人借5000元钱给张某等人,但要等到次日早上。随后,几人乘坐出租车到××饭店,周某在中途下车,由谭某出钱开房,之后蒋某被张某反锁在厕所里直至次日8时许,并在张某的要求下打电话联系拿钱。后蒋某带着两人到××街派出所附近拿钱,并趁机向联防队员报案,张某被现场捉获。

蒋某的陈述证实以下事实:(1)张某曾贩卖毒品,当日其带有两盒装有K粉和摇头丸的南京香烟盒和三五香烟盒,后其将该两个香烟盒交给谭某;(2)张某、谭某强行将其带出网吧,并采取殴打、威胁的方式,强迫其交出5000元钱,后又将其带到××饭店房间看守直至次日;(3)周某在整个过程中没怎么说话,只是劝其将钱给张某等人,并让张某、谭某不要打其的事实。

2. 犯罪嫌疑人的供述和辩解

(1)犯罪嫌疑人张某的供述和辩解

犯罪嫌疑人张某于2010年××月××日、××月××日共在××区看守所有两次供述。

××月××日(侦查员:××、××)供述到:当日凌晨,其在××酒吧碰到蒋某,因蒋称其朋友没有地方住要开房,便让张某借其200元钱。后张某发现蒋某在××网吧上网,认为其被欺骗了,便打电话叫来谭某。谭某和周某一起来,三人将蒋某带上出租车至××地,因认为蒋某说谎,张某便殴打其,周某劝其不要殴打。后蒋某提出赔偿其5000元钱以了结此事,但称要等到早上才能拿到钱。之后,谭某带几人来到××饭店开房间,张某和谭某将蒋某关在厕所里,三个小时后,周某来到房间,张某让其看住蒋某直至早上9点。早上周某离开,张某和谭某带蒋某拿钱,后其被带至派出所。另称其随身携带的"K粉"是自己在××街××吧里的长椅下捡的,自己没有吸过。

××月××日(侦查员:××、××)供述的内容与第一次供述基本一致,不一致及补充之处:在谭某和周某到网吧后,其告诉二人有个女孩欠其钱,正在网吧里上网;蒋某的包是放在车子后座的,其当时帮其拿下了车;从其身上搜出的K粉是其在××网吧里向杨凡购买准备自己吸食的。

证据分析:犯罪嫌疑人张某的两次供述均称自己曾借给蒋某200元钱,因蒋某欺骗其钱的用途,其因为生气才对蒋实施殴打,之后蒋自己提出要赔偿其5000元钱以了结此事，其供述与蒋某的陈述、同案人谭某的供述和辩解不能相互吻合，无其他证据予以证实，因此不能成立。

关于周某的作用，张某供述其告知谭某和周某蒋某欠其钱，并且其在对蒋某实施殴打时，周某对其进行劝阻，该事实与被害人的陈述、同案人谭某和周某的供述能够相互印证，能够证实犯罪嫌疑人周某在此过程中的作用。

关于其身上毒品的来历，张某的两次供述是不一致的，但根据蒋某的陈述、同案人谭某的供述，张某曾有贩卖毒品的事实。

关于蒋某包内物品被抢的事实，张某予以否认，但根据被害人的陈述、同案人谭某和周某的供述，可以认定张某有强行将蒋某包内物品和现金抢走的事实，因此其否认不能成立。

(2)犯罪嫌疑人谭某的供述和辩解

犯罪嫌疑人谭某于2010年××月××日、××月××日分别在××街派出所和××区看守所有两次供述。

××月××日(侦查员：××、××)供述到：××月××日凌晨，其接到张某电话，张某称有个女孩欠其钱，让谭某帮忙。谭某到××网吧后，张某让其将周某叫来。周某来到后，张某将小女孩喊出来并将其强行拉上出租车开至××地，张某与小女孩谈关于还钱的事情，女孩说早上会有人帮其还。由谭某提议到××饭店开房间，并借钱给张某，周某在中途下车。张某和谭某让女孩待在房间厕所里，周某后来到房间里。早上10点多，三人带着女孩来到马福街派出所对面等人，谭某在马路对面等了一会儿就自己回家了。张某在××街××吧卖摇头丸，其称女孩拿了他的“货”，价值8000多元，女孩说没有钱，张某便殴打女孩，后女孩喊周某过去协商至5000元。在巷子里的时候，张某曾递给谭某一个三五牌香烟的盒子，里面装有20多颗摇头丸和一包K粉。

××月××日(侦查员：××、××)的供述与第一次供述一致之处在此省略，不一致之处：××月××日凌晨张某打电话给其，称到××网吧将一个女孩架走，找个借口让其拿钱出来，谭某打电话联系周某，称张某有事要其帮忙。周某到达后，张某称网吧里有个女孩将他的“货”拿走了，准备将其架走要钱。三人将女孩带至××地，张某打了女孩几个耳光，让其赔偿8000元钱“货”钱，并将其包内的一部手机、一根项链和30元钱放进自己的口袋里。后双方谈成由女孩给张某5000元钱，但要等到早上才拿得到。进入房间后，张某将女孩锁在厕所里。周某之后来到房间里。早上，张某将三五牌香烟盒子交给谭某后，谭某将里面的K粉和摇头丸装进红秦淮香烟盒子里。曾在××网吧看到张某从“杨凡”处购买毒品再用于贩卖。

侦查员尹会军于××年××月××日同时讯问了犯罪嫌疑人张某和谭某，违反了《刑事诉讼法》的规定，应重新制作该两份证据。

证据分析：犯罪嫌疑人谭某的供述证实了张某以暴力胁迫的方式强行将被害人包里的钱财和物品拿走，并强迫被害人答应给其5000元钱，这与张某的辩解不一致，但其与被害人的陈述及周某的供述能够相互印证，因此该事实能够认定。还证实了张某曾有贩卖毒品的事实，其当日身上的毒品是由张某交给他保管的，这与被害人的陈述能够相互印证。

(3)犯罪嫌疑人周某的供述和辩解

犯罪嫌疑人周某于2010年××月××日在××街派出所(侦查员：××、××)所作的供述。

2010年××月××日，谭某打电话给其称要打架，于是周某来到××街附近。到达后，其看到张某在追赶一个男孩，并从其手中拿回一个包。后张某让周某将××网吧里的蒋某叫出来，称蒋某拿了其价值6000元钱的“货”，要将蒋某架走拿钱。后张某自己进入网吧将蒋某拉出来并推上出租车开至××地，张某让蒋某赔双倍的货款，即20,000元，并对蒋某实施殴打并用语言威胁，周某劝蒋某拿钱出来了事。后张某翻看蒋某的包，并从中拿走一个手机、一根项链和30元钱。随后，谭某和蒋某谈价钱，谈好由蒋某拿出5000元钱了事，但要等到早上9点多。谭某提议到××饭店开房间，周某于中途下车离开。4点左右，谭某带电话给其让其带香烟、水到××饭店玩。其看到蒋某被反锁在厕所里，谭某让其看住蒋某。8点左右，周某离开饭店。

证据分析：周某称当日之所以来到现场，是因为谭某让其过来帮忙打架，这与谭某的供述能够相互印证。其供述还印证了张某将被害人包内物品抢走的事实，以及对被害人实施语言威胁、暴力殴打的手段强迫其交出5000元钱，后又将其关在厕所里的事实。其称与被害人谈价钱是张某和谭某为主，自己没有说话，这一点与被害人的陈述相互吻合，虽然犯罪嫌疑人谭某称是由周某与被害人商谈的，但其供述没有其他证据予以印证。

3. 证人证言

(1)证人××(男,××岁,××省××县××派出所联防队员)于2010年××月××日在××派出所(侦查员:××、××)

陈述到:经辨认张某的照片,指出该人是其隔壁村子的人,叫张××,该人于十五六岁的时候离开户籍地,没有被当地公安机关处理过的事实。

其证言证实张某的基本情况,与张某自述的情况不一致:张某称其2007年7月才离开家乡,并且于2006年被判刑。

(2)证人张立(××省××县××派出所人员)于2010年××月××日通过电话(侦查员:××、××)所作证言。

证实张某系别名,其真实姓名为张××,出生日期为××××年××月××日,并于××××年××月曾因犯××罪被判处有期徒刑一年,缓刑一年六个月的事实。

其证言与犯罪嫌疑人张某的供述能够相互吻合,但与证人刘××的证言相互矛盾。因该份证言系侦查人员通过电话取得,无相关书证予以印证,且此矛盾关系到本案犯罪嫌疑人的基本情况,鉴于证据之间相互矛盾,无法排除,因此,有关犯罪嫌疑人"张某"身份情况的证据需由侦查机关继续侦查。

4. 物证、书证

(1)捉获经过、立案决定书各一份

主要证明捉获犯罪嫌疑人张某、谭某的经过及××市公安局××区分局对蒋某被敲诈勒索一案立案的情况。

(2)户籍证明两份

主要证实犯罪嫌疑人谭某和张接收的基本情况,两人具有完全刑事责任能力,其中,犯罪嫌疑人谭某作案时未满18周岁的情况。

(3)辨认笔录一份

2010年××月××日,侦查人员××、××带领犯罪嫌疑人周某和蒋某在李××的见证下,在××区看守所附近辨认了2010年××月××日敲诈勒索蒋某的犯罪嫌疑人。

该份证据违反了单独辨认的规定,程序违法,不予采信。

(4)情况说明一份

主要证实2010年××月××日15时许，犯罪嫌疑人谭某向××街派出所上缴一包装有18颗橙色药丸、10包白色粉末状物质的红色秦淮香烟盒。

(5)暂扣条一份

主要证实2010年××月××日，侦查人员××、××从张某处暂扣人民币30元。

5. 鉴定结论

由××市公安局(鉴定人：××、××)出具的物证鉴定书证实：从犯罪嫌疑人谭某处收缴的物品中均检出麻醉剂氯胺酮成分，且从其中粉红色长方体形药片和红色圆柱形药片中亦检出甲基安非他明(冰毒)成分的事实。

全案证据分析：上述证据共同证实了以下事实：第一，犯罪嫌疑人张某邀约谭某共同找借口向被害人要钱，并采取语言威胁、暴力殴打的手段，强迫蒋某答应给其5000元钱作为了结，之后，两人又将被害人带至旅馆看管的事实。第二，犯罪嫌疑人周某在谭某要求其帮忙的请求下来到现场，其事先和事中并不明知两人的真实目的，以为是张某和被害人有债务纠纷，其在整个过程中有看管被害人的行为，无暴力威胁行为。第三，犯罪嫌疑人张某曾从“杨凡”处购买毒品并贩卖给他人。第四，犯罪嫌疑人自报名叫张××，系××省人，具有前科，该证据与证人证言有矛盾之处，且现有证据无法排除此矛盾。第五，自谭某处收缴的物品中检测出含有冰毒成分。

综合全案证据，除侦查人员××同时讯问犯罪嫌疑人张某、谭某，第二次询问被害人时地点不合法等个别证据收集程序存在瑕疵之外(详细情况见需要说明的问题)，其余证据收集程序合法，且能相互印证，证据与事实之间具有关联性，证明的内容客观真实，达到了我国《刑事诉讼法》第60条规定的“有证据证明有犯罪事实”的证明标准。

犯罪嫌疑人张某在公安机关均辩称其找被害人是因为两人之前有债务纠纷，系被害人自己提出拿5000元了结此事，且自己并没有强行将被害人包内物品和现金拿走，这些事实没有其他证据印证，其说法不能成立，不予采信。

五、需要说明的问题

(一)本案定性分析：公安机关以犯罪嫌疑人张某、谭某、周某涉嫌敲诈勒索罪提请审查逮捕。结合全案证据分析,承办人认为本案应当定性为抢劫罪,其中犯罪嫌疑人张某和谭某系共同犯罪,犯罪嫌疑人周某不构成犯罪,理由如下:

1. 抢劫罪和敲诈勒索罪的区别主要在于是否满足两个"当场"的条件,即当场实施暴力以及当场取财,若同时满足该两个"当场"条件,即为抢劫罪。本案中,承办人认为犯罪嫌疑人张某等人具有两个抢劫行为。第一,是张某将被害人的包内钱财及物品强行拿走,并拒绝返还的行为,此次系既遂;第二,是张某、谭某在事先共谋将被害人架走以找其要钱的主观故意下,实施的对被害人进行语言威胁、暴力殴打的手段强迫其交出5000元钱的行为,因未实际得到,该次系未遂。

虽然张某等人并未在当场就取得财物,但几人是在对被害人实施了足以抑制其反抗的语言威胁、暴力胁迫行为后,又强行将其拘禁于房间厕所里,直至早上出门取钱为止。这是一个整体的行为,被害人一直都处于犯罪嫌疑人的威胁、控制下,因此,该行为属于"当场"的条件,符合抢劫罪的构成要件。因未实际取得钱财,此次行为系抢劫未遂。

2. 关于犯罪嫌疑人周某的行为认定:从犯罪嫌疑人张某和谭某的供述可以看出,两人将周某叫来之前未告知其实际情况,周某仅是以为来帮忙索债,其不具有非法占有的主观故意。在抢劫过程中,周某并未实际参与,还劝说张某等人不要殴打被害人,其也不具有暴力胁迫的客观行为,因此,周某并非与张某、谭某成立共同犯罪,其不具有犯罪行为。

而之后其在谭某的要求下帮忙看守被害人的行为,因非法拘禁的时间未达到24小时,因此其也不涉嫌非法拘禁罪。

(二)立案监督事项及处理意见

根据犯罪嫌疑人张某、谭某的供述以及被害人的陈述,能够证实张某曾向"杨凡"购买毒品用于出售,"杨凡"的行为涉嫌贩卖毒品罪,应当向公安机关发出《要求说明不立案理由通知书》。

(三)侦查活动监督事项及处理意见

1. 犯罪嫌疑人张某、谭某刑事拘留期限于2010年××月××日期满,但公安机关于××月××日才提请批准逮捕,违反我国《刑事诉讼法》第六十九条之规定。

2. 侦查人员×××于××年××年××日下午同时讯问犯罪嫌疑人张某和谭某，未个别讯问，违反我国《公安机关办理刑事案件程序规定》第一百七十七条第二款之规定。

3. 鉴定结论未告知犯罪嫌疑人，违反我国《刑事诉讼法》第一百二十一条、《公安机关办理刑事案件程序规定》第二百四十一条之规定。

4. 几名辨认人对同一辨认对象辨认时，未个别进行辨认，违反《公安机关办理刑事案件程序规定》第二百四十八条之规定。

5. 对犯罪嫌疑人的照片进行辨认时，少于十人的照片，违反《公安机关办理刑事案件程序规定》第二百四十九条之规定。

6. 讯问未成年犯罪嫌疑人谭某、周某，未通知其家长、监护人或者教师到场，违反《公安机关办理刑事案件程序规定》第一百八十二条第一款之规定。

7. 对蒋某第二次取证地点不合法，违反《刑事诉讼法》第九十七条第一款、《公安机关办理刑事案件程序规定》第一百八十八条第一款之规定。

8. 侦查人员讯问犯罪嫌疑人时，未首先讯问其是否有犯罪行为，让其陈述有罪的情节或无罪的辩解，然后提问，违反《刑事诉讼法》第九十三条、《公安机关办理刑事案件程序规定》第一百七十九条之规定。

9. 公安机关接受案件时，未制作《接受刑事案件登记表》，违反《公安机关办理刑事案件程序规定》第一百五十五条之规定。

10. 调取的户籍证明没有提供人签名，并加盖单位印章，违反《公安机关办理刑事案件程序规定》第五十三条第二款之规定。

11. 对犯罪嫌疑人周某的传唤持续的时间超过十二小时，属于变相拘禁犯罪嫌疑人，违反《刑事诉讼法》第九十二条第二款、《公安机关办理刑事案件程序规定》第一百七十五条之规定。

12. 未对从张某处所搜30元钱进行提取和扣押，违反《公安机关办理刑事案件程序规定》第二百一十二条之规定。

13. 暂扣时无见证人在场，违反《刑事诉讼法》第一百一十五条、《公安机关办理刑事案件程序规定》第二百一十三条之规定。

14. 未对谭某所交物品进行扣押，并移送有关机关，违反《公安机关办理刑事案件程序规定》第二百一十二条之规定。

15. 对被拘留的犯罪嫌疑人谭某，未在拘留后的24小时以内进行讯问，违反我国《刑事诉讼法》第六十五条、《公安机关办理刑事案件程序规定》第一百零七条之规定。

对于以上问题，除第一项外应当报分管检察长批准向侦查机关发出《纠正违法通知书》外，其余均应建议部门负责人向侦查机关提出口头纠正意见。

要求公安机关依法重新询问犯罪嫌疑人张某、谭某和蒋某，要求蒋某和犯罪嫌疑人周某重新进行辨认，通知犯罪嫌疑人谭某、周某的监护人到场讯问，对扣押清单进行补充完善，对未作提取笔录的书证，要求公安机关写出书面说明。

（四）需要继续侦查的事项

1. 继续侦查犯罪嫌疑人张某的身份情况，组织其父母对其进行辨认，以确定其真实身份。

2. 补充张某的前科材料。

3. 寻找张某等人所抢被害人手机的下落，对手机进行鉴定。

4. 就张某涉嫌贩卖毒品的事实，继续寻找相关证据。

（五）其他需要说明的问题

案卷中的电话记录只有一名侦查人员签名，需补充。

六、处理意见

承办人认为：犯罪嫌疑人张某在主体上具有完全刑事责任能力，在主观上明知具有非法占有他人钱财的故意，客观上实行语言威胁、暴力胁迫的方式，当场强行劫取他人财物，其行为完全符合《中华人民共和国刑法》第二百六十三条之规定，涉嫌抢劫罪。因其尚有其他犯罪未查清，供述有反复，若对其采取取保候审、监视居住等措施不足以防止社会危险性的发生。根据《中华人民共和国刑事诉讼法》第六十条的规定，建议对犯罪嫌疑人张某批准逮捕。

犯罪嫌疑人谭某具有非法占有他人钱财的故意，客观上实行了语言威胁的手段，其行为完全符合《中华人民共和国刑法》第二百六十三条之规定，涉嫌抢劫罪，但因其系未成年人，在共同犯罪中系从犯，初犯、偶犯，且具有取保候审条件，能够保证诉讼程序的顺利进行，根据《中华人民共和国刑事诉讼法》第六十条、第六十八条之规定,建议对犯罪嫌疑人谭某不予批准逮捕。

犯罪嫌疑人周某的行为不构成犯罪,根据《中华人民共和国刑事诉讼法》第六十条、第六十八条之规定,建议对犯罪嫌疑人周某不批准逮捕。

承办人:×××

二〇一〇年八月二十八日

评析:这份审查逮捕案件意见书格式规范,内容完整,表达准确,是一篇较好的刑事侦查文书。但在叙述受案和审查过程中,若犯罪嫌疑人为未成年人,则应当加入通知法定代理人到场的程序,若犯罪嫌疑人是聋哑人、外国人的,也应注明并视情况通知翻译。

第二部分犯罪嫌疑人基本情况中应写明每个犯罪嫌疑的刑事责任能力,同时,在撰写犯罪嫌疑人的简历时最好在相应的犯罪嫌疑人的情况简介下写明"个人简历",以示区别。

第四部分"经审查认定的案件事实及证据"中的第二小分节"经审查认定的案件事实及证据",在撰写案件事实时应当将三人的行为写清楚,尤其是周某不构成罪的事实,围绕处理意见写,写明周某的主观和客观行为;在撰写认定事实的证据时,被害人陈述应当表明是第几次陈述,且不同次的供述之间是否稳定,同时写明得到证实的是哪些供述;"蒋某的陈述证实以下事实"部分的撰写过于累赘,两者可合一,且对周某的行为应当点到,不可完全忽略;"犯罪嫌疑人周某的供述和辩解"中应当写明周某在××街派出所所作的供述是一次,并在具体供述的前面注明该供述证实了下文的事实;对犯罪嫌疑人周某的供述和辩解进行证据分析时,应当着重于供述不一致的地方以及采信证据的原因;证人证言的(1)部分撰写证人基本情况及做陈述的地点时应当注意语句的通顺,应在其末尾加"所作陈述"。

注意在对证据进行单个分析时,应当紧密结合案情,围绕构成要件、证实案件事实的程度,同时结合证据的真实性、合法性、关联性进行阐述。

在进行全案证据分析时,则要注重全案证据的合法性,是否采信(例如,经审查,公安机关收集程序合法,来源、形式合法,可以采用);关联性,即证据与犯罪事实有无关系,犯罪事实是否为犯罪嫌疑人所为(例如,全案证据与所认定的事实具有客观关联性,能够证实犯罪嫌疑人实施该犯罪事实;不同的证据之间是否能够较为合理的证据链,能否共同证实上述经审查认定的事实。

第五部分"需要说明的问题"第一小节"本案定性分析"中,应当先论述构成抢劫罪的原因,再论述抢劫罪和敲诈勒索罪的区别,最后分析第三人不构成犯罪的原因。第二小节"立案监督事项及处理意见"应当写明向公安机关发出《要求说明不立案理由通知书》的法律依据,即公安机关应立案而不立案。第三小节"侦查活动监督事项及处理意见"第一小点,应当注明对张某和谭某的情况属于超期羁押,且写明延长拘留的时间不准确,应当在3日期满前的24小时内延长;第二小点应写明如何处理,即建议重新取证;第三小点应写明检材来源不明,鉴定结论未盖章,写明口头告知并不合法,建议重新鉴定,形成鉴定结论;第四小点和第五小点同样应当写明建议重新辨认;第六小点和第七小点写明建议重新取证;第十二小点和第十四小点中,所违反的法律规定应当是《公安机关办理刑事案件程序规定》第二百一十三条,且在末尾建议重新开相应证明;第(四)"需要继续侦查的事项"中,第4点,应当写明就张某涉嫌贩卖毒品之证据的相互矛盾处应继续侦查排除矛盾、重新制作对张某的讯问笔录、张否是否有犯罪前科三个事项向公安机关发出《提供法庭审判所需材料意见书》;第(五)"其他需要说明的问题"中应当写明对社会治理的建议:迪吧可能是毒品多发场所,建议公安机关加大对该场所的查处。

第六部分"处理意见"中,应当先分析犯罪,再分析刑罚,最后分析逮捕必要性,其中定性分析根据具体情况决定。

第三节　审查起诉文书

一、审查起诉文书概念

审查起诉文书是指人民检察院经审查起诉,决定将被追诉人交付审判,向人民法院提起公诉阶段所制作的法律文书。审查起诉文书是人民检察院代表国家将被告人提交人民法院审判的重要法律凭证，是人民法院审判的依据，标志着刑事案件由侦查阶段进入到了审查起诉阶段，并为启动审判程序做准备。

我国《刑事诉讼法》第136条规定："凡需要提起公诉的案件，一律由人民检察院审查决定。"第141条规定："人民检察院认为犯罪嫌疑人的犯罪事实已经查清，证据确实、充分，依法应当追究刑事责任的，应当作出起诉决定，按照审判管辖的规定，向人民法院提起公诉。"审查起诉相关文书正是依据以上法律规定而制作的。

二、审查起诉文书的基本写作要求

(一)审查起诉文书的结构和内容

审查起诉文书一般内容包括首部、被告人基本情况、案由及案件的审查过程、案件事实、证据、起诉的要求及根据、尾部。首部由制作文书的检察院名称、法律文书名称、文书编号组成；若存在多个被告人的，其基本情况应从主犯写到从犯；案由及案件审查过程中应准确表述移送审查起诉的时间，阐明是否履行各项法定告知义务以及退回补充侦查、延长审查起诉期限等各程序性事项；案件事实应阐明时间、地点、经过、手段、目的、动机、危害后果七要素；证据应当阐明其来源；起诉的要求和根据应注意语言的精练、准确，法律依据要具体到条、款、项；尾部写清文书送达方、签发日期，公诉人姓名及法律职务。类型上包括《补充侦查提纲》、《提供法庭审判所需证据材料通知书》、《起诉案件审查报告》、《不起诉决定书》、《检察意见书》、《委托辩护人告知书》等8类填充式文书。

(二)审查起诉文书的基本写作要求

1. 叙写事实，必须把握住犯罪的本质特征。关系到区分罪与非罪、此罪与彼罪界限的，必须交代清楚。

2. 叙写犯罪事实，不能任意使用模糊语言。对于那些无法明确叙述，而且又可以不作明确叙述的，不排除使用模糊语言，如"被告人多次出入赌场"，"被告人过去就曾经常在公共场所寻衅滋事"等。但是对主要犯罪事实一定要作出确切说明。如果叙写犯罪事实时采用许多模糊语言，其结果只能是使人感到事实不清。

3. 语言得体,文字确切。起诉书中的语言文字,一要合乎语法规范,防止产生歧义或令人费解;二要庄重有力,不引用污言秽语;三是通顺流畅,富有节奏,少用括号注解,以有利于法庭上宣读;四要通俗易懂,忌用生僻词句;五要掌握分寸,措辞得当,不要乱用套语,随意拔高;六要注意策略,对被告人口头声明的心理活动,不要轻易表示予以肯定或否定,以防被告人在法庭上翻供,造成被动。

4. 引用法律条文时应当注意:一是对于法律条文的名称要写全称。二是因为起诉书不是对被告人作出刑罚处罚结论的文书,所以在引用刑法论罪定刑的有关条款时,一般用“触犯”这个词,而不用“根据”二字。三是引用法律条文,不能引用宪法、党内文件或领导人的讲话。

三、审查起诉文书格式

以起诉书为例

×××人民检察院

起　诉　书

检　刑诉[　　]　号

被告人……(写明姓名、性别、出生年月日、身份证号码、民族、文化程度、职业或者工作单位及职务、住址、曾受到行政处罚、刑事处罚的情况和因本案采取强制措施的情况等)

本案由________(侦查机关)侦查终结,以被告人________涉嫌________罪,于________年________月________日已告知被害人及其法定代理人(或者近亲属)、附带民事诉讼的当事人及其法定代理人有权委托诉讼代理人,依法讯问了被告人,听取了被害人的诉讼代理人________和被告人的辩护人________的意见,审查了全部案件材料……(写明退回补充侦查、处长审查起诉期限等情况)

[对于侦查机关移送审查起诉的需变更管辖权的案件,表述为:“本案由________人民检察院侦查终结,以被告人________涉嫌________罪,于________年________月________日向本院移送审查起诉。本院受理后,于

________年________月________日已告知实行人有权……”

对于本院侦查终结并审查起诉的案件，表述为：“被告人________涉嫌________罪一案，由本院侦查终结。本院于________年________月________日已告知实行人有权……”

对于其他人民检察院侦查终结的需更管辖权的案件，表述为：“本案由________人民检察院侦查终结，以被告人________涉嫌________罪，于________年________月________日向本院移送审查起诉。本院受理后，于________年________月________日已告知实行人有权……”]

经依法审查查明：……（写明经检察机关审查认定的犯罪事实包括犯罪时间、地点、经过、手段、目的、动机、危害后果等与定罪有关的事实要素。应当根据具体案件情况，围绕刑法规定的该罪构成要件叙写。）

（对于只有一个犯罪嫌疑人的案件，犯罪嫌疑人实施多次犯罪的犯罪事实应逐一列举；同时触犯数个罪名的犯罪嫌疑人的犯罪事实应该按照主次顺序分类列举。对于共同犯罪的案件，写明犯罪嫌疑人的共同犯罪事实及各自在共同犯罪中的地位和作用后，按照犯罪嫌疑人的主次顺序，分别叙明各个犯罪嫌疑人的单独犯罪事实）

认定上述事实的证据如下：

……（针对上述犯罪事实，分列相关证据）

本院认为……（概括论述被告人行为的性质、危害程度、情节轻重），其行为触犯了《中华人民共和国刑法》第____条（引用罪状、法定刑条款），犯罪事实清楚，证据确实充分，应当以________罪追究其刑事责任。根据《中华人民共和国刑事诉讼法》第一百四十一条的规定，提起公诉，请依法判处。

此致

________人民法院

检察员：________

________年____月____日

（院印）

附：

1. 被告人现在处所。具体包括在押被告人的羁押场所和监视居住、取保候审的处所。

2. 证据目录、证人名单和主要证据复印件，并注明数量。

3. 有关涉案款物情况。

4. 被害人（单位）附带民事诉讼的情况。

5. 其他需要附注的事项。

四、范例及评析

________检察院

起　诉　书

×××院刑诉〔2005〕107号

被告单位：B证券有限责任公司，住所地：×××××××××××。

法定代表人×××，任该公司董事长。

诉讼代表人×××，男，生于××××年××月××日，身份证号码××××××××××，汉族，大学本科文化，B证券有限责任公司副董事长，住×××××××××××××。

被告人韩某，男，生于××××年××月××日，身份证号码××××××××××××，汉族，大学专科文化，原B证券有限责任公司总裁，住×××××××××××××××。××××年××月××日因涉嫌非法吸收公众存款罪被××市公安局刑事拘留，同年××月××日经本院批准，同年××月××日由××市公安局执行逮捕。

被告人郭某，男，生于××××年××月××日，身份证号码×××××××××××××，汉族，硕士研究生，原B证券有限责任公司副总裁，住×××××××××××××（户籍所在地：××××××××××××××××）。××××年××月××日因涉嫌非法吸收公众存款罪被××市公安局刑事拘留，同年××月××日经本院批准，同年××月××日由××市公安局执行逮捕。

被告人邵某，男，生于××××年××月××日，身份证号码×××××××××××，汉族，大学专科文化，原B证券有限责任公司副总裁，住×

××××××××××××××××(户籍所在地:×××××××××××)。××××年××月××日因涉嫌非法吸收公众存款罪被××市公安局刑事拘留,同年××月××日经本院批准,同年××月××日由××市公安局执行逮捕。

被告人李某,男,生于××××年××月××日,身份证号码××××××××××××,汉族,大学专科文化,原B证券有限责任公司副总会计师,住×××××××××××××。××××年××月××日因涉嫌非法吸收公众存款罪被××市公安局刑事拘留,同年××月××日经本院批准,同年××月××日由××市公安局执行逮捕。

被告人王某,男,生于××××年××月××日,身份证号码×××××××××××××,汉族,大学本科文化,原B证券有限责任公司总裁助理兼资产管理部总经理,住×××××××××××(户籍所在地:××××××××××)。××××年××月××日因涉嫌非法吸收公众存款罪由××省公安厅对其监视居住,同年××月××日经本院批准,同年××月××日由××市公安局执行逮捕。

被告人秦某,男,生于××××年××月××日,身份证号码×××××××××××××,汉族,博士研究生,原B证券有限责任公司投资管理部总经理,住×××××××××××××。××××年××月××日因涉嫌非法吸收公众存款罪被××市公安局刑事拘留,同年××月××日经本院批准,同年××月××日由××市公安局执行逮捕。

被告人谢某,女,生于××××年××月××日,身份证号码×××××××××××××,汉族,硕士研究生,原B证券有限责任公司计划管理部总经理,住×××××××××××××××××。××年××月××日因涉嫌非法吸收公众存款罪被××市公安局刑事拘留,同年××月××日由××市公安局决定对其取保候审。

本案由××市公安局侦查终结,以被告单位B证券有限责任公司涉嫌非法吸收公众存款罪,被告人韩某、郭某、邵某、李某、王某、秦某、谢某涉嫌非法吸收公众存款罪,于××××年××月××日向本院移送审查起诉。本院受理后,于××××年××月××日已告知被告单位和被告人有权委托辩护人,依法讯问了被告人,听取了辩护人的意见,审查了全部案件材料。

审查起诉过程中,因案情重大、复杂,本院两次依法延长审查起诉期限半个月;××××年××月××日,本院依法将该案退回××市公安局补充侦查,同年××月××日,××市公安局重新移送本院审查起诉。

经依法审查查明:××××年××月××日,××证券经纪有限责任公司(以下简称A证券公司)经××市工商行政管理局登记成立。××××年年初,A证券公司通过吸收××信托投资股份有限公司(以下简称××信托公司)等股东的方式增资扩股后,向中国证券监督管理委员会(以下简称中国证监会)申请更名和核准为综合类证券公司。中国证监会于××××年××月××日批复,同意A证券公司名称变更为B证券有限责任公司(以下简称B证券公司),但暂不确定公司所属类型,给予6个月过渡期,过渡期内业务范围比照综合类证券公司经营。随后,被告单位B证券公司从中国证监会领取了包括资产管理业务经营范围的《中华人民共和国经营证券业务许可证》。同年××月××日,B证券公司领取了法定代表人为张××(另案处理)、包括资产管理业务经营范围的企业法人营业执照。同年××月,B证券公司按照规定,继续向中国证监会申报开展资产管理业务的专项审批。××××年××月,中国证监会向B证券公司换发了没有资产管理业务经营范围的《中华人民共和国经营证券业务许可证》。同年××月××日,B证券公司领取了企业法人营业执照,但不包括资产管理业务。

××××年××月××日,由原A证券公司、××信托公司出资注册成立了C有限公司,张××任董事、副总裁。××××年××月××日,该公司名称变更为上海友联管理研究中心有限公司(以下简称C公司,另案处理)。

被告单位B证券公司成立后,在C公司的指使和操纵下,违反《中华人民共和国证券法》和中国证监会有关资产管理业务不得以任何方式对客户承诺收益或者分担损失的规定,与客户分别签订主合同和补充协议,在补充协议中以违法承诺保底和3%~22%固定收益率为诱饵,非法开展资产管理业务。在开展资产管理业务期间,B证券公司接受C公司下达年度吸存资金的计划指标,执行C公司制定业务量统计、融资费用核算办法等管理制度,将开展该业务所吸存资金交由C公司以召开资金调拨会的方式统一调拨、使用。同时,为了规避中国证监会的监管,B证券公司对非法吸存资金和吸存资金的使用情况未按规定建立财务账目。

被告单位B证券公司在违法开展资产管理业务的过程中，逐渐形成了由张业光及被告人韩某、郭某、邵某、李某决策、指挥，资产管理部、投资管理部、计划管理部等职能部门分工配合、具体管理，以下设的14家营业部为具体操作部门的运作体系。B证券公司还通过召开资产管理业务的有关会议、制定规章制度和业务培训等方式，对资产管理业务进行部署、监督、管理，对吸存资金计划完成情况进行总结、考核等，促进违法资产管理业务的开展。

截至××××年××月××日，被告单位B证券公司以开展资产管理业务为名，以承诺保底和固定收益率的方式，向413家单位和772名个人变相吸收资金2,088,918.66万元。上述资金由C公司决定，主要用于购买新疆屯河、湘火炬、合金投资等股票和国债，调拨至其他单位，支付资产管理合同本金和利息，支付资产管理业务产生的中介费和理财费用等。至案发尚有680,861.20万元客户资金未兑付。

被告人韩某在任B证券公司董事、总裁期间，明知法律不允许以承诺保底和固定收益率的方式开展资产管理业务，仍积极决定、指挥开展资产管理业务，组织并参加资产管理业务会议，对资产管理业务工作进行部署，对各营业部完成吸存资金计划进行总结、评价；培训从事资产管理业务的人员；直接审核资产管理合同11份，吸收资金15,449.18万元等。此外，韩某还具体实施了非法吸收资金的业务，并从中获取理财费用。

被告人郭某在任B证券公司副总裁分管资产管理部期间，明知法律不允许以承诺保底和固定收益率的方式开展资产管理业务，仍积极参与决定、指挥开展资产管理业务，参加下达资产管理业务计划等会议，对资产管理业务工作进行部署；组织并参加对开展资产管理业务进行培训；向C公司汇报B证券公司新增吸存资金量；直接审核资产管理合同637份，吸收资金485,802.82万元；审核资产管理业务产生的中介费，累计金额18,136,436.00元；审核资产管理业务产生的理财费用，累计金额27,886,656.00元等。郭某在任××××证券营业部总经理期间，负责该营业部的全面工作，接受B证券公司下达的吸存资金计划指标，吸收资金130,022.40万元。此外，郭某还具体实施非法吸收资金的业务，并从中获取理财费用。

被告人邵某作为B证券公司董事,在先后担任总会计师、副总裁期间,明知法律不允许以承诺保底和固定收益率的方式开展资产管理业务,仍积极参与决定、指挥开展资产管理业务;参加资产管理业务的有关会议;审核吸存资金的调拨手续;审核资产管理业务产生的中介费,累计金额38,499,359.00元;审核资产管理业务产生的理财费用,累计金额10,306,951.00元等。此外,邵某还具体实施非法吸收资金的业务,并从中获取理财费用。

被告人李某作为B证券公司副总会计师,在分管计划管理部期间,明知法律不允许以承诺保底和固定收益率的方式开展资产管理业务,仍积极参与决定开展资产管理业务;参加资产管理业务的有关会议;审核吸存资金的调拨手续;审核资产管理业务产生的中介费,累计金额14,417,269.00元;审核资产管理业务产生的理财费用,累计金额2,727,269.00元等。

被告人王某在任B证券公司资产管理部总经理、总裁助理兼资产管理部总经理期间,负责资产管理部的全面工作,明知法律不允许以承诺保底和固定收益率的方式开展资产管理业务,仍积极执行C公司下达的吸存资金的计划指标,通过参加有关下达资产管理业务计划、考核资产管理业务完成情况等会议、组织开展业务培训和考核等方式,直接参与资产管理业务;向C公司汇报B证券公司新增吸存资金量;直接审核资产管理合同1206份,吸收资金1,075,260.36万元;审核资产管理业务产生的中介费,累计金额43,401,443.00元;审核资产管理业务产生的理财费用,累计金额57,826,162.20元等。

被告人秦某在任B证券公司投资管理部副总经理、总经理期间,明知法律不允许以承诺保底和固定收益率的方式开展资产管理业务,仍参加公司资产管理业务的有关会议;统计营业部利用吸存资金买卖股票的具体品种、数量并向上海友联汇报;复核资产管理业务产生的理财费用,累计金额46,499,569.20元等。

被告人谢某在任B证券公司资产管理部副总经理期间,明知法律不允许以承诺保底和固定收益率的方式开展资产管理业务,直接审核资产管理合同103份,吸收资金65,766.68万元。在任计划管理部总经理后,上报营业部到期应兑付的客户资金、新增吸存资金使用情况的报表;按照C公司的决定办理垫付到期客户资金手续和吸存资金的调拨手续等。此外,谢某还具体实施非法吸收资金的业务,并从中获取理财费用。

××××年××月,中国证监会派工作组对B证券公司进行调查时,被告人韩某代表B证券公司向公安机关提供了违法开展资产管理业务的相关材料。同时,被告人韩某、郭某、邵某、李某、秦某主动向有关部门陈述了违法开展资产管理业务的事实。

××××年××月××日、××月××日,被告人韩某、郭某、邵某、李某、王某、秦某、谢某分别被公安机关捉获。

认定上述事实的证据如下:

1. 中国证监会《关于规范证券公司受托投资管理业务的通知》、《证券公司客户资产管理业务试行办法》等规章制度;

2. 公司工商登记材料、营业执照、受托投资管理合同、国债托管协议、委托国债投资管理合同、承诺书、管理办法、考核办法、计划安排、会议纪要、授权书、资金调拨申请单、资金调拨单、印章使用审批表、合同章使用申请单等书证;

3. 证人××、××、××、××、××、××、××等证言;

4. 被告人韩某、郭某、邵某、李某、王某、秦某、谢某的供述和辩解;

5. 审计报告等。

本院认为,被告单位B证券公司在不具备开展资产管理业务资格的情况下,采取承诺保底和固定收益率的方式向社会不特定对象变相吸收公众存款2,088,918.66万元,数额巨大,情节特别严重,其行为触犯了《中华人民共和国刑法》第一百七十六条,犯罪事实清楚,证据确实充分,应当以非法吸收公众存款罪追究其刑事责任。鉴于案发前,被告单位B证券公司由有关责任人员主动向相关部门交待了违法开展资产管理业务的事实,系自首,对其处罚时还应适用《中华人民共和国刑法》第六十七条第一款的规定。

被告人韩某作为B证券公司董事、总裁、高级管理人员,是公司实施非法吸收公众存款犯罪的直接负责的主管人员,其行为触犯了《中华人民共和国刑法》第一百七十六条,犯罪事实清楚,证据确实充分,应当以非法吸收公众存款罪追究其刑事责任。

被告人郭某在任B证券公司副总裁期间,作为高级管理人员分管资产管理部，是公司实施非法吸收公众存款犯罪的直接负责的主管人员；在任××证券营业部总经理期间，负责该营业部全面工作，在单位犯罪中具体实施犯罪并起较大作用，是其他直接责任人员，其行为触犯了《中华人民共和国刑法》第一百七十六条，犯罪事实清楚，证据确实充分，应当以非法吸收公众存款罪追究其刑事责任。

被告人邵某作为B证券公司董事、副总裁、总会计师、高级管理人员，是公司实施非法吸收公众存款犯罪的直接负责的主管人员，其行为触犯了《中华人民共和国刑法》第一百七十六条，犯罪事实清楚，证据确实充分，应当以非法吸收公众存款罪追究其刑事责任。

被告人李某作为B证券公司的副总会计师、高级管理人员，分管计划管理部，是公司实施非法吸收公众存款犯罪的直接负责的主管人员，其行为触犯了《中华人民共和国刑法》第一百七十六条，犯罪事实清楚，证据确实充分，应当以非法吸收公众存款罪追究其刑事责任。

被告人王某作为B证券公司资产管理部总经理、总裁助理兼资产管理部总经理，负责资产管理部的全面工作，在单位犯罪中具体实施犯罪并起较大作用，是其他直接责任人员，其行为触犯了《中华人民共和国刑法》第一百七十六条，犯罪事实清楚，证据确实充分，应当以非法吸收公众存款罪追究其刑事责任。

被告人秦某作为B证券公司投资管理部副总经理、总经理，负责投资管理部的工作，在单位犯罪中具体实施犯罪并起较大作用，是其他直接责任人员，其行为触犯了《中华人民共和国刑法》第一百七十六条，犯罪事实清楚，证据确实充分，应当以非法吸收公众存款罪追究其刑事责任。

被告人谢某在先后担任资产管理部副总经理、计划管理部总经理期间，分别负责资产管理部、计划管理部的工作，在单位犯罪中具体实施犯罪并起较大作用，是其他直接责任人员，其行为触犯了《中华人民共和国刑法》第一百七十六条，犯罪事实清楚，证据确实充分，应当以非法吸收公众存款罪追究其刑事责任。

根据《中华人民共和国刑事诉讼法》第一百四十一条的规定，现将被告单位B证券有限责任公司、被告人韩某、郭某、邵某、李某、王某、秦某、谢某向你院提起公诉，请依法判处。

此致

××市第一中级人民法院

检 察 员:××× ×××

代理检察员:××× ××××

二○○五年五月十三日

附:1. 被告人韩某、郭某、邵某、李某、王某、秦某现羁押于××市看守所;被告人谢某现取保候审;

2. 证据目录、证人名单各3份3页;

3. 主要证据复印件180页。

评析:本例是一份优秀的起诉书,不仅格式正确、内容完整,而且前后呼应,逻辑严密,表达清楚。更重要的是,在事实部分,采用顺叙的方法叙述了完整的犯罪过程,详略处理恰当,在叙事的递进关系上也表现得自然、合乎情理;理由部分,则从法理和事理两方面对被告人的行为的损害结果进行恰到好处的分析,做到了依法论理,有理有据,令人信服。本起诉书语言使用也有可资借鉴之处,拿捏适度,沉稳中透着正气。

第四节 刑事辩护文书

一、刑事辩护文书的概念

刑事审判是一个由控、辩、审三方组成的三角结构,有指控就应有辩护,否则法庭的审判就失去了平等的基础。当事人主义诉讼还要求控辩双方地位权利的平等,否则,司法的天平就会倾斜,造成司法判决明显的不公。

刑事辩护文书是指刑事辩护人在行使辩护权的过程中所依法制作的文书。主要是辩护词,此外,还有辩护提纲等文书。它是被告人及其辩护人在法庭辩论阶段根据事实和法律所提出有利于被告人的材料和意见,部分的或全部的对控诉的内容进行申述、辩解、反驳,以证明被告人无罪、罪轻,或者提出应当减轻甚至免除刑事责任的文书。

根据我国刑事诉讼法的有关规定,被告人除自己可以行使辩护权外,法官或检察人员以及被告人的近亲属、监护人,人民团体、被告所在单位推荐的,或经人民法院许可的公民,都可以受被告人的委托担任辩护人,辩护人接受辩护任务后,应认真查阅案卷,听取被告人的陈述,向有关人员调查情况,了解和熟悉全部案情,把一切能证明被告人无罪、罪轻或者减轻、免除其刑事责任的事实和证据等方面的材料集中起来,使之系统化、条理化,最后写成观点正确、论据充分、说理透彻、条理清楚、层次分明,具有说服力的辩护词。

辩护人从有利于被告人的角度,提出证明其无罪、罪轻或者减轻、免除其刑事责任的材料和意见,而公诉人出庭支持公诉,发表公诉意见书,主要是揭露犯罪的社会危害性,阐明提起公诉、把被告人交付法庭审判的理由。因此,双方发言往往针锋相对,各执一端。这样,就可以把问题和矛盾充分揭露出来,使人民法院做到"兼听则明",避免"偏听则暗",有助于全面地、客观地查清案情,判明真伪,划清罪与非罪的界限,正确定罪量刑。毫无疑问,这会提高人民法院的办案质量,减少冤假错案。

二、刑事辩护文书的基本写作要求

刑事辩护文书没有固定的格式。以辩护词为例,一般情况下由三部分组成,即序言、正文和结论。在这三部分之外,标题写明"辩护词"或"关于×××(被告人姓名)××(案由)一案的辩护词"。在序言之前,抬头写明称呼,具体为"审判长、人民陪审员"、"审判长、审判员、人民陪审员"或"审判长、审判员",怎样称呼,根据法庭组成人员的情况而定。

下面结合辩护词内容,对序言、正文、结论三部分,分别加以说明。

(一)序言

1. 说明辩护人出庭的合法身份和出庭任务。根据《刑事诉讼法》第26条和第27条的规定,辩护人出庭为被告人辩护有两种方式,一是经人民法院指定、被告人同意,二是受被告人委托的。对自己出庭辩护的合法性,可分别作这样的表述:"根据《中华人民共和国刑事诉讼法》第××条第×款的规定,我经×××人民法院指定,并征得被告人×××(姓名)的同意,担任他的辩护人,出庭为他进行辩护……根据《中华人民共和国刑事诉讼法》

第××条第×款的规定，我接受被告人×××（姓名）的委托，担任他的辩护人，出庭为他辩护。”这既说明了出庭的合法性，又说明了出庭的任务。

2. 简要说明辩护人在开庭前进行活动的情况。如说明受理案件以后，查阅了案卷，会见了被告人，走访了受害人和证人，调查了案情等。这实际上就是向法庭表明，辩护人的辩护意见是来自于对案件的调查研究，是有根据的，绝不是空发议论和无中生有。

3. 提出对本案的基本看法。在说明自己的合法身份、任务和开庭前后活动的情况之后，接着对人民检察院的起诉书或自诉人的刑事诉状内容，提出自己的基本看法，以进入辩护理由部分。有的辩护词的序言不提对本案的基本看法，而只对本案发表如下几点辩护意见，供法庭参考。这也是可以的。总之，写序言要从实际出发确定其内容，要灵活多样，不要墨守成规。

（二）正文是辩护词的中心内容

根据《刑事诉讼法》第35条的规定，辩护的目的只能是针对检察机关起诉书指控的内容，作被告人无罪、罪轻或减轻、免除其刑事责任的辩护，辩护理由就是根据事实和法律来提出证明，也是辩护词的中心内容。

1. 从认定犯罪事实方面进行辩护。犯罪事实是定罪量刑的基础和依据，如果起诉书或自诉状中所写的事实不能成立，或不能完全成立，那就应当否定原有的证据，提出新的证据，证明被告人被指控的事实根本不成立，或部分不能成立，从而达到辩护的目的。还有一种情况，起诉书或自诉状认定被告人的犯罪事实虽然全部存在或部分存在，但有所夸大，甚至被歪曲。辩护词就要在事实上说明真相，建议法庭根据被告人的罪行实际来评判被告人的罪行轻重。

2. 从适用法律方面进行辩护。被告人的行为是否构成犯罪，构成什么罪，罪重还是罪轻，是一罪还是数罪，要以法律为准绳衡量，方可确定其性质。在起诉书和自诉状中，如果适用法律不当，对被告人的罪行性质指控有错误，把故意伤害致死控告为故意杀人，把盗窃指控为贪污，把某种流氓罪指控为强奸罪，甚至把通奸指控为强奸等，则应该引证有关法律条款结合被告人的罪行行为进行分析论证，指出控诉一方适用法律不当，定性不准，进行辩护，维护被告人的合法权益。辩护词的理由要从实际出发，多方面考虑,制作辩护词时应注意的是,辩护人在刑事案件辩护中所追求的是公正判决,而不是单纯有利于被告人的判决,要把保证国家法律的正确实施和维护当事人的合法权益有机地结合起来,以充分发挥辩护词的作用。

(三)结论即结束语,包括以下两点内容:

1. 辩护人对自己的发言进行归纳总结,提出结论性意见,让法庭成员明了辩护词的基本观点。

2. 对被告人如何定罪量刑,适用什么刑法条款,向法庭提出看法、要求和建议。结束语要言简意赅,观点明确,给人以明晰的印象,并且要与辩护理由相一致,是辩护理由的必然结论,才能容易为人们所接受。例如,王××非法侵入他人住宅案辩护词的结束语是这样写的:“综上所述,被告人王××的行为,根本构不成非法侵入他人住宅罪,故建议法庭宣告被告人王××无罪,予以释放。请法庭考虑。”

三、刑事辩护文书格式

以辩护词为例

(一)首部

1. 标题。首行要写明标题

2. 呼告语。

3. 前言。主要包括三项内容:一、申明辩护人的合法地位、出庭的根据;二、辩护人在出庭前进行了哪些工作、辩护内容的来源;三、辩护人对全案的基本看法。具体表述如:“审判长、审判员、人民陪审员:

依据《中华人民共和国刑事诉讼法》第××条、《中华人民共和国法官或检察人员法》第二十五条的规定,××省××市××法官或检察人员事务所依法接受本案被告人××之亲属×××的委托,指派我担任××的一审辩护人。接受委托后,我仔细查阅了全部案件材料,并会见了被告人,还进行了大量的调查取证工作。经过认真地调查和严密地分析,我认为,本案事实不清,存在诸多疑点,难以定案。现依法发表如下辩护意见:……”

(二)正文

在具体制作辩护词时,应当分以下几部分:

1. 辩护的理由、观点。这部分内容是辩护词的核心内容。

2. 结束语。结束语是对辩护词的归纳和小结。一般讲两个内容:一是辩护词的中心观点,如无罪、有罪但罪轻等;二是向法庭提出对被告人的处理建议。

(三)尾部

尾部应当写明辩护人的姓名以及发表辩护词的时间。

具体格式如下:

辩护词

前言(主要有三项内容:一是申明辩护人的合法地位;二是讲辩护人在出庭前进行了哪些工作;三是讲辩护人对全案的基本看法。)

辩护理由(是辩护词的核心内容。是辩护人为维护被告人的合法权益所要阐明的主旨,应该从被告人的行为事实出发,对照有关的法律规定,论证被告人无罪、罪轻或应该予以减轻甚至免除其刑事责任的意见和根据。因此,通常是要围绕是否构成犯罪,属于何种罪名,有无从轻的法定条件以及诉讼程序是否合法等问题展开辩论和论述。)

结束语(是对辩护词的归纳和小结。一般讲两个内容:一是辩护词的中心观点;二是向法庭提出对被告人的处理建议。)

辩护人:

年 月 日

四、范例及评析

辩 护 词

尊敬的审判长、审判员、人民陪审员:

某律师事务所接受本案被告人张××之亲属许××的委托,指派我担任某某检察院提起公诉的被告人张××犯强奸罪和故意杀人罪一案的一审辩护人。接受委托后,我仔细阅读了起诉书,查阅了全部案件材料,并会见了被告人,还进行了大量的调查取证工作,并参与了法庭的开庭审理,经过认真地调查和严密地分析,我认为,本案事实不清,存在诸多疑点,难以定案。现依法发表如下辩护意见:

一、本案中起诉书认定张××作案的证据缺乏真实性和关联性

公诉人在起诉书中所列举的能够据以认定张××强奸杀人的证据主要

有两个:一是××公安局对被害人和被告人所作的血型试验结论,二是被告人身上的伤痕。由于其他证据只能证明案件确实发生,但并不能证明罪犯是谁,因此,我仅就这两份证据的真实性和证明力,根据事实和法律提出如下看法。

关于血型试验结论。根据××公安局所制作的刑事科学鉴定书,死者血型为B型,阴道内精液为A型,犯罪嫌疑人张××血型为A型,唾液为A型,公诉人遂将此认定为张××强奸杀人的一条主要证据。对此,我作为辩护人认为,死者阴道内精液与犯罪嫌疑人张××同属一种血型,并不能证明就是张××作的案。因为现代法医学认为血型鉴定毕竟不同于DNA指纹鉴定,它只能作排除认定,而不能作同一认定。具体到本案来看,死者阴道内精液为A型,可以据此排除血型的B型、O型人作案的可能性,但不能得出必然是张××作案的结论。因为世界上A型血的人有很多。

关于被告人身上的伤痕认定。根据公诉人提供的照片,张××的伤痕均在右侧,即右侧肩部、右耳后、右额和右手。这是与张××的供述相一致的。张××对此的解释是:案发第二天上午正值家里买煤,他作为家中唯一的男子干体力活是责无旁贷的,由于肩挑、肩背和爬楼梯,造成了身体右部的多处划伤。按常理讲,犯罪嫌疑人或被告人的解释是有待辩证分析的,但我们可以通过张××身上的伤痕形成时间来具体分析他的这一供述是否真实。按照公诉人发表的公诉词,张××是在××××年××月××日××时作的案,这也就是说,张××身上、耳后及额上的伤应形成于此时,但问题的关键在于在案发当天,并没有人发现他有伤。因为案发当天下午,张××去单位值班,单位里的人并未看见他的脸上、额上有伤。张××单位的同事刘××和王××提供的书面证据证明。并且,张××当天值完班回家后,邻居也未曾见过其脸上、额上有伤。

二、本案中起诉书认定的张××的作案时间有矛盾

无论是人民检察院的起诉书,还是公诉人在法庭上提出的公诉意见书,都认定被告人张××是在××××年××月××日××时作的案。但当天××时左右,张××单位的同事刘××和王××以及门卫黄××都能证明张××在单位值班。这有刘××、王××和黄××提供的书面证词予以证明。而且,张××在单位值班时,所翻阅的报纸和所作的读书笔记也能证明

张××在××月××日××时许不在作案现场。以上证据与张××本人的辩解相印证,证明了张××在××时许没有作案时间。

综上所述,辩护人认为本案事实不清,认定被告人张××作案的证据严重不足。因为事关人命,我认为人民法院在采证时不可不慎。我请求人民法院根据××××年××月××日修正实施《中华人民共和国刑事诉讼法》第××条第××款之规定,宣判被告人张××无罪。

辩护人:

××××年××月××日

评析:本辩护词目的在于为被告人作无罪辩护,主要集中于事实部分。因为针对起诉书认定的作案时间等事实的不清楚,证据不能证明认定的事实,得出起诉书事实不清,证据不足,指控的强奸杀人罪不能成立的辩护结论;虽然短小,但这份辩护词格式规范,内容完整,语言朴实简洁,是一篇较好的范例。

第五节　刑事裁判文书

一、刑事裁判文书概念

刑事裁判文书是指人民法院依照《刑事诉讼法》规定的程序,对刑事案件审理终结后,就案件的实体问题和程序问题作出司法裁决时依法制作的具有法律效力的法律文书。它包括刑事判决书和刑事裁定书。根据最高人民法院诉讼文书的格式样本规定共有45种,刑事判决书按审级和诉讼程序的不同分为:一审、二审和再审刑事判决书,刑事附带民事判决书,复核死刑改判判决书;刑事裁定书又有二审维持原判、减刑、假释、终止审理、补正裁判文书失误等样式,还有刑事附带民事诉讼调解书等。这些裁判文书在结构和写作要求上基本相同,本节主要以第一审刑事判决书为例来讲解其基本写作原理。刑事裁判文书是刑事诉讼活动的真实记录,是司法公正的最终载体,能确保国家刑事法律得到正确实施,同时起到良好的法制宣传作用。

二、刑事裁判文书的基本写作要求

刑事裁判文书一般由三部分组成,包括首部、正文和尾部。首部中一般包括法院名称、法律文书名称、案号、起诉方或上诉方或申请方的称谓、被告方或被上诉方或被申请方的称谓、辩护人姓名及工作单位、案件的大致情况;正文一般包括案件事实、裁判理由、裁判结果这三部分;尾部为裁判法院的落款及裁判日期。

刑事裁判文书的写作要求和法律方法基本相同,本节以一审刑事判决书为例讲解其基本要求。

一审刑事判决书是指人民法院对第一审普通程序审理终结的公诉案件或自诉案件,根据已经查明的事实和证据以及有关法律的规定,确认被告人的行为有罪,构成何罪,适用何种刑罚,或免除刑罚,或作出无罪宣告的结论性司法文书。

我国《刑事诉讼法》第162条规定:"在被告人最后陈述后,审判长宣布休庭,合议庭进行评议,根据已经查明的事实、证据和有关的法律规定,分别作出以下判决:

(一)案件事实清楚,证据确实、充分,依据法律认定被告人有罪的,应当作出有罪判决;

(二)依据法律认定被告人无罪的,应当作出无罪判决;

(三)证据不足,不能认定被告人有罪的,应当作出证据不足、指控的犯罪不能成立的无罪判决。"第一审刑事判决书正是根据这一法律规定制作的。

一审刑事判决书可以按不同的标准进行分类。按照判决结果是否有罪,此判决书可以分为第一审刑事有罪判决书和第一审刑事无罪判决书两种。无论判决的结果是有罪还是无罪,公诉案件适用普通程序用的第一审有罪刑事判决书与第一审无罪判决书在格式样本上是一致的。第一审刑事有罪判决书又可分为处刑与免予刑事处罚两种不同类型的文书。按诉讼适用的程序分,可以分为一审适用普通程序刑事判决书、一审适用简易程序刑事判决书两种。按提起诉讼的主体分,可以分为一审公诉刑事判决书、一审自诉刑事判决书。按是否在刑诉中附带民事诉讼分,可以分为一审刑事判决书和一审刑事附带民事判决书。

最高人民法院1999年7月1日颁布实施的《法院刑事诉讼文书样式（样本）》分别对一审公诉案件适用普通程序刑事判决书、一审单位犯罪案件刑事判决书、一审公诉案件适用普通程序刑事附带民事判决书、一审自诉案件刑事附带民事判决书、一审公诉案件适用简易程序刑事判决书的格式作了明确规定，以上各种判决书“大同小异”，格式、制作要求与制作规律都基本相似。下面以一审公诉案件适用普通程序刑事判决书为例来讲解其写作要求：

（一）首部

首部包括标题、字号两项内容。

1. 标题。由发文机关名称和文种名称组成，分两行排列。发文机关名称要写全称，基层法院要冠以省、自治区、直辖市的名称，即“××省××市（县）人民法院”；判处涉外案件时，还应冠以“中华人民共和国”字样。此文书是对外行文，机关名称不能省略。文种名称前不加审级或表明判决结果的词语，如“第一审”、“有罪”或“无罪”等，只写“刑事判决书”即可。

2. 字号。位于标题的右下方，由机关代字、文种类型字、年份及年度发文序号组成。其中，刑事案件性质代字为“刑”；审判程序代字为“初”，因此本文书的文种类型字为“刑初”字。过去习惯将该文书发文字号中的年份前置（目前一些法院在编写文书字号时多按此顺序编排），如“（2003）××刑初字第34号”。比照《国家行政机关公文处理办法》的有关规定，年份若放在发文序号前面，更合乎规范，如“××刑初字（2003）第34号”。

3. 公诉机关（或自诉人）和各主要诉讼参与人。根据我国《刑事诉讼法》第82条第3款规定：诉讼参与人是指当事人、法定代理人、诉讼代理人、辩护人、证人、鉴定人和翻译人员。

（1）公诉机关（自诉案件不写该项），即提起公诉的人民检察院名称。根据刑诉法管辖的有关规定，代表国家提出公诉的是人民检察院，而不是检察院内单个的自然人或某个业务部门，所以公诉机关只能写提起诉讼的人民检察院名称。有些法院在制作判决书时，把公诉机关改为“公诉人”或检察长姓名的写法是不符合法律规范的。

（2）自诉人基本情况（公诉案件不写该项），包括姓名、性别、出生年月日、民族、出生地、文化程度、职业、工作单位、职务、现住址等；有多个自诉人的,依次列写。自诉人如果委托代理人的,代理人的基本情况应在其被代理人的次行书写,其写法略同于辩护人的写法(见“辩护人基本情况”)。

(3)被告人(或被告单位)基本情况。

①被告人是自然人的,与自诉人基本情况包括的项目基本相同,一方面在介绍被告人姓名时,还应介绍其曾用名、别名、化名等与犯罪有关的名字;另外还应介绍本案对被告人所采取的强制措施情况(何时被拘留或逮捕,现羁押何处),前科情况(分别写明何时,因何原因,所受过的行政拘留以上的处罚)。在写被告人基本情况时,应注意:自诉案件的被告人如果具备反诉条件而依法反诉的,在当事人称谓之后用“(反诉自诉人)”加以标明;一案若有多个被告人的,按首犯、主犯、从犯、胁从犯、教唆犯的顺序记写基本情况;另外,如果是附带民事诉讼案件的,还应写出附带民事诉讼被告人的基本情况。

②如果是单位犯罪,并且实行“双罚制的”,先写单位名称,其称谓写“被告单位”,依次写明单位全称和所在地址,然后另起一行列写其诉讼代表人(单位的法定代表人或主要负责人)的姓名、职务。法定代表人或主要负责人如被指控为单位犯罪中直接负责的主管人员的,应要求单位的其他负责人作为单位的诉讼代表人。如果诉讼代表人与被指控对单位犯罪直接负责的主管人员是同一人的,法院应要求检察院另行确定的诉讼代表人出庭。

(4)辩护人基本情况。辩护人的基本情况因身份不同,其写法也不相同。

①辩护人是律师的,写明其姓名、工作单位、职务。

②辩护人是被告人的法定代理人或近亲属的,除了应写明其姓名、性别、年龄、职业、单位和住址外,还应写明与被告人的关系。

③辩护人是被告人所在单位或人民团体推荐的公民,应写明其姓名、性别、年龄、职业、单位、职务和住址等。如果该案有两个以上的被告人,其辩护人应写在该被告人的下一行。

4. 案由

一是案件的来源。是公诉案件还是自诉案件,以及何时受理的。

二是开庭审判的情况。写明是合议庭还是独任审判,公开审理还是不公开审理,从这里可以看出人民法院审理案件的方式是否符合法律的规定。

三是各方到庭的人员。即公诉人、被害人及其法定代理人和诉讼代理人,被告人及其法定代理人、辩护人,证人、鉴定人和翻译人员等是否出庭,有无缺席或中途退席等情况。

(二)正文

1. 事实及证据。应从以下两个方面去叙述:

(1)概述控、辩双方对事实和证据的陈述。分两个层次,首先是控方对犯罪事实及证据的陈述,即检察院或自诉人指控被告人的犯罪事实、证据、适用法律的意见或诉讼请求;其次是被告人的供述、证据、辩解和辩护人的辩护要点。

(2)法庭认定的事实及证据。该部分是通过法庭调查、举证、质证以后确认属实的犯罪事实(或确认无罪事实)。在叙写这一层次时,开头第一句写"经审理查明:",然后写明经法庭查明的事实;其次写明经举证、质证定案的证据及其来源;最后对控、辩双方有异议的事实、证据进行分析、认定。法庭认定的事实可能是有罪的事实,也可能是无罪的事实。在记写时要区别对待。

2. 理由。理由部分是针对案件事实、证据,运用法律规定、犯罪构成的法理等进行分析、论述,阐述控方的指控是否成立,被告人的行为是否构成犯罪,以及对被告人应处何种处罚。此部分在本文书的结构、内容上均起到一个"承上启下"的作用。可见理由是判决书的灵魂,是将犯罪事实和判决结果有机地联系在一起的纽带,而实现这一"纽带"的方法是分析,工具则是法律。如何正确运用法律分析事实及证据,从而认定被告人行为的实质,是记写这部分的重点。

本部分由"本院认为:"这一固定用语开头,具体包括下列内容:

(1)是否构成犯罪,如何处罚。根据查证属实的事实、证据和有关的法律规定,论证公诉机关指控的犯罪是否成立,被告人的行为是否构成犯罪,犯的什么罪,应否从轻、减轻、免除处罚或从重处罚。

(2)是否采纳控辩双方的意见。对于控、辩双方关于适用法律方面的意见,应当有分析地明确表态是否采纳,并说明理由。这种表态是在对控、辩双方的意见进行分析的基础上,作出是否予以采纳的明确结论。对于控、辩理由不能成立的,不能明确说成"予以批驳",以体现判决理由的客观公正性。

3. 判决结果。判决结果是判决书的结论性部分，因此也是判决书“画龙点睛”的核心部分。判决结果上承事实与理由，换言之，判决书的事实和理由部分对判决结果具有决定作用。三者之间必须在逻辑与法理上高度统一，不能自相矛盾。

不同案件、不同判决结果的表述方式不同，按照“样本”可以分为以下几种情况。

(1)有罪判决书

①定罪判刑的，表述为：

“一、被告人×××犯××罪，判处……(写明主刑、附加刑)；刑期从判决之日起计算。判决执行以前先行羁押的，羁押一日折抵刑期一日，即自××××年××月××日起至××××年××月××日止。

二、被告人×××……(写明决定追缴、退赔或者发还被害人、没收财物的名称、种类和数额。)”

②定罪免刑的，表述为：

“一、被告人×××犯××罪，免予刑事处罚(如有追缴、退赔或者没收财物的，续写第二项)。”

③单位犯罪定罪判刑的，表述为：

“一、被告单位×××犯××罪，判处罚金×××元(大写)……(写明缴纳期限)；(对主要负责人科处刑罚的，其写法与①项写法相同。)”

④单位犯罪定罪免刑的，表述为：

“一、被告单位×××犯××罪，免予刑事处罚；二、被告人××犯××罪，免予刑事处罚。”

(2)无罪判决的，宣告无罪的，无论是适用我国《刑事诉讼法》第162条第(2)项还是第(3)项，均应表述为：“被告人×××无罪。”

(3)有期徒刑的刑罚应当写明刑种、刑期及主刑对羁押时间折抵办法和起止日期。

(4)追缴、退赔和没收财物，一般应在判决结果中写明名称和数额。

(5)数罪并罚的，应当先分别定罪量刑，然后根据刑法总则关于数罪并罚的规定，决定执行的刑罚。

(6)共同犯罪的,应以罪责大小和判处刑罚的重轻为序,分别定罪判处,并与首部被告人排列顺序相照应。

(三)尾部

尾部依次写明如下内容:

1. 说明上诉权。"样本"规范格式表述为"如不服本判决,可在接到判决书的第二日起十日内,通过本院或者直接向×××人民法院提出上诉。书面上诉的,应当提交上诉状正本一份,副本×份"。

2. 署名,署于正文的右下方。参加审判的合议庭组成人员分别署名或独任审判员署名。合议庭的一般成员是助理审判员的,署名为,"代理审判员"。

3. 注明发文日期,盖压法院印章。当庭宣判的,写当庭宣判日期;定期宣判或者委托宣判的,应当写签发判决书的日期。

4. 说明"本件与原本核对无异"。

5. 书记员署名。

三、刑事裁判文书格式

以一审公诉案件适用普通程序刑事判决书为例

××××人民法院

刑事判决书

(××××)×刑初字第××号

公诉机关××××人民检察院。

被告人……(写明姓名、性别、出生年月日、民族、籍贯、职业或工作单位和职务、住址和因本案所受强制措施情况等,现在何处)。

辩护人……(写明姓名、性别、工作单位和职务)。

××××人民检察院于××××年××月××日以被告人×××犯××罪,向本院提起公诉。本院受理后,依法组成合议庭(或依法由审判员×××独任审判),公开(或不公开)开庭审理了本案。××××人民检察院检察长(或员)×××出庭支持公诉,被告人×××及其辩护人×××、证人×××等到庭参加诉讼。本案现已审理终结。

……(首先概述检察院指控的基本内容,其次写明被告人的供述、辩解和辩护人辩护的要点)。

经审理查明……(详写法院认定的事实、情节和证据。如果控、辩双方对事实、情节、证据有异议,应予分析否定。在这里,不仅要列举证据,而且要通过对主要证据的分析论证,来说明本判决认定的事实是正确无误的。必须坚决改变用空洞的"证据确凿"几个字来代替认定犯罪事实的具体证据的公式化的写法)。

本院认为……[根据查证属实的事实、情节和法律规定,论证被告人是否犯罪,犯什么罪(一案多人的还应分清各被告人的地位、作用和刑事责任),应否从宽或从严处理。对于控、辩双方关于适用法律方面的意见和理由,应当有分析地表示采纳或予以批驳]。依照……(写明判决所依据的法律条款项)的规定,判决如下:

……[写明判决结果。分三种情况:

第一,定罪判刑的,表述为:

"一、被告人×××犯××罪,判处……(写明主刑、附加刑);

二、被告人×××……(写明追缴、退赔或没收财物的决定,以及这些财物的种类和数额。没有的不写此项)。"

第二,定罪免刑的,表述为:

"被告人×××犯××罪,免予刑事处分(如有追缴、退赔或没收财物的,续写为第二项)。"

第三,宣告无罪的,表述为:

"被告人×××无罪。"]

如不服本判决,可在接到判决书的第二日起××日内,通过本院或者直接向××××人民法院提出上诉。书面上诉的,应交上诉状正本一份,副本×份。

审判长×××

审判员×××

审判员×××

××××年××月××日

(院印)

本件与原本核对无异

书记员 ×××

四、范例及评析

×××人民法院

刑事判决书

(2010)×刑初字第×××号

公诉机关河北省××市人民检察院。

被告人史××,男,1987年3月30日出生,汉族,初中文化,农民,住××××××××。2009年4月29日因涉嫌故意伤害罪批捕在逃,2010年1月1日被抓获,由××市公安局执行逮捕,现押于××市看守所。

××市人民检察院以×××公刑诉字(2010)第××号起诉书指控被告人史××犯故意伤害罪,于2010年3月5日向本院提起公诉。本院依法组成合议庭,公开开庭审理了本案。××市人民检察院指派检察员赵××出庭支持公诉,被告人史××到庭参加诉讼,现已审理终结。

××市人民检察院指控:2009年1月20日15时许,被告人史××伙同罗××、姚××、张××(三人均已判刑)夏××、王××(二人另案处理)开车到××市中学××门口,拦住与罗××发生矛盾的学生田××,后史××、姚××、张××持砍刀、匕首、砖头将田××打伤,经鉴定田××属重伤。

公诉机关就上述指控向本庭宣读并出示了如下证据:(1)被害人田××的陈述。(2)被告人史××的供述。(3)同案犯罗××、姚××、张××的供述。(4)证人王××、夏××、史××、田××的证言。(5)辛集司法医学鉴定中心法医鉴定书。(6)辨认笔录以及照片、到案经过、侦查说明、××市人民法院刑事判决书,户籍证明。

公诉机关认为,被告人史××故意伤害他人身体致人重伤,其行为触犯了《中华人民共和国刑法》第二百三十四条第二款之规定,犯罪事实清楚,证据确实充分,应当以故意伤害罪追究其刑事责任。

被告人史××对起诉书指控的事实没有意见。

经审理查明,2009年1月20日15时许,被告人史××伙同罗××、姚××、张××(三人均已判刑)夏××、王××(二人另案处理)开车到××市××中学门口,拦住与罗××发生矛盾的学生田××,后史××、姚××、张××持砍刀、匕首、砖头将田××打伤,经鉴定田××属重伤。

证明上述事实的证据有:

1. 被害人田××的陈述证实,2009年1月20日下午,他和同学史×××出校门时,遇到以前的同学罗××,这时一男一女过来,接着又过来一名男子手里拿着一把明晃晃的东西,向他头部砍来,他就昏过去了。

2. 被告人史××的供述证实,2009年1月的一天,姚××找到他让他帮忙去辛集办点事,后来坐王××的面包车来到辛集,车上有罗××、姚××、张××、夏××,在车上他知道去帮罗××打一名男生,罗××说出了事她负责。在学校门口,他和罗××、夏××下车去认那名男生,等了一会儿后罗××说那个男生出来了,他上去拦住那名男生问去赵县怎么走,这时姚××拿着砍刀,张××拿着匕首冲过来就打那名男生,他拿起来一个半截砖扔了过去,砸在男生的胸部,后来他们三人都跑了。

3. 同案犯罗××的供述证实,2008年10月,她被××中学开除,她知道田××为一些小事往学校告过状,她想她被开除与田××有关系,她挺记恨田××。她回家后就通过同学联系的夏××,让夏××找人打田××一顿,夏××说这事帮忙办,但得准备三四百元钱,她说只有二百元,夏××说再凑凑,实在不行给垫上。后来她就打听学校什么时候放寒假,她知道了学校放寒假的时间后,就告诉了夏××,夏××就坐一辆面包车来她家找到她。她上车后看到前排副驾驶座上有一个小伙子,二十来岁,她和夏××坐中间,后排座位上还有两名男子。她上车后就给夏××二百元,在车上夏××问她怎么收拾田××,她说拳头巴掌打一顿就行了,夏××说那有什么意思,她听后也没有吭声。她和夏××在学校门口,她用手指了一下田××,然后夏××就让她先走,在火车站路口,她看到夏××和副驾驶座上的那个男的在一起,然后坐出租车往赵县方向去追那辆面包车去了。在车上,有人说往田××腿上捅了几刀,有人说砍了田××部几刀,说往田××头上砍的是来时坐副驾驶的男子,后排座上的男子说捅了腿部几刀。她听夏××叫副驾驶的男子叫"××",后排座上其中一个叫"××"。出事以后,她在×

×中学97班QQ上留过言,说谁再和史××说话,田××就是下场。

4. 同案犯姚××的供述证实,2009年1月,夏××打电话说让他帮忙打一个人,说罗××被开除了,是因为××中学一个男的,打完以后准请他和他找的人吃顿饭。后来他找的张××、史××并告诉是去××中学打一个学生。到了一月份一天,夏××坐一辆红色面包车到村里接他,开车的是王××,他去的时候从家里拿了一把匕首,有二十公分长,又接上张××和史××,又去范庄村接上罗××,和罗××一起的还有一个女的,一起开车到辛集。在路上问罗××为什么打那名男生,罗××说那个男生往学校告状,她就被开除了。上车后罗××给了夏××200元现金,先吃了饭就到了下午,把车停在××中学门口,罗××和夏××、史××三人下车去学校门口指认那男生,他和张××在车上等着。时间不长,夏××给王××打电话,罗××跑了过来说那人往东走了,王××就开车往东走,停下车后,王××给了他一把砍刀,有五六十公分长,他的匕首在车座上放着,张××拿着匕首。下车后看到史××正拦住一名男生,他用砍刀砍了那男生背两刀,头部一刀,张××用匕首捅了几下不清楚,是捅的大腿,史××拿砖头砸的,后来把那个男生打倒在地上,他们就开车跑了。

5. 同案犯张××的供述证实,2009年1月下旬,姚××找他说帮他打架,到村口上了一辆面包车,车里有史××、夏××还有一个司机,上车后姚××说到辛集打人,到范庄时又上来个女的,通过这个女的指引到了辛集一个中学的门口。姚××给了他一把匕首,司机给了姚××一把砍刀,这时从学校出来一名男子,那女的一指说就是他,姚××就带着他和史××下了车,姚××先动的手,用砍刀向那名男子头部砍了一刀,他用匕首向那男子腿上扎了两刀,大约过了一分钟时间,他们就扔下那男子上车跑了。匕首是黑色的,一共有20cm长,砍刀有50cm长、5cm宽。商量打架开始时范庄那女的说拳头巴掌打,后不知道谁说那有什么意思,范庄女的又说怎么打都行,出了事她负责。

6. 证人王××的证言证实,2009年1月,夏××打电话给他,说用他的车拉着几个男的去辛集收拾一个人,他同意了。过了四五天,夏××让他先去接上"××",又接上另外两个男的,罗××打电话给夏××问人找齐了没有,夏××说找齐了,他们一块儿来到辛集,按罗××说的找到一个中学,罗××说就在学校门前动手,"××"说用砍刀砍他,罗××说"别整太狠",××说:不好好收拾他我们来干什么,就得狠点儿,罗××说反正出了事一切后果她担着。××带着一把匕首,另外还有一把砍刀,不清楚是谁带上车的,在去辛集的路上,这些人就把匕首和砍刀拿出来了。到了学校门外,先是罗××和夏××同一个男的下了车,××和另一个男的在车上,夏××打电话给他说,让他把车开到原来停车的地方,让××他们下车打那个男的。××拿着砍刀,另外一个拿着匕首下了车,他的车停在校东边的南北道上,过了两分钟,夏××和那三个男的跑着过来上了他的车,他驾车到了火车站,夏××和××下了车,后来一块儿回了赵县。砍刀是他的,一直在面包车上放着,夏××从座下拿出来的,××用刀砍了人就走了。匕首他们用完以后,留在了车上,后他打架时,用匕首扎死了人,被赵县公安局扣押了。是夏××找的他,夏××在车上联系的××,××联系的另外两个男的。打架的过程他没有看到,听××说:××用刀把人家头砍了,拿匕首的男青年说用匕首扎了那男的腿几刀,胖点的男青年说踹了那男的几脚,夏××说她拽和男的一块来的女的来着。

7. 证人夏××的证言证实,2008年底,罗××找她说被学校开除了,这事与一个男的有关系,意思是让她找几个人打那个男生一顿,她说这个事得出个钱,罗××说能凑上200元。后来她告诉了"××",过了些天,罗××打电话说学校要放假了,让她找人一起去辛集,她找王××,王××有一辆红色面包车,又找到"××","××"又找来"××"和"×"。接上罗××上了车,罗××给了她200元,她把钱给了"××"。当时王××开车,"××"坐在副驾驶位置上,她和罗××坐中间,××和×坐后面。先到火车站一起吃的饭,后就来到学校,把车停在××中学东侧公路北头,看到学校门口有学生出来,就开车去了学校大门北侧。车停后,她和罗××下车,罗××看到一个男生出来就告诉了她和×,×上前拦住那个男生,当时还有一个女生和这个男的在一起,她给王××打电话说在一开始停车的地方。他们开车过来,她过去拦住那个女的,并拽住她的胳膊,姚××拿砍刀开始打那个男生,具体怎么打的她没有看清楚。那把砍刀是王××车上的,打完后他们就跑了,在车上她给罗××打电话,到火车站等罗××,后来他们一块回了赵县。

8. 证人邢××的证言证实,2009 年 1 月 20 日下午,她和田××一起出校门,在校门口看到曾被学校开除的罗××带了一男一女,另从东边又过来两个男孩,都是二十岁左右,罗××带来的一男一女叫住了她和田××,东边过来的二个男子也上来了,他们三个男子殴打田××,其中一个拿砍刀的用刀砍了田××头部,后那三男一女就跑了。

9. 证人梁×的证言证实,2009 年 1 月的一天傍晚,他在家里上网聊天,罗××在 97 班 QQ 群里留言说,谁再理史××,下场和田××一样,这是田××被打伤后四五天的事。

10. 证人田××的证言证实,2009 年 2 月 5 日他将田××的鉴定结论交给公安机关。

11. 证人宋××的证言证实,他没有看到过公安机关所说的姚××使用过的砍刀。

12. 辛集司法医学鉴定中心法医鉴定书证实,田××右额颞顶开放性颅脑损伤;右颞顶脑挫裂伤;右颞顶部内异物(碎骨片);右大腿皮肤软组织裂伤累计长 17cm。根据《人体重伤鉴定标准》第四十条之规定,田××开放性颅脑损伤属重伤;根据《人体轻伤鉴定标准(试行)》第二十一条之规定,田××腿部创口达 17cm 属于轻伤。

13. 辨认笔录及照片证实,同案犯罗××经辨认同案犯姚××与姚××本人一致;夏××辨认张××与张××本人一致;王××辨认张××与张××本人一致。

14. 到案经过证实,2010 年 1 月 1 日,××市公安局干警接特情举报,在河北省赵县谢庄乡董庄村将藏匿在家的史××抓获。

15. ××市人民法院刑事判决书证实,同案犯罗××、姚××、张××因犯故意伤害罪已被判处刑罚。

16. 协议书证实,被告人史××的家属自愿赔偿被害人田×经济损失 28,000 元。

17. 户籍证明信证实,史××,男,1987 年 3 月 30 日出生,汉族,住本村。

上述证据均经当庭质证,查明来源合法,内容客观真实,能够作为定案的事实依据,本院予以确认。

本院认为,被告人史××伙同他人故意伤害他人身体健康,致被害人重伤,其行为触犯了《中华人民共和国刑法》第二百三十四条第二款之规定,构成故意伤害罪,应追究其刑事责任。公诉机关指控的被告人犯故意伤害罪,事实清楚,证据确实充分,罪名成立,本院予以支持。鉴于被告人自愿认罪,又系初犯,且其家属已与被害人达成协议并履行完毕,取得了被害人的谅解,为贯彻宽严相济的刑事政策,本院决定对被告人史××从轻处罚并适用缓刑。综上所述,依照《中华人民共和国刑法》第二百三十四条第二款、第二十五条第一款、第七十二条第一款之规定,判决如下:

被告人史××犯故意伤害罪,判处有期徒刑三年,缓刑三年。

(缓刑考验期从判决确定之日起计算。)

如不服本判决,可在接到判决书的第二日起十日内,通过本院或者直接向河北省××市中级人民法院提出上诉。书面上诉的,应当提交上诉状正本一份,副本三份。

审判长　×××

审判员　×××

审判员　×××

二〇一〇年三月二十五日

书记员　×××

评析:该份判决书格式规范,结构分明,层次较分明,事实叙写明确,判词简洁无歧义。裁判理由也充分凸显了该判决书的公正性、公信力和说服力。稍显不足的地方在于,对于证人证言,没按法律逻辑进行归纳概括,既要充分体现当事人的原意,也要体现法律文书的严肃性和专业性,笼统地引用当事人的原话,显得冗余且焦点不集中,缺少清晰的法律逻辑思路,有失法律文书的简洁明了。另外,对于据以定案的证据的举证、质证、认证过程未加以充分的阐述,未能熟练运用证据规则对证据进行充分分析,因此,未能为判决理由的阐述及判决结论奠定良好的基础。

第六节 刑事执行文书

一、刑事执行文书的概念和意义

刑事执行文书,是指法律规定的刑罚执行机关依照《中华人民共和国刑事诉讼法》和《中华人民共和国监狱法》的规定为处理有关执行刑罚和改造罪犯的法律事务而依法制作的各种专用文书的总称。

刑事执行文书的制作主体是《刑事诉讼法》规定的公安机关、人民法院和监狱。公安机关对管制和剥夺政治权利的执行文书主要是表格类填空式文书,人民法院对罚金和没收财产的执行文书写作要求也十分简单,对死刑的执行文书,人民法院刑事诉讼文书格式样本也有明确规定,内容变化不大,本节主要介绍监狱对有期徒刑和死刑缓刑的执行文书。

监狱的执行文书总体包括罪犯收监文书、建议减刑、假释文书和监狱起诉意见书三大类。根据《监狱法》的规定,罪犯收监后,监狱应当及时通知罪犯家属,入监通知书应当自收监之日起五日内发出。根据《刑事诉讼法》第221条和《监狱法》第30条、第31条的规定,对在监狱服刑罪犯减刑、假释,由监狱向人民法院提出建议,由人民法院裁定。根据《刑事诉讼法》第221条和《监狱法》第60条的规定,监狱起诉意见书适用于罪犯在狱内服刑期间所犯的新罪,以及发现在狱内服刑的罪犯在判决宣告以前还有其他罪没有判决的两种情形。综上,正确地写作刑事执行法律文书,有利于法律规定的刑罚执行机关正确地适用法律,打击犯罪,同时也保障罪犯的合法权益。

二、刑事执行文书基本写作要求

以提请减刑意见书为例,其内容分为以下三部分:

(一)首部

1. 标题包括文书制作机关和文书的名称,分两行居中写明:“××监狱”、“提请减刑建议书”。

2. 编号包括年度、机关代字和文书序号,可写为:“(2003)×字×号。”

3. 罪犯基本情况,应当依次写明其姓名、性别、出生年月日、民族、原户籍所在地、罪名、作出生效判决法院名称、判决时间、判决书字号、判决刑罚情况(包括主刑和附加刑)、刑期、收监日期以及服刑期间执行刑期变动情况等。

(二)正文

1. 悔改和立功表现的具体事实及证据材料

悔改和立功表现的具体事实及证据材料包括表现的具体事实及证据材料。在叙述悔改表现时,重点写明罪犯怎样遵循监规纪律、认罪服法、加速思想改造、努力学习文化技术、积极参加生产劳动等情况;在叙述立功表现时,重点写明罪犯在劳动生产中的发明创造或重大技术革新及突出贡献,揭发了某个案件或者检举了其他犯罪行为,抢救了国家财产或消除灾害事故,制止了监内的犯罪活动或其他破坏活动,及在其他方面做出了有益于人民和社会的事情等。叙述时要实事求是,准确可靠,清楚明白,证据充分。

2. 减刑的理由和法律根据

理由是对悔改和立功表现的具体事实进行高度概括后所作的结论,因此,叙述用语要精辟、明白,要能表明监狱和劳改场所对减刑罪犯改造表现的具体看法和结论。

法律依据是《刑事诉讼法》。对于死缓犯提请减刑,依据是该法第210条第2款;对有期徒刑、无期徒刑(包括死缓犯减为无期徒刑犯和原判死缓或无期徒刑已减为有期徒刑的罪犯)的减刑,依据是该法第211条第2款。

(三)尾部

1. 致送机关名称,分上下两行写明"此致"、"×××人民法院"。

2. 注名年月日,加盖监狱公章。

3. 附项:罪犯×××,卷宗材料供×卷×册×页。

具体而言,写作中还应当注意下列事项:

1. 提请减刑建议书的制作,关键要写好事实依据。为了突出文书的主要观点,使阅文者一目了然,在叙述方式上,以将"事实结论"前置,即先点明结论,后写"具体事实",再予"综合论述",这样的叙述清晰、明确。

2. 具体事实应与结论前后呼应。具体事实是用来证明事实结论的。因此,两者之间必须前后呼应。如果结论是"确有悔改表现",具体事实则要从它所包含的内容,即认罪伏法等四个方面叙述罪犯悔改的事实;如果结论是"确有悔改并有立功表现",则要写明悔改和立功两方面的情形。

3. 具体事实要用证明材料支持。建议书本身是表明监狱态度的,本身不是证据材料,建议书所有的情节,都必须有相应的证据做支持。

4. 综合论述中,因综述是代笔监狱机关对具体事实作出定性和定量的综合性陈述,也可以认为是提请建议减刑的理由。这一部分要求语言精练,概括性强。

三、刑事执行文书格式

以提请减刑建议书为例

××××监狱

提请减刑建议书

(××××)×监减字第×号

罪犯基本情况介绍,具体写作内容参照上文基本写作要求。

属于悔改情况的,阐明"该犯在服刑改造期间,确有悔改表现,具体事实如下:"属于立功情况的,阐明"该犯在服刑改造期间,确有立功表现,具体事实如下:"属于悔改加立功情况的,阐明"该犯在服刑改造期间,确有悔改表现,同时具有立功表现,具体事实如下:"。

详细叙述具体的悔改、立功表现,对事实应遵循逻辑有重点地进行阐述,同时辅以相应的证据材料,具体的写作注意事情同参上文写作要求。

进行总结陈述,确认罪犯的悔改或立功情形,通常表述如下:"综上所述,罪犯××在服刑改造期间,能认罪服法……确有悔改(或立功)表现。"

简洁援引法律依据,提出具体的减刑建议。

此致

×××市中级人民法院

××监狱(公章)

××××年××月××日

四、范例及评析

×省××监狱
提请减刑建议书

（××××）×监减字第×号

罪犯陈×，男，现年26岁，汉族，××省××县人，因强奸罪、抢劫罪，经××县人民法院于××××年××月×日以（××××）×法刑字第×号判决书判处有期徒刑15年，剥夺政治权利3年，于××××年1月3日送××省××监狱执行刑罚。

该犯在服刑改造期间，确有悔改表现，具体事实如下：

该犯自服刑改造以来，经过反复教育，对其所犯罪行的社会危害性有了正确的认识，曾多次表示要痛改前非，重新做人。在平时的改造中，该犯能服从管教，遵守罪犯改造行为规范，积极维护监狱内秩序，勇于同违反监规的罪犯行为作斗争，××××年××月××日午休时，同犯张×与崔×因赌博发生殴斗，双方动用了木棍，砖头等凶器，该犯见状，立即上前劝阻，最终阻止了一场恶性事件的发生，为此，该犯的面部、背部被木棍、砖头打伤多处。该犯积极参加政治文化学习，从××××年以来，文科考试成绩均在90分以上，连年被评为监狱的优秀学员，在生产活动中，该犯服从分配，努力完成生产任务，同时在技术上主动刻苦努力，现已成为车间M2120线上的操作能手，××××年7月，该犯与另一名犯人一起，主动承担了1500只720外圈的生产任务，为了按时向用户交货，该犯不顾炎热与蚊子叮咬，每天坚持操作12个小时以上，结果比原计划提前7天完成了生产任务，在××××年的双增双节活动中，该犯不怕麻烦，以旧换新，全年共利用废旧砂轮451块，为车间降低生产成本，提高经济效益做了努力，该犯在××××年和××××年度，两次被监狱评为改造和积极分子。双百分考核名列车间第二。

综上所述，罪犯陈×在服刑改造期间，能认罪服法，一贯遵守罪犯改造行为规范，积极参加政治、文化、技术学习、积极参加劳动，完成劳动任务，自觉维护监规,确有悔改表现。

为此,根据《刑法》第78条和《刑事诉讼法》第221条第2款之规定,建议对罪犯陈×予以减刑1年,特提请审核裁定。

此致

××市中级人民法院

××省××监狱(公章)

××××年××月××日

评析:该份减刑建议书格式规范,用语准确、精练,内容充实完整,层次分明,事实和理由的叙述均清晰明了,有事实可循,有理有法可循,充分论证,首尾呼应,遵循了法律文书写作的基本要求。

第七节　刑事监督文书

一、刑事监督文书概念

刑事监督文书是检察机关按《宪法》赋予的监督职能和《刑事诉讼法》的具体规定对人民检察院诉讼终结的刑事处理决定以及对人民法院已经发生法律效力的刑事判决、裁定(含刑事附带民事判决、裁定)以及刑事诉讼的过程认为确有错误时进行监督而制作的法律文书。它包括对公安等侦查机关的侦查程序、对人民法院审判程序和对监狱等刑罚执行机关的执行程序的监督。常见文书有:抗诉书、复议决定书、复核决定书等。

二、刑事监督文书基本写作要求

刑事监督文书是司法纠错的一种方式,是法律赋予检察机关在刑事诉讼中的一项重要职能。其基本写作要求:

(一)刑事诉讼监督文书的制作内容必须依法、规范、客观

检察人员从事监督活动,应遵守诉讼法律的有关规定。如在刑事诉讼中,检察人员的诉讼权利、义务已被《刑事诉讼法》、《检察官法》所明确规定。检察人员制作文书的全部内容,应是对上述法定活动的记载,包括实体

法和程序法两个范畴。背离了法律规定制作的检察人员诉讼文书,也难有最终的公信力。所以,检察人员必须依法制作文书。

检察人员制作的刑事诉讼监督文书,还应以客观事实为根据,既不捏造、虚构或夸大事实,也不凭空猜测、臆想、推断事实,只能在尊重客观事实、实事求是的基础上依法制作。

(二)刑事诉讼监督文书的制作目的在于维护法律的公正权威和当事人的合法权益

刑事监督文书的出发点是来自于法律的具体规定,它决定了检察人员诉讼文书必须体现对当事人合法权益的最大化保护,充分调查法律事实的可靠性。与其他法律文书不同,检察人员与当事人的契约关系、信用关系,决定了检察人员制作的诉讼法律文书,必须并在事实上紧紧围绕当事人的利益进行。

(三)文书的制作要求语言精确、说明有力

检察人员参加诉讼活动所制作的任何法律文书,记载着其从事诉讼活动的过程和内容。众所周知,检察人员的素质和地位,要求其具备渊博的知识、精深的法律技术。这些智慧和知识,往往要通过检察人员精准的语言、文字功底来实现。有鉴于此,检察人员在制作法律文书中,表现出语言的精确功底。

三、刑事监督文书格式

以抗诉书为例,根据刑事检察文书样式的规定,刑事抗诉书由首部、正文及尾部三部分组成。

(一)首部

按次序写明以下三项内容:

1. 标题,在文书顶端正中分两行书写检察机关名称和文书种类。

2. 编号,在标题右下方写上:“(年度)×检刑抗字第×号。”

3. 原审被告人身份情况,依次写明被告人的姓名、性别、年龄、出生年月日、民族、籍贯、职业、单位及职务、住址、被采取强制措施或服刑情况。数名被告人的依由重至轻顺序分别列出。

4. 案由,这一项写明原审被告人的姓名、案件的性质、来源、审理过程、原审人民法院做出判决或裁定等内容。在表述时,必须按新样本的具体规定来写："原审被告人×××……一案（写明姓名、案由）、由××公安局侦查终结移送本院审查起诉、本院于××××年××月××日提起公诉（对自侦案件"，相应改写为"本院侦查终结并提起公诉"，对自诉案件相应改写为"自诉人×××年月日向人民法院提起诉讼"），人民法院以刑事判决书（裁定书）做出判决（裁定）：（判决、裁定结果）。经依法审查：（如果是被害人及其法定代理人不服地方各级法院第一审的判决而请求人民检察院提出抗诉的，应当写明这一程序。如果是按照审判监督程序提出抗诉的，应当写明生效的一审判决或二审判决情况、有关人民检察院提请抗诉的程序，然后再写明"经依法审查，本案的事实如下："）此项写完，即转入正文。

（二）正文

正文包括犯罪事实及证据、提起抗诉的理由及法律依据两项内容。这是抗诉书的重点部分，必须认真写好。

1. 概括叙写抗诉机关认定的事实、情节

叙述事实应当根据具体案件事实、证据情况，围绕刑法规定该罪构成要件特别是争议的焦点问题，简明扼要地叙写案件经过。一般应当具备时间、地点、动机、目的、关键行为、情节、数额、危害后果、作案后表现等有关定罪量刑要素。一案有数罪，各罪有数次作案的，应依照由重至轻顺序叙写，文字应力求简明扼要。事实写完后另起一段，写明认定犯罪的证据，"上述犯罪事实有×××、×××、×××为证，证据确实充分，足以认定"。

2. 提起抗诉的理由及法律依据

这部分是抗诉书的关键项目，对提起抗诉活动能否成立具有举足轻重的作用，必须全力以赴写好，做到抗之有理，诉之有据。具体写法是：

开头先用"本院认为"作为提起语，进而详细阐明对原判决（裁定）的审查意见和抗诉理由。其写作的层次为：第一层，在"本院认为"之后，先用扼要的文字概括出被告人行为危害程度，情节轻重程度，依法应当如何判决。如本院认为，被告人为区区小事竟持刀将被害人砍伤，其行为已构成故意伤害罪，依法应予惩处。第二层，再明确指出原审判决、裁定错误的核心之处，明确抗诉焦点。原审裁判的错误往往表现在多方面，据此，应用归纳法归结出原判决、裁定中几个主要错误，为批驳立下靶子。第三层，集中阐述抗诉理由、具体分析原审判决、裁定错误所在，论证检察机关的正确意见。一般

来说,可以从以下几方面相应阐述抗诉的理由:

(1)针对原审判决(裁定)事实不清,判决(裁定)的根据不足,提出纠正或否定的事实依据和证据。刑事案件的判处应以"事实为根据",如果事实不清,判决裁定的证据不足,或者仅根据部分事实就草率下判,必然影响判决的正确性。抗诉机关发现原审法院的判决(裁定)在上述项目中确有错误或失当之处,可以运用新证据或充分的理由予以反驳。

(2)针对原审判决(裁定)定性和适用法律的不当,提出纠正否定的事实依据和法律依据。刑事案件的判处,应"以法律为准绳",如果原审的判决(裁定)在适用法律、定罪量刑上有错误,或是把依法不应当追究刑事责任的人定了罪判了刑,或是定性有误,判刑畸轻畸重,都是对实体法的违反,抗诉机关如发现可以以事实依据和法律依据为理由予以反驳。

(3)针对原审判决(裁定)违反法律规定的诉讼程序,提出纠正的法律依据。刑事案件的判处,必须严格按照诉讼程序进行,任何违反诉讼程序而做出的判决和裁定,本身不仅缺乏合理性,而且可能影响其正确性。抗诉机关如发现上述错误,可以以《刑事诉讼法》一审程序、二审程序有关条款为依据,进行反驳,予以纠正。

理由写完之后,另起一段,写明适用提起抗诉的法律依据,依法提出予以抗诉、请求改判的请求。适用的法律应根据抗诉程序的不同来加以引用,若属按上诉程序提起的抗诉,应引用《刑事诉讼法》第 181 条;若属按审判监督程序提起的抗诉,应引用《刑事诉讼法》第 205 条第 3 款。其写作格式如下:

综上所述,为严肃国法,准确惩治犯罪(或保障公民的合法权益),依照《中华人民共和国刑事诉讼法》第××条的规定,特提出抗诉,请依法改判。

(三)尾部

写明以下三点内容:

1. 致送单位名称

2. 检察人员署名

3. 制作该文书的时间,并在其上加盖检察机关的印章

(四)附项

附项写明以下几点:

1. 被告人现在何处

2. 证据目录

3. 证人名单

（证据目录、证人名单与一审无异，可注明“证据目录、证人名单与一审无异”，不必另行移送。）

写作抗诉书时，理由的阐述要具体、充分。即对原审判决的错误或不当之处要进行深入、透彻的分析，抗之有理，抗之有据。以夹叙夹议的方式反驳，论述中可列举经检察机关调查认定的犯罪情节和新证据。

理由阐述要有条理。即阐述的内容要层次清楚、眉目清晰。原审判决或裁定如果有几个方面的错误时，阐述分析要按编号分条逐项地针对各点将理由逐一阐明，千万不要将诸多错误或问题纠结在一起，致使头绪繁杂、含混不清。

理由的阐述要有很强的针对性。要有的放矢、一事一议、干脆利落。针对原审判决、裁定的错误之处提出抗诉的理由。观点和材料要力求统一。

四、范例及评析

××市××区人民检察院

抗　诉　书

（××）×检刑抗字第×号

××市中级人民法院：

××市××区人民法院于××××年××月××日以（××）×法刑字第74号判决，对被告人宗××以诈骗罪判处有期徒刑三年。经本院审查认为：一审判决对被告人宗××的部分犯罪事实应当认定而未认定，导致适用法律不当，量刑畸轻。理由如下：

一、判决书认定部分犯罪事实与引用证据不当。

判决书认定：“被告人宗××于××××年××月间，虚构事实，向金××谎称可为其联系购买2吨平价电解铜。为骗得金××的信任，宗××先后私刻了××市化工轻工供应公司第二化工供应部、××市勤工化工厂供销股的印章，并伪造上述两单位的供货证明。嗣后，以代垫付电解铜款为名，骗得金××人民币5000元。”事实是：被告人宗××在××××年××月下旬通过伪造“××市化工轻工供应公司第二化工供应部”两张供货证明，骗得金××5000元后，为达到进一步诈骗的目的，于×月×日再次私刻“××市勤工化工厂供销股”印章，伪造供货证明，以自己为金××的电解铜垫付了8000余元，造成资金搁死，需再借款1万元归还他人的理由，又骗得金××1万元。由此可见，宗××伪造“××市勤工化工厂供销股”的假证明不是为了诈骗5000元（5000元在此前10余天前已骗得），而是为了诈骗1万元所实施的行为。

二、一审判决对被告人宗××诈骗1万元的事实应该认定而未认定，本院指控宗××诈骗1万元事实清楚，有被害人陈述，证人证言和书证所证实，证据充分。

1. 宗××在骗得5000元后，又向金“借”钱。开始金对宗××有无电解铜产生怀疑，所以对宗××“借”钱予以拒绝。在此情况下，宗××伪造了“×市勤工化工厂供销股”的证明，又虚构了自己为此垫付8000余元的事实使金信以为真，金才筹借了1万元给宗××。由此可见，宗××向金所借的1万元是在虚构事实的前提下取得的。

2. 宗××诈骗1万元与诈骗5000元是采用同一手段，其实都是以虚构事实为前提的。一审判决书认定了“宗××虚构事实，向金谎称可为其联系购买2吨平价电解铜，为骗得金信任，宗××先后私刻了‘××市化工轻工供应公司第二化工供应部’、‘××市勤工化工厂供销股’的印章，并伪造上述两单位的供货证明。嗣后，以代其付电解铜款为名，骗得现金人民币5000元”。这里认定的是诈骗1万元的手法，却不认定诈骗1万元的结果，这是自相矛盾的。

3. 被告人宗××无经济偿还能力。宗××在借钱时称，将电解铜出卖后得款才能归还，其实她根本没有电解铜。所得之款用于还债后，已无偿还能力。所以，“借”是形式而骗是实质。综上所述，本院认为：被告人宗××采用虚构事实的手法诈骗他人15,000元，数额巨大，应按《中华人民共和国刑法》第266条的规定予以惩处。一审判决只认定被告人诈骗5000元而否定1万元，因而在认定犯罪事实和适用法律上均属不当。根据《中华人民共和国刑事诉讼法》第 181 条之规定，特向你院提出抗诉。

××市××区人民检察院
××××年××月××日
抄报：××市人民检察院

评析：该份抗诉书格式尚不够规范，第一部分中应当对原审被告人的身份情况稍加说明，附项中也应当对犯罪嫌疑人现羁押于何处，提起抗诉相应的证据目录等内容加以说明。内容方面，对抗诉证据及理由的阐述和分析不够细致、深入。总体而言，该份抗诉书未能充分以理服人并佐以相应的证据分析，行文过于简略，尚有较大的改进空间。

【思考题】

1. 简述刑事裁判文书的基本写作要求。

2. 第一审刑事判决书正文部分有哪些内容？

3. 简述刑事侦查法律文书的特点。

4. 根据下列案情材料，拟写一份起诉书。[要求：(1)格式正确，事项齐全；(2)文字简练，表述准确；(3)未给明的事项可以合理虚拟或以×××代替。]

被告人郑×龙，男，30 岁，初中文化，汉族，××省××县人，是××县××乡××村运输专业户。2000 年 10 月 13 日晚 7 时，郑×龙驾驶×牌汽车由本县到×县拉沙子。晚上 11 时 40 分，当郑×龙驾车行驶至××市郊区时，迎面开来一辆东风牌汽车，此车没有按规定发出会车信号，由于灯光太刺眼，致使郑×龙看不清路面，而郑×龙驾车继续行驶，将一名步行上夜班的女工陈×娟撞倒在地，立即昏迷。陈×娟，女，31 岁，××市××厂工人，已婚，有一个 3 岁男孩。陈×娟在厂里是技术骨干，工作任劳任怨，人际关系也非常好。郑×龙撞倒陈×娟后，停车走到陈的眼前，听到陈×娟在呻吟，为了逃避罪责，郑×龙产生了杀人的邪念，将陈×娟拖到离现场约 100 米处路西的一个涵洞内，用手紧紧卡住陈的颈部，致使其死亡。事后，郑×龙逃离现场。2000 年×月×日，××市公安局对郑×龙予以刑事拘留；2000 年×月×日郑×龙被××市公安局依法逮捕。

上述事实，有现场勘查笔录，现场照片，郑×龙遗留在现场的脚印和右手拇指的指纹，××市公安局尸体检验报告，××省公安厅刑事技术鉴定书为证。郑×龙被逮捕后，交代犯罪事实避重就轻，尽力开脱罪责，拒不认罪。

××市人民检察院以涉嫌故意杀人罪和交通肇事罪对郑×龙提起公诉。

附:《中华人民共和国刑法》第 232 条规定:故意杀人的,处死刑、无期徒刑或者 10 年以上有期徒刑;情节较轻的,处 3 年以上 10 年以下有期徒刑。

该法第 133 条规定:违反交通运输管理法规,因而发生重大事故,致人重伤、死亡或者使公私财产遭受重大损失的,处 3 年以下有期徒刑或者拘役;交通运输肇事后逃逸或者有其他特别恶劣情节的,处 3 年以上 7 年以下有期徒刑;因逃逸致人死亡的,处 7 年以上有期徒刑。

《中华人民共和国刑事诉讼法》第 141 条规定,人民检察院认为犯罪嫌疑人的犯罪事实已经查清,证据确实、充分,依法应当追究刑事责任的,应当作出起诉决定,按照审判管辖的规定,向人民法院提起公诉。

第六章　民事诉讼法律文书

内容摘要

民事诉讼法律文书包括整个民事诉讼程序中制作和使用的主要文书。它包括一个民事案件在整个民事诉讼过程中，由提起的当事人制作的民事起诉状和民事答辩状，人民法院行使审判权解决实体问题的第一审程序、第二审程序、再审程序、特别程序、公示催告程序的民事判决书、民事调解书和解决程序问题的民事裁定书；同时也包括公民为完成某些民事诉讼法律行为而制作的各种民事申请书，公民和律师为诉讼当事人提供民事诉讼法律服务时使用的代理词等。对以上民事诉讼法律文书概念、制作内容的规范认识和把握是本章需解决的问题。

第一节　概　　述

一、民事诉讼法律文书的概念

民事诉讼法律文书指的是在民事诉讼过程中所产生的且有法律效力和法律意义的文书。

其制作主体有民事诉讼当事人、人民法院和诉讼代理人。

其制作范围包括各种类民事案件，诸如合同纠纷、侵权损害赔偿、遗产纠纷、婚姻纠纷等等产生的给付之诉、确认之诉和变更之诉中的一切民事案件。

从文书产生的法律后果来看，这一系列文书是具有法律效力的，如人民法院的判决书、裁定书、民事起诉状、代理词等。

二、民事诉讼文书的特点

(一)制作主体的特点

民事诉讼文书在制作中其制作主体是《民事诉讼法》明确规定的。如民事起诉状应当由诉讼当事人制作或由其委托的诉讼代理人制作并由当事人签字认可;民事判决书或民事裁定书等只能由审理本案件的人民法院制作,而不能是其他社会团体和其他组织制作。

(二)制作范围的特定

民事诉讼文书的制作范围由《民法》、《物权法》、《合同法》、《民事诉讼法》等法律进行了规定,只能是公民、法人和其他组织在受以上法律保护的权益受到侵害后,请求人民法院保护自己合法权益的范畴内,产生的公民、法人、其他组织和诉讼代理人制作的文书以及人民法院行使审判权而产生的一系列文书。

(三)制作依据的特定

民事诉讼法律文书制作的依据,只能是我国现行的民事方面的实体法律和程序法。

三、民事诉讼法律文书的作用

1. 进入诉讼程序的基本标志,在民事诉讼案件中,我国实行的是“不告不理”的诉讼原则,民事案件除极个别没有书写能力的人可“口头告诉”之外,当事人都要通过起诉进入诉讼程序。此时审查的“对象”,就是当事人的民事起诉状,即使是当事人的“口头告诉”,也要事先形成书面记录,然后人民法院才能在此基础上进行立案前的审查工作。因此,当事人的诉状是案件进入民事诉讼程序的基本标志。

2. 实施国家法律的重要工具。司法机关是代表国家行使国家司法权的专门机关。司法机关的法律文书自然就是代表国家实施法律的重要工具。在民事案件中,人民法院的裁判文书是调解民事纠纷,促进社会主义市场经济秩序的健康发展,最终实现司法公正的重要工具。

3. 诉讼活动的真实记录。民事诉讼法律文书是记载、固定全部诉讼活动的文字载体,当事人对民事诉讼的提起、人民法院的全部审判工作以及当事人和诉讼参与人、诉讼代理人在诉讼中的诉讼活动,可以真实地、全面地予以展示。

第二节 民事诉状类文书

一、民事诉状类文书的概念

民事诉状类文书,是指在民事案件中,一方当事人为维护或者实现自身的合法权益,向人民法院提出维护自己合法权益的请求,并提供依据,陈述有关事实和理由;另一方当事人针对对方当事人的诉讼请求和理由提出抗辩或是提出相反诉讼请求的文书。

这类文书包括民事起诉状、民事上诉状、民事反诉状、民事答辩状、各种申请书如财产保全申请书等,还包括原告代理词,它们都是确立诉讼的中心和目的的。

二、民事诉状类文书的基本写作要求

1. 制作主体是当事人,也可以请公民代理人或律师代书,由当事人向人民法院提出诉讼请求,维护自身的合法权益。

2. 写作目的是启动民事案件的诉讼程序,是人民法院审查、审理民事案件的程序依据;同时也确定了人民法院对该案件的审理事项和审理范围。

3. 根据"不告不理"的民事诉讼原则,诉状类文书是诉讼参与人与诉讼参加人行使诉讼权利的凭证,是对当事人的民事私权利进行司法保护的程序技术。

4. 民事诉状类文书都是用立论的方式说理,所以,提出各种请求是这类文书的中心论点,也是正文部分的结论和重点内容。

三、民事诉状类文书的格式

以民事起诉状为例

(一)民事起诉状的概念

民事起诉状是指公民、法人和其他组织、认为自己的合法权益受到侵害或者与他人发生争议时,向人民法院提交的请求依法裁判的法律文书。根据我国《民事诉讼法》第 108 条规定:"起诉必须符合下列条件:第一,原告是与本案有直接利害关系的公民,法人和其他组织;第二,有明确的被告;第三，有具体的诉讼请求的事实、理由；第四，属于人民法院受理民事诉讼的范围和受诉人民法院管辖。”因此，在民事起诉状制作时应符合上述起诉要求，否则就无法发挥该文书的作用。

（二）主要内容与格式

民事起诉状分为首部、正文、尾部三部分。

1. 首部

首部写明：（1）标题；（2）当事人基本情况，包括原告（被告、第三人）的姓名、性别、出生年月日、民族、职业、工作单位和职务、住址等内容，以及诉讼代理人的情况。

2. 正文

正文的结构与刑事自诉状基本相同，包括案由和诉讼请求、事实和理由、证据及其来源和证人的姓名、地址三部分内容。事实是指原、被告间存在某种民事法律关系的事实及双方发生争议之事实。要求既以时间为序详述争议发生的缘起和经过，又须突出被告行为造成的后果。理由部分则是主要依据有关法律法规及政策性规定阐明被告致害行为的性质以及其应承担的责任，并对如何处理该纠纷提出己方的意见。这部分内容在制作时须如实反映争议事实，并运用证据证明己方权益受损的具体情况及受损权益与被告行为之关系，引用法律法规或政策性规定来说明被告人应承担的具体责任。

3. 尾部

尾部应写明：（1）致送人民法院名称；（2）起诉人署名；（3）起诉状制作日期；（4）附项。

四、实例评析

民事起诉状

原告：胡××，男，31岁，汉族，××市××区人，住××市××区××镇××村1社。

被告：×××××营建公司，住所地：××区××镇××路。

法定代表人：王××，系该公司××（职务）。

被告:陈××,男,约38岁,汉,××市××区人,住××市××区××镇××。

诉讼请求:

一、判令被告赔偿原告医疗费、误工费、住院伙食补助费、营养费、护理费、残疾者生活补助费、鉴定费、被抚养人生活费、交通费、住宿费,共计32200元。

二、判令被告向原告给付精神损害赔偿金5000元。

三、被告承担本案的诉讼费用。

事实与理由:

2000年4月,被告××××营建公司通过被告陈××聘用原告为其建筑工地工人,并安排在被告承包的××北岸物资公司建筑工程(工程地址:××区××镇××村五社××河)的工地上做工。根据原被告双方的口头约定,原告每工作一天,由被告×××××营建公司支付其工资35元,由被告陈××代为统一领取;住宿由被告统一安排。同年4月23日,被告××××营建公司将包括原靠边内的多名建筑工人安排在居民宿舍楼一房间临时居住,后该房出租,遂将该批建筑工人安排到尚未完工的工程结构房中居住。2004年4月26日凌晨4时许,原告在住地从约4米高楼层处跌下致伤,经××市法医学会鉴定为九级伤残。

原告认为:原告与被告××××营建公司形成事实上的劳动关系,用人单位××××营建公司对劳动者的人身财产安全负有法定的保护义务。由于被告××××营建公司提供给建筑工人临时居住的工程结构房存在重大安全隐患,并没有采取任何防范措施,致使原告跌下致残,二被告应承担全部责任。被告××××营建公司在原告致伤后,没有采取积极的救助措施和进行必要的精神抚慰,致使原告精神受到严重损害,进而使夫妻关系恶化,对此,被告应承担精神损害赔偿责任。原告就损害赔偿问题多次找被告协商不成,遂诉至法院,望能判如所示。

此致

××区人民法院

起诉人:胡××

××××年××月××日

附项:1. 本起诉状副本一份

2. 原告受伤程度的签定结论证据一份(复印件)

评析:这份民事起诉状格式欠规范,缺少证据部分,正文理由部分未引用法律依据,内容欠完整,表达基本清楚。不足之处还在于正文的事实部分缺少对侵权后果的叙述,因为民事权利是一种补偿权利,无权利则无救济;理由部分缺少的法律依据,应根据有关侵权的实体法和相关的程序法条文引用出来作为起诉的理由之一。

第三节　民事答辩类文书

一、民事答辩类文书的概念

根据《民事诉讼法》的相关规定,针对起诉或上诉,对方当事人有回答和辩解的权利,民事答辩类文书就是当事人在民事诉讼中行使答辩权的凭证类文书,主要有一审、二审民事答辩状,还有被告或被上诉人的代理词等。

二、民事答辩类文书的基本写作要求

(一)民事答辩状的写作要求

民事答辩状是指民事案件中的被告或被上诉人针对原告的起诉或上诉人的上诉予以答复和辩驳的法律文书。民事答辩状中的制作应注意以下几点:

1. 民事答辩状的提交必须在法定期限内完成。按我国《民事诉讼法》的规定,答辩状应该在被告或被上诉人收到起诉状或上诉状副本后15日内提出。虽然逾期提出甚至不提出答辩状对人民法院的审理并无影响,但从答辩人的角度而言,答辩状的制作使用却是行使自身诉讼权利,充分表达个人意见的最好途径。

2. 当事人应讲明事实真相,既不一味强调对自己有利的情节,也不要隐瞒不利事实,如无答辩的必要,可放弃答辩,与对方主动和解,促使双方的纠纷有效率地解决。

（二）民事代理词的写作要求

1. 代理观点鲜明、正确

观点是对案件的基本看法，反映在代理词中，就是中心论点。案件的分析和争执，往往表现在各个层次和各个方面，相互关联。在案件的主要问题中往往有一个是最关键的，可以据此确定代理意见的中心论点。例如，名誉权利纠纷案，作为原告代理律师，叙写代理词的中心论点是，被告实施的行为损害了原告的名誉权。作为被告人的代理律师，叙写代理词的中心论点，则是被告实施的行为没有损害原告的名誉权。

需要律师注意的是，律师确立的代理观点必须符合案件事实和法律规定。如果代理意见的观点违背事实和法律，就不会被人民法院采纳，反而会被对方抓住把柄，导致整个代理活动失败。中心论点是代理词的关键，中心论点确立后，其他的代理意见都是围绕中心论点发表的。因此，代理律师在制作代理词时，必须对全部案情进行深入细致地分析、研究，反复推敲，从案件的客观事实和适用的法律中，寻找、确定中心论点。

2. 论证方法选择适当

在司法实践中，代理词的论证方法主要有以下 4 种：

（1）据实论理。案情的事实是案件的基础，一般情况下，只要把事实如实地说清楚，就能把是非曲直分辨清楚。例如，在司法实践中，有时，某一法律事实或法律行为不仅是确实存在的，而且也是具有合法性的；有时，尽管某一法律事实存在，但不具有合法性。如果律师代表符合事理的一方，在代理词中，就应当运用据实说理的方法，摆事实，讲道理，据实论证。这种方法既容易击败对方，也被当庭接受。

（2）据法论理。事实是案件的基础，法律是衡量是非的准绳。对于比较复杂的纠纷事实，如果不用法律加以衡量和分析论证，则难以辨其具体的是非界限和双方的法律责任。例如，确认有无法律关系及其相互间是否享有权利和承担义务，是以法律规定为前提的。在这种情况下，代理人在代理词中，首先要论证当事人之间所存在的法律关系，然后根据一定的法律关系论证其应当享有的权利和应当承担的义务。

（3）据实论理和据法论理相结合。民事、行政案件涉及的案件性质，多数属于是否构成侵权的问题。或是财产侵权，或是人身侵权，或是人格、名誉乃至知识产权的侵权问题。因此,律师在制作代理词时,必须就案件的根本性质问题展开论证。一般而言,原告代理人的代理词应当据实据法论证被告实施的行为构成了侵权,并进一步论证被应当承担的法律责任。被告代理人的代理词则相反,往往要论证被告实施的行为不构成侵权,因而不应当承担法律责任。

(4)据情论理。一般说来,法律与情理是相一致的。遇到法律与情理相一致的情况,代理词除应当加强法律论证外,还应当从情理上作进一步分析,以取得较好的论辩说理效果。

3. 适用法律准确

律师制作代理词,在查明案件情况的基础上,还应当注意准确地适用法律,对被证明的事实,以法律为准绳,确定诉讼双方各自的权利、义务和责任。这是案件事实清楚以后,决定代理成功与否的关键。代理律师在引用法律时,一般应当注意以下几点:(1)特别法、单行法有规定或地方法规、行政规章有规定的,适用这类具体规定时,应当审查其是否与宪法和法律相抵触;(2)法律上有不同款项的幅度规定的,应从案情事实出发,选用适用的款项和幅度;(3)法律分则无明确具体规定的,适用民事法律的基本原则。

4. 运用证据材料充分

民事诉讼证据,是指在民事诉讼过程中,能够证明民事案件的一切事实。我国《民事诉讼法》规定,当事人对自己提出的主张,有责任提供证据。在诉讼中胜诉,获得法律保护,是每位诉讼当事人都希望的。律师作为当事人的代理人,在制作代理词时,只有提出充分、确实的证据,才能使代理意见具有说明力。律师对掌握的证据,应当去粗取精,去伪存真,加以鉴别,用确凿的证据来说明案件的事实,只有如此,律师发表的代理意见才能被法庭接受和采纳。因此,一份好的代理词离不开证据,律师在制作代理词时,应当注意充分地运用证据材料。

三、民事答辩类文书格式

以民事答辩状为例

1. 首部

首部写明文书的标题即“民事答辩状”,然后写明答辩人和被答辩人的基本情况。

2. 正文

正文由案由、答辩人的答辩理由、答辩请求构成。在民事答辩状中,尤以答辩理由为其重心之所在,答辩人在这一部分的写作中需要针对原告或上诉人的起诉或上诉展开辩驳,主要的答辩思路包括以下几个方面:(1)指出对方所依据的事实有误或证据不实,并举出相反的事实、证据以澄清事实真相;(2)运用法学理论和有关法律适用的规定,从程序到实体针对原告或上诉人的要求答辩人承担的法律责任展开辩驳,如指出对方起诉不符合法定要求或证据的收集不合法以及对案件性质的认定偏差等;(3)将对方隐瞒的或不为对方所了解的有利己方答辩请求的事实具体说明。

总体上看,答辩理由应力求有理有据,围绕对方的具体指代组织答辩材料,从事实和法律两个方面陈述己方意见,对原告或上诉人提出的诉讼请求一一表明态度,且应提出自己的答辩请求。民事答辩状中的答辩请求主要包括:第一,要求人民法院驳回起诉;第二,要求人民法院对对方提请之要求予以全部否定或部分否定;第三,可向原告或上诉人提出和解之请求;第四,可提出反诉。

对于起诉或上诉中提出的诉讼请求,可根据答辩人的意见一一加以辩驳,但应该注意的是对于起诉状、上诉状中陈述的真实事实,提出的合理请求以及罗列的适当理由等内容不能一律予以否认,或强词夺理的进行诡辩。答辩状是答辩人在尊重事实的基础上为维护自身合法权益而制作使用的,因此胡搅蛮缠的方式不但不利于人民法院对案件的正常审理,也不可能真正发挥出答辩状的应有作用。

3. 尾部

民事答辩状的尾部则须写明致送人民法院名称、答辩人签章及日期,并在附项中注明所递交法院的证据名称、数量、来源、证人姓名和住址等内容。

四、实例评析

民事答辩状

答辩人(被上诉人):××市××××房地产开发总公司,住所地:某市前进路20号。

法定代表人:何××,××××房地产开发总公司董事长。

案由:上诉人张××因房屋拆迁一案,不服××市××区[19××]民字第19号的判决,于××××年××月××日提出上诉,答辩人于××××年××月××日收到其民事上诉状副本,现答辩如下:

答辩理由:为了适应本市商业发展的需要,我公司于19××年12月向市城建规划局提出申请报告,要求拓宽新建丝绸百货大楼前面场地150平方米。市城建局于12月25日以市城建字[19××]71号批文同意该项工程。同年在拓宽场地过程中,需要拆迁租住户张××一户约18平方米的住房,但张××提出的要求过于苛刻。几经协商,不能解决。答辩人不得已,于19××年1月××日起诉于××市××区人民法院。××市××区人民法院于19××年2月以[19××]民字第19号判决书判处张××必须于19××年3月底前搬迁该屋,并由市房地产开发总公司提供不少于原居住面积的房屋租给张××居住,但张××仍无理取闹。据此,答辩人认为张××的上诉理由是从以下几个方面来看是不能成立的。

一、张××说我们拓宽新建丝绸百货大楼前面的场地是未经批准的。这是没有根据的。一审法庭曾审查过房地产开发总公司要求拓宽新建丝绸百货大楼前面场地的报告和市城建局城建字[19××]71号的批文,并当庭概述了房地产开发总公司的报告内容,还全文宣读了市城建局的批文。这些均有案可查。张××不能因为要求查阅市城建局的批文,未获准许,而否认拓宽工程的合法性。

二、张××说我们未征得她本人同意,与房主×××订立房屋拆迁协议是非法的。这更无道理。张××租住此屋,只有租住权,并无房屋所有权。所有权理当归属房主×××。我们拓宽场地,拆毁有碍交通和营业的房屋,理当找产权人处理,张××无权干涉和过问。

应当指出,对于张××搬迁房屋一事,我们已作了很大的让步和照顾。我们答应她在搬迁房屋时提供离现居住房屋500米的××新建宿舍大楼底层朝南房间一间,计20平方米,租给她居住。而张××还纠缠不清,漫天要价,扬言不达目的,决不搬迁。

综上所述,答辩人认为××市××区人民法院的原判决是正确的,合法而又合情合理,应予维持。

此致

××市中级人民法院

答辩人：××市房地产开发总公司

法定代表人　何××

二〇〇九年四月二十五日

评析：这份民事答辩状是被上诉人的答辩，所以属“被上诉答辩状”，格式规范，内容完整，逻辑严密。正文先说明拓宽新建丝绸百货大楼前面的场地是经市城建规划局批准的；再陈述上诉人不服判决，提出的上诉理由是站不住脚的。这就为下面的答辩奠定了基础。理由部分，将上诉状的无理和歪曲事实的主要方面扼要地叙述出来；然后提出根据，列条论证，讲明道理，驳斥上诉人的无理要求；最后用“综上所述……”提出答辩请求，即要求二审法院维持原判。

第四节　民事裁判类文书

一、民事裁判文书的概念、特点和分类

（一）民事裁判类文书的概念

审判机关的民事裁判文书，是人民法院按照民事诉讼法的规定依法行使审判权，就有关程序问题和案件实体问题作出的具有法律效力的书面处理决定。它是人民法院行使民事审判权的集中体现。

（二）民事裁判类文书的特点

1. 制作民事裁判文书的主体只能是人民法院。人民法院是国家的审判机关，是代表国家行使审判权的是唯一合法主体。民事裁判文书与刑事裁判文书、行政裁判文书一样，是人民法院行使审判权过程中作出的书面处理决定，因此，其制作的主体只能是人民法院。其他任何机关、团体、个人、法人或其他组织均不能成为制作民事裁判文书的主体。

2. 制作民事裁判文书所使用的法律依据只能是民事诉讼法律及其有

关的司法解释的规定。它不同于人民法院行使刑事审判权和行使行政审判所依据的法律规定。

3. 民事裁判文书具有法律效力。民事裁判文书与刑事、行政裁判文书一样，都具有法律所赋予的法律效力。民事裁判文书一经作出，非依法定程序不得改变。民事裁判文书一经生效，对当事人、人民法院都产生相应的约束力。当事人有义务自觉履行裁判文书所确定的民事义务，如不履行，对方当事人可以申请人民法院强制执行。

（三）民事裁判文书的分类

《民事诉讼法》对民事裁判文书的种类及其适用对象和范围做了规定，按不同的标准，可作以下分类：

1. 按照文种的不同，民事裁判文书可分为民事判决书、民事裁定书和民事调解书。

2. 按照处理问题的性质不同，民事裁判文书可分为程序性和实体性民事裁判文书。前者主要是解决程序问题的民事裁定书，后者是解决实体问题的民事判决书和调解书。

3. 按照适用程序的不同，民事裁判文书可分为一审民事判决书、裁定书、调解书；二审民事判决书、裁定书、调解书；再审民事判决书、裁定书、调解书；特别程序的民事判决书、裁定书；督促程序的民事裁定书；公示催告程序的民事判决书、裁定书，企业法人破产还债程序的裁定书；执行程序的民事裁定书。按照适用程序的不同，还可分为前程序的民事裁定书、审理程序的民事裁判书、执行程序的民事裁定书。

4. 按照适用的案件不同，民事裁判文书可分为普通案件、涉外案件和海事案件的民事裁判文书。

5. 按照当事人请求的性质的不同，民事裁判文书可分为诉讼和非诉讼民事裁判文书，前者是对诉讼问题作出的民事裁判文书，后者对非诉讼问题作出的民事裁判文书。

无论分类标准如何不同，民事裁判类文书的写作要求大致相同。本教材分三节分别着重通过介绍第一审民事判决书（普通程序）和民事调解书与民事裁定书，来理解和掌握民事裁判类文书的写作要求和技巧。

二、民事裁判类文书的基本要求

民事裁判文书是人民法院代表国家行使审判权所制作的具有法律效力的法律文书。其不同于一般公文,因此,制作民事裁判文书必须做到以下几点:

1. 民事裁判文书必须依法制作,只有这样,才能有效地保障其法律效力。《民事诉讼法》对它的制作提出了明确、具体、全面的要求。民事实体法律为实体问题的裁判提供了法律依据。这些都是人民法院在制作民事裁判文书时必须遵循的法律准则。

2. 民事裁判文书的结构和内容必须遵守《人民法院诉讼文书样式(试行)》的规定。民事裁判文书有特定的格式要求,在制作时应当按规定确定的格式制作。

3. 民事裁判文书的语言表达必须做到叙述事实清楚,重点突出,是非分明,法律逻辑严密,适用法律恰当,结论正确,用语准确、精练,说理充分,评断有力,主文意思具体明确,解释单一。

第五节　第一审民事判决书(普通程序)

一、第一审民事判决书(普通程序)概念

普通程序的第一审民事判决书,是人民法院按照第一审普通程序的规定,依法组成合议庭对第一审民事案件进行审理后,就已经查明的案件事实和证据,依照有关实体法的规定,对当事人之间的实体权利义务争议问题作出的书面处理决定。

制作适用普通程序的第一审民事判决书的程序法律依据主要有:一是《民事诉讼法》;二是最高人民法院有关执行《民事诉讼法》的司法解释;三是最高人民法院办公厅制发的《人民法院诉讼文书样式(试行)》等。实体法的依据主要有《中华人民共和国民法通则》、《中华人民共和国合同法》、《中华人民共和国婚姻法》、《中华人民共和国继承法》,以及最高人民法院执行以上实体法律的司法解释。

普通程序的第一审民事判决书,是人民法院按照第一审普通程序组成合议庭审理的所有民事案件。

二、第一审民事判决书(普通程序)基本写作要求

《民事诉讼法》第 138 条对判决书的主要内容作了明确规定,即:"判决书应当写明:(一)案由、诉讼请求、争议的事实和理由;(二)判决认定的事实、理由和适用的法律依据;(三)判决结果和诉讼费用的负担;(四)上诉期间和上诉法院。判决书由审判人员、书记员署名,加盖人民法院印章。"根据《民事诉讼法》和《人民法院诉讼文书样式(试行)》的要求,本类判决书由首部、正文和尾部三部分组成。

三、第一审民事判决书(普通程序)格式

(一)首部

首部应一次写明标题、案号、当事人和诉讼参加人的基本情况,以及案件由来和审理经过。

1. 标题。标题由法院名称和文书名称组成,应居中分两行书写,上行写法院名称,下行写文书名称。法院名称一般应与法院印章的文字一致,但有两个例外:第一,我国基层法院的印章都不冠省、市、自治区的名称,而法院诉讼文书样式的说明则要求基层法院冠以省、市、自治区的名称,以便人们了解该法院属于哪一行政区域。市辖区的基层人民法院可按最高人法院制发的印章冠名。第二,涉外民事判决书的法院名称前还应当冠以国名。如"中华人民共和国××××人民法院"。

2. 案号。案号由年度、制作法院、案件性质、一审程序的代字、案件的序号构成。年度和案件号有关阿拉伯数字,制作法院的代字一般以该法院名称的首字代表。案件性质为民事纠纷的以"民"字代表,经济纠纷案件的代字用"经",一审程序的代字为"初"。如成都市中级人民法院 1999 年度受理的第 10 号民事纠纷案件的案号就应表述为"(1999)成民初字第 10 号"。之所以这样规范,一是内容、项目符合国家公文编号的规定;二是反映裁判文书的特点;三是便于查询和管理。实践中,也发现这种规范尚有不足之处,如成都市成华区人民法院 1999 年度受理的第 10 号民事纠纷案件,按该规范案号,应表述为,"(1999)成民初字第 10 号",与成都市中级人民法院 1999 年度受理的 10 号一审民事案件的案号完全一致,给查阅管理带

来一定难度。因此，一些地方的法院将区、县法院的代字改为用区、县名称的前两个作代字，以此弥补这种规范的不足。

3. 当事人和诉讼参加人的基本情况。这部分内容的具体写法是，首先写明当事人的基本情况，当事人应按原告、被告和第三人的顺序分行列写。若原告、被告、第三人不止一人时，应逐一写完原告后，再逐一列写被告，最后写第三人。其次，若当事人有诉讼代理人的，应在该当事人之后分行列写诉讼代理人及其基本情况。

当事人为自然人的，写明诉讼中的称谓、姓名、性别、出生日期、民族、职业或工作单位和职务、住址。住址为其住所所在地，住所地与经常居住地不一致的，写经常居住地；当事人为法人的，写明其单位的全称和住所地，并提行写明法定代表人及其姓名、职务；当事人为非法人组织的，写明其名称或字号和住所地，并别起一行写明代表人及其姓名、性别和职务；当事人为个体工商户的，写明业主的姓名、性别、出生日期、民族和住址，起有字号的，在其姓名之后用括号说明"系……（字号）业主"。

诉讼代理人应具体写明称谓是法定代理人、指定代理人，还是委托代理人。有多个代理人的，首先写法定或指定代理人，后写委托代理人。法定或指定代理人应写明其姓名、性别、职业或职务以及住址，并在姓名后括注其与当事人的关系。委托代理人是律师的，只写明其姓名、工作单位和职业。

写当事人和诉讼参加人的基本情况时，遇到特殊情况也做适当变通。如年龄的写法，个别当事人因下落不明，无户籍登记、身份证证明文件的，从实际出发写。再如，多个原告共同委托一名代理人的，没有必要在每一个原告之后列写该代理人，而可以在所有原告列写完后，再列写该代理人，表述为："以上原告代理人×××……"

4. 案件由来和审理经过。根据《人民法院诉讼文书样式（试行）》的规范，以及实践经验，案件由来和审理经过一般应表述为："原告×××诉被告×××……（案由）一案，本院于××××年××月××日受理后，依法组成合议庭，公开（或不公开）开庭进行了审理。本案当事人及其诉讼代理人均到庭参加诉讼。本案现已审理终结。"

若案件的当事人中有的到庭而代理人未到庭，或者有当事人没有到庭而其诉讼代理人到庭或者当事人及其代理人均未到庭，或者有的未经法庭许可而中途退庭的,应如实的具体写明到庭和未到庭、中途退庭的人的情况。如“原(被)告×××经本院合法传唤无正当理由拒不退庭”;“原(被)告未经法庭许可中途退庭”;“原(被)告×××,代理人×××到庭参加诉讼”。

(二)正文

根据《人民法院诉讼文书样式(试行)》的要求,事实部分首先应写明当事人的诉讼请求和争议的事实与理由,然后另起一行写明法院认定的事实和证据。

1. 当事人的诉讼请求、争议的事实和理由

当事人的诉讼请求,是指当事人请求法院判决确认与对方当事人之间是否存在一定法律关系或变更、消灭与对方当事人之间的法律关系,请求判令对方当事人履行一定民事义务的具体事项。

争议的事实和理由,是当事人所陈述的争议情况及其根据。这部分内容的写法是通过原告、被告和第三人的陈述来反映的。《人民法院诉讼文书样式(试行)》规定的规范格式是分别列写“原告×××诉称……(概述原告提出的具体诉讼请求和所根据的事实与理由)”,“被告×××辩称……(概述被告答辩的主要内容)”,“第三人×××述称……(概述第三人的主要意见)”。事实部分首先写明这些内容是为了体现尊重当事人的诉讼权利,反映当事人真实意思和讼争焦点,也为书写法院审理认定的事实、证据、判决理由和判决结果埋下了伏笔,以便法院在认定事实、证据和说理时能有的放矢,前后照应。表述这部分诉辩主张时,要站在客观公正的立场上完整、准确、扼要地归纳出当事人的意思。对当事人的具体诉讼请求不能遗漏,必要时可以分析项写明;对当事人在诉讼过程中增加、变更诉讼请求或提出反诉的,亦应写明。因当事人的诉辩主张总是多讲有利于自己的内容少讲不利于自己的内容,也常常缺乏条理,或言语过激,所以切忌机械整搬或照抄照摘当事人原话、起诉状、答辩状原文,也不能引用当事人不文明的语言或方言土语。

2. 法院认定的事实和证据

事实是确认当事人之间是否存在民事法律关系的依据,亦是判决立论和法律适用的基础,因此是整个判决书的重点。这部分与下面的理由部分

也是判决书制作中的难点，最能体现法官的综合素质。它的内容主要包括：当事人之间发生民事关系的时间、地点及法律关系内容；产生纠纷的原因、经过、情节和后果；认定事实的证据。按照《人民法院诉讼文书样式（试行）》的要求，表述为“经审理查明……”

叙述案件事实证据必须坚持合法性、客观性、相关性的原则。法院认定的事实是法律事实而非客观事实，因此表述认定的事实和证据必须是经过法院开庭质证、查证属实的，具有合法性、客观性、关联性的证据及其所证实的事实。未经开庭质证并查证属实的证据、事实，以及与案件无关的事实均不能写入判决书。

叙述案件事实的方法，按照《人民法院诉讼文书样式（试行）》在说明中的要求，一般应按“时间顺序客观全面真实地反映案情，同时要抓住要点，详述主要情节和因果关系”。具体制作判决书时，应根据案情的具体情况，采用记叙、说明等灵活多样的表述方法，做到叙事清楚、重点突出、层次分明。

叙述认定事实的方法，按照《人民法院诉讼文书样式（试行）》在说明中的要求，其写法可以在叙述事实过程中一并分析列举，这种写法适合较复杂的案件。如：

经审理查明，1995 年 4 月 6 日，原告中州分公司与被告亚川化工厂签订了《工程合同》。在该合同中主要约定：原告承包被告主厂房屋换瓦，主厂房屋架柱子防腐，十个储藏罐防腐三项维修工程。其中，后二项防腐工程维修款共计为 6.5 万元，前一项换瓦工程维修款待完工后依据现场实际工作量确定。该事实，有原告提供的原、被告双方于 1995 年 4 月 6 日签订的《工程合同》，以及原告的陈述、被告的承认予以证实。合同签订后，原告在被告尚未办理质量监督手续的情况下，即进场施工。施工过程中，原、被告经口头协商增加了部分维修工程项目，并约定新增加工程的维修款与主厂房屋面换瓦工程维修款，在原告施工完毕并经被告验收后结算。同年 5 月，原告施工结束，并将施工完成的以下工程交付被告进行了验收：(1)主厂房屋架柱子防腐；(2)十个储藏罐防腐；(3)主厂房屋面拆除与安装石棉瓦；(4)油漆平台、卧罐、栏杆、两台电动葫芦；(5)油漆厂内办公楼、单身宿舍；(6)修理办公楼、单身宿舍门窗，部分更换玻璃；(7)办公楼、单身宿舍、门卫室作屋面防水处理。以上工程中,除前两项工程维修款双方在《工程合同》中作了约定,被告已履行付款义务外,其余五项工程(以下简称屋面换瓦与追加工程),双方对工程量未实测,对工程维修价未决算。上述事实有原告提供原、被告签字盖章的《工程交工验收证明书》,以及双方的陈述予以证实。本案在审理过程中,责令原、被告双方对该五项工程进行了实测,确定了工程量,并根据原告的申请,委托四川省经纬资产评估事务所对五项工程维修造价进行了评估,结论为人民币14,545元。原告对该评估结论提出了异议,并申请重新鉴定。本院遂委托四川省建筑工程造价管理总站对五项工程维修造价进行鉴定,鉴定结论为人民币15,617元。原、被告双方对鉴定结论均无异议。以上事实,有原、被告双方盖章确认的实测工作量汇总材料,四川省经纬资产评估事务所川资评字(1999)第047号评估报告,四川省建设造价管理总站川建价鉴(1999)14号鉴定书,以及原、被告的陈述予以证实。

收集在案的以上证据已经开庭质证,具有客观性、关联性、合法性和证明力,可以作为本案的证据使用。

也可以在叙述事实后单独分段列举分析,这种写法适合"案情简单"的案件。如:

经审理查明:原告刘崇德、刘崇榆与第二被告刘崇兴,及第三人刘崇清、刘崇利系兄弟姊妹关系。刘崇清系精神病人,由刘崇兴担任监护人。五姊妹自1979年2月20日起,共同共有父母遗留下来的本市小通巷八号建筑面积78.8平方米房屋(以下简称八号房屋)。1996年8月26日,刘崇兴将八号房屋产权证及全部共有人保护证原件交给第一被告惠丰公司,并在无其他共有人授权委托的情况下,以五共有人的名义与惠丰公司签订《拆除私有房屋产权调换协议书》共四份。其中第一份协议书(以下简称协议书一)的内容为:惠丰公司根据三十号令规定,拆除刘崇兴等五人共有的八号房屋,用化成小区7号楼1单元5楼7号建筑面积81.64平方米和5号楼1单元1楼1号建筑面积42.07平方米二套房屋进行产权交换。第二份协议书(以下简称协议书二)的内容为:惠丰公司根据三十号令规定,拆除刘崇兴等到五人共有的八号房屋,用金沙路73号3栋1单元4楼10号建筑面积98.7平方米房屋进行产权交换。协议书一、协议书二均无补差价的内容。第三份协议书(以下简称协议书三)除有协议书一约定的内容外,还有补差价的内容,即刘崇兴等五人付超出原旧房面积44.91平方米购房款人民币24364.20元,一次性付清优惠20%。第四份协议书(以下简称协议书四)除有协议书二约定的内容外,也有补差价的内容,即刘崇兴等五人补偿给惠丰公司超原旧房面积98.7平方米购房款人民币109,793.88元,一次性付清优惠20%。以上事实,三方当事人均无异议,且已经开庭质证,具有关客观性、关联性、合法性和证明力。本院采证的证据:权字第一3674号成都市房屋产权证,市房权共字第003520号成都市房屋产权共有人保持证,市房权共字典第003521号成都市房屋产权人有人保持证,市场房权共字第003522号成都市房屋产权共有人保持证,市房权字第003523号成都市房屋产权共有人保持证,不补差价的《拆除私有房屋产权调换协议书》二份予以证实,足以认定。

需要指出的是,无论采用前一种方法,还是后一种方法,除写明证据的名称和类别外,还应写明证据的主要内容和对证据力的分析,不能笼统地写"上述事实,有书证及证人证言,当事人的陈述在案佐证"。一般情况下,有三种情况写法:

一方提供的证据,对方质证无异议的,可写为"前述事实,有原告×××向本字提供的原、被告于××××年××月××日签订的××合同(复印件)予以证实,被告×××无异议"。

一方的陈述对方无异议的,可写为"前述(事实)有原告×××的陈述予以证实,被告×××对原告×××的该陈述无异议"。

一方提供的证据或所做的陈述,另一方有异议的,可表述为"前述事实有原告×××提供的×××证据予以证实。被告对该证据提出异议,认为……(异议的具体内容)。本院认为,该异议(法院认为该异议不能成立的分析意见)不能成立"。如:

该房月租赁使用费价值人民币610元。该事实有原告提供的原委托成都功成信资金产评估有限公司对该房租赁使用费进行评估的功成信评报字(2000)第18号资产评估报告书予以证实。被告对该证据提出异议,认为该证据是原告单方委托评估的,不具有客观、公正性。本院认为,原告根据"谁主张,谁举证"的原则,单方委托评估并无不当,被告以此否认评估结论的公正性,异议不能成立。

3. 判决理由

理由部分包括判决的理由和判决所依据的法律。根据《人民法院诉讼文书样式(试行)》的要求,它的固定表达方式为:"本院认为……(写明判决的理由),依照……(写明判决所根据的法律条款项)的规定,判决如下:……"

判决理由,主要是根据法院认定的事实和有关法律、法规、政策或习惯,阐明法院对纠纷的性质、当事人责任和解决纠纷的办法。判决依据的法律是判决引用的法律、法规和司法解释等。

判决理由被喻为是民事判决书的灵魂,足见其在民事判决书中的重要地位和作用。判决理由写得如何,通常是衡量审判人员业务素质高低和写作能力强弱的标准之一。写理由部分要有针对性,要讲明事理、情理和法理,分清是非责任。对合理合法的意见、请求,予以采纳支持;对不合理不合法的意见、请求,不予采纳支持;对违法的行为应严肃指出,必要时给予适当批驳,做到以理服人。援引法律要准、全面、具体。注意把握好以下几点:

第一有针对性。每一案件都有其特点及特有的表现形式,即个案的特殊性。判决理由必须针对个案的特殊性,围绕当事人争执的焦点和诉讼请求有的放矢、具体深入地方分析和论证,阐明判决所持的理由,对当事人所持的理由和提出的诉讼请求,凡正确的、合法的,就应予采纳、支持;反之则应严肃指出原因,表明不予采纳和不予支持的态度。

第二有事理性。法院认定事实和证据,是说理和适用法律的基础。事理性即说理必须从法院认定的事实和证据出发,根据认定的事实和证据阐明理由。

第三有法理性。判决书理由的重点是要讲清法理,以充分阐述法理为主。每一个民事案件都蕴含着特有的法律问题。因此,说理必须根据相关的法律理论、法律原则,以及具体的法律规范阐明个案中蕴含的法律问题,并正确、全面地引用判决依据的法律条文。正确、全面引用法律条文也是理由部分的重要内容,它为判决提供了法律依据,是人民法院正确适用法律,保证法律的具体实施的最终表现。首先,正确、全面引用法律条文必须明确可供引用的法律范围。按照最高人民法院 1986 年 10 月 28 日《关于人民法院制作的法律文书应如何引用法律规范性文件的批复》的规定，全国人民代表大会及其常务委员会制定的与宪法、法律和行政法规不相抵触的地方性法规，民族自治地方人民代表大会依照当地政治、经济和文化特点制定的自治条例和单行条例，人民法院在依法审理当事人属于本行政区域内的民事和经济纠纷案件制作法律文书时，也可引用。国务院各部委发布的命令、指示和规章，各县、市人民代表大会通过和发布的决定、决议，地方各级人民政府发布的决定、命令和规章，凡与宪法、法律、行政法规不抵触的，在办案时可参照执行，但不要引用。其次，引用法律条款应当按照条、款、项、目的顺序写明，适用哪一层次的规定，就应具体写到哪一个层次。再次，要处理好特别法与普通法的关系，以及法律基本原则与具体规定的关系。凡是特别法中有明文规定的，就应引用特别法，无须再引用普通法；只有特别法没有规定的才引用普通法。凡法律有具体规定的，应当援引具体规定，无须引用基本原则的规定；如果没有具体规定，才引用基本原则的规定。最后，处理争议适用了多个法律时，引用法律条文件，应将适用的法律全部引用出来，不能遗漏。

第四有情理性。说理除阐明法理外，还应融入情理。法理情理并用，更利于做到对当事人明之以法、晓之以理、动之以情。取得较好的说理效果。

第五有逻辑性。说理是一个缜密、严格的推理过程。只有严密的逻辑，才能使推理精确，前后呼应，无懈可击。强化说理的逻辑性，首先，必须使说理符合三段论的逻辑范式，不违反充足理由律、矛盾律、排他律等成文法基本逻辑规律。做到说理与法院认定的事实证据，适用的法律规定、法理、政策以及判决结果相吻合。其次，说理要注意具体案情，把握好说理顺序。一般而言，可先针对原告的主张，后针对被告的请求和理由，再针对第三人的请求和理由分层次说理。反诉案件，则应先针对本诉，后针对反诉分层次说理。最后，说理要注意各层次之间的自然衔接，避免机械僵化。

4. 判决结果

这是人民法院根据案件事实，依照法律，对案件实体问题作出的处理决定。判决结果应根据确认之诉、变更之诉或给付之诉的不同情况，正确地加以表述。特别是给付之诉，不论是给付物品、货币还是要求义务人履行一定的民事行为，在表述上都要做到表述明白、具体、完整。所谓明白，就是语意清楚、明白,只能作单一解释,解释使人一看就明白其中的含义,不致产生误解。所谓具体,就是对判决当事人必须履行的义务,包括时间、方式、期限等必须具体,能够切实执行。所谓完整,即判决事项要完整,不能遗漏。如最常见的判决准予离婚的案件,仅判决准予离婚是不完整的,还必须对小孩抚养、抚养费负担和给付办法,以及共同财产的分割作出判决。

(三)尾部

尾部是判决书的结尾部分,它的特点是程式严格,用语固定。判决书的尾部应写明诉讼费用的负担,当事人的上诉权利、上诉期和上诉法院的名称,以及合议庭审判员、人民陪审员的姓名,判决日期,加盖人民法院印章和书记员署名等。

诉讼费用的承担不属于判决结果的内容,应在判决结果后另起行写明。诉讼费用包括案件受理费和其他诉讼费用,当事人应负担的具体数额。

向当事人交代上诉事项,按《人民法院诉讼文书样式(试行)》的规范,应表述为"如不服本判决,可在判决书送达之日起十五日内,向本院递交上诉状,并按对方当事人的人数提出副本,上诉于××××人民法院"。

判决书尾部的署名在上诉事项的右下方。依审判长、审判员(或人民陪审员或代理审判员)的顺序分行署名。署名时,上下左右须排列整齐,以保护判决书的美观和严肃。担任审判长的,不论是院长、庭长、审判员还是助理审判员,署名时均应署"审判长:×××";不担任审判长参加合议庭的审判员应署名为"审判员:×××";不担任审判长参加合议庭的助理审判员的署名应表述为"代理审判员:×××";人民陪审员的署名表述为"人民陪审员:×××"。

判决日期,在合议庭成员署名下面另起一行,用大写写明。当庭宣判的为当庭宣判日期,定期宣判或委托宣判的为审判长或院、庭长签发日期。判决日期后另起一行写书记员。表述为"书记员:×××"。

此外,应在判决日期上加盖人民法院印章,在判决日期和书记员署名的空行左方,加盖"本件与原本核对无异"印戳。

四、范例与评析

××市××区人民法院
民事判决书

(2004)长法民初字第256号

原告:××市××××开发公司(以下简称开发公司),住所地:本市铁花里10号。

法定代表人:刘××,开发公司总经理。

委托代理人:冯××,××市××律师事务所律师。

被告张×,男,1950年3月4日生,汉族,××市××研究所工人,住本市胜棋路20号。

原告开发公司与被告张×房屋拆迁一案,本院受理后,依法组成合议庭,公开开庭进行了审理。原告开发公司的委托代理人冯××和被告张×到庭参加诉讼。本案现已审理终结。

原告开发公司诉称,1991年对被告原住本市西街10号拆迁时,因被告无房过渡,遂将本市小园第1、2号过渡房安排给被告过渡,现被告早已搬入新居,故诉请被告立即腾让过渡房并赔偿损失费1.5万元。

被告张×辩称,现虽住进了安置房,但因安置房的产权证书和拆迁遗留问题未解决,故未腾让过渡房,原告将上述问题解决并赔偿损失3万元后,立即腾让过渡房。

经审理查明,1991年原告下属×××指挥部对被原住本市西街20号住房进行了拆迁并于1992年5月4日与被告订立拆迁补偿协议。嗣后,因被告无房过渡,该指挥部于1992年5月10日将本市小园第1、2号过渡房提供给被告过渡。1994年被告的安置房交付使用后,因安置房的产权问题及被告的尚留有少量未拆迁住房的补偿未能解决等被告未能腾让过渡房。原告经催要未果遂诉请被告立即迁让过渡房并赔偿损失1.5万元。被告应诉后,要求原告先解决安置房的产权证及拆迁遗留问题并赔偿损失3万元。原、被告各执已见,不能达成一致意见。

上述事实，有双方当事人陈述及补偿安置协议书等书证证实。

本院认为，被告住进安置房后理应腾让过渡房，故原告要求被告腾让过渡房的请求应予支持。被告以未办理安置房的产权证等为由，不腾让过渡房的主张，不予支持。被告未腾让过渡房引起纠纷，应负主要责任，故其要求原告赔偿损失的请求不予支持；原告未及时解决与拆迁相关的问题，亦有一定的责任，故对其要求被告赔偿损失的请求亦不予支持。为此，依照《中华人民共和国民法通则》第5条之规定，判决如下：

被告张×应于本判决生效后5日内腾让本市小园第1、2号过渡房，交原告开发公司。

本案受理费50元，其他诉讼费用100元，由张×负担。

如不服本判决，可在判决书送达之日起15日内向本院递交上诉状，并按对方当事人的人数提出副本，上诉于××省××市中级人民法院。

审判长：刘××

审判员：李××

审判员：管××

二〇〇四年×月×日

本件与原本核对无异

书记员：万××

评析：这份判决书虽然篇幅不长，但格式规范，内容完整，表达清楚，思维清晰。因为本案案情很简单，针对民事审判实践中的各种复杂情况应依据相应的法律原理和具体的法律规定制作。常见的问题有：

（一）在制作第一审涉外民事判决书应注意的问题

1. 首部的法院名称前应冠以国名，如“中华人民共和国四川省成都市中级人民法院”。

2. 当事人的姓名或名称应使用中文译名，并在译名后用括号写明外文原名。

3. 实体法的适用，不仅仅局限于国内法，有的还要适用国际条约、国际惯例或外国法律。

4. 尾部交代上诉期的写法比较复杂。《民事诉讼法》第147条第1款规定:“当事人不服地方人民法院第一审判决的,有权在判决书送达之日起十五日内向上一级人民法院提起上诉。”第249条规定:“在中华人民共和国领域内没有住所的当事人,不服第一审人民法院判决、裁定的,有权在判决书、裁定书送达之日起三十日内提起上诉。”最高人民法院《关于贯彻执行〈中华人民共和国民事诉讼法〉若干问题的意见》第311条规定:当事人双方分别居住在我国领域内和领域外,对第一审人民法院判决、裁定的上诉期,居住在我国领域的为《民事诉讼法》第147条所规定的期限,居住在我国领域外的为30日。根据以上法律和司法解释,交代上诉期限有三种写法:第一种,当事人双方均居住在我国领域的,上诉期限均应写15日。第二种,当事人双方均居住在我国领域外的,上诉期限均为30日。第三种,当事人双方分别居住在我国领域内和领域外的,我国领域内的当事人的上诉期限应写为15日;居住在我国领域外的当事人的上诉期限应写为30日。

(二)制作第一审普通程序集团诉讼案件民事判决书应注意的问题

1. 代表人的称谓及写法。《人民法院诉讼文书样式(试行)》中,对此未作明确规范。实践中根据《民事诉讼法》第54条规定,可直接表述为:“代表人×××、×××、×××。”后面无须再写明性别、出生年月日等。因为在列写当事人时,已写明了这些情况。

2. 判决结果的写法:当事人一方人数众多,不确定,权利人未在法院登记的,其判决结果应如何书写,最高人民法院在《人民法院诉讼文书样式(试行)》中未作规定。实践中,应根据《民事诉讼法》第55条第1款的规定,在判决结果后增加一条判决主文,即未“参加登记的权利人在诉讼时效期间提起诉讼的,适用该判决”。

(三)制作被告提出反诉的第一审普通程序民事判决书应注意的问题

1. 案件由来及审理经过,应表述为:“原告×××与被告…(案由)一案,本院于××××年××月××日受理后,被告×××提起反诉。本院依法组成合议庭,公开(或不公开)开庭进行了合并审理……”

2. 被告反诉的诉讼请求的表述,应为“被告(反诉原告)反诉你……”

(四)制作有独立请求权的第三人申请参加诉讼的第一审普通程序民事判决书应注意的问题

1. 案件的由来及审理经过,应表述为:“原告×××与被告×××……

（案由）一案，本院于××××年××月××日受理后，有独立请求权的第三人×××申请参加诉讼。本院依法组成合议庭，公开（或不公开）开庭合并进行了审理……”

2. 第三人的诉讼请求应表述为：“第三人诉称……”在写这部分内容时，值得探讨的问题是，当第三人是有独立请求权的第三人时，表述第三人的陈述是否仍表述为“第三人述称”，我们认为应表述为“第三人诉称……”因为有独立请求的第三人有具体的诉讼请求，处在起诉人的地位，是事实上的原告，享有原告的一切诉讼权利，将有独立请求权的第三人的陈述表述为“第三人诉称……”更为准确。并且这样表述可以与无独立请求权的第三人区分开来。

（五）对几种特殊情况的案件由来的表述

1. 若案件追加了当事人参加诉讼，可表述为：“原告×××与被告×××……（案由）一案，本院于××××年××月××日受理后，依法追加×××为×××（或原告，或被告，或第三人）参加诉讼……本案现已审理终结。”

2. 若案件较为复杂，历经几次复庭，且每次复庭参加诉讼的当事人不一样，也必须如实表述清楚，如“……本院依法组成合议庭于××××年××月××日公开开庭进行了审理。××××年××月××日，原告×××及其代理人×××，被告×××到庭参加诉讼；××××年××月××日，原告的代理人×××，被告×××到庭参加诉讼……”

3. 若案件由简易程序转为适用普通程序审理的，可表述为：“原告×××与被告×××（案由）一案，本院于××××年××月××日受理后，适用简易程序，由审判员（代理审判员）×××独任审理，于××××年××月××日公开（或不公开）开庭进行了审理。休庭后本案转为适用普通程序，依法组成合议庭，于××××年××月××日公开开庭进行了审理……本案现已审理终结。”

第六节 民事调解书

一、民事调解书的概念

民事调解书,是人民法院审理民事案件过程中,依法进行调解,根据当事人自愿、合法达成解决纠纷的协议而制作的具有法律效力的法律文书。

《民事诉讼法》在总则中规定了自愿和合法的民事调解原则。在第8章对调解方法、调解协议的内容、调解书的制作要求等作了具体规定,此外,最高人民法院《关于贯彻执行〈中华人民共和国民事诉讼法〉若干问题的意见》第91条至第97条的解释,均是制作民事调解书的主要程序法依据。

调解是人民法院审理民事案件,根据当事人自愿原则,在事实清楚的基础上,分清是非,针对当事人对争议的民事权益和法律关系,通过平等协商,互谅互让,达成协议,终结诉讼所进行的活动和结案方式,是人民法院民事审判工作的重要组成部分,也是人民法院处理民事纠纷的重要方式之一。因此,民事调解书也是具有法律效力的民事裁判文书,其法律效力与民事判决书等同。

二、民事调解书的基本写作要求

1. 民事调解书是人民法院依法进行调解,促成当事人自愿、合法达成解决纠纷的协议而予以认可时适用的法律文书。民事判决书则是人民法院对案件经过审理,就案件依法作出判决时适用的法律文书。

2. 民事调解书是人民法院在合法的前提下,对当事人自愿达成协议的确认,着重体现了双方当事人的意志;民事判决书主要体现了人民法院的意志。

3. 民事调解书的格式简单,内容扼要;民事判决书的格式复杂,内容翔实。

4. 民事调解书经双方当事人签收后,即具有法律效力;而一审民事判决书在送达当事人后并不立即生效,只有超过了法定的上诉期限,当事人不上诉的,才发生法律效力。

三、民事调解书的格式

民事调解书由首部、正文和尾部三部分组成。根据《人民法院诉讼文书样式(试行)》的规范,该类调解书各部分的主要内容和制作方法是:

(一)首部

首部内容包括标题、案号、诉讼参加人及其基本情况,以及案由。标题、案号、诉讼参加人及其基本情况的写法,除文书名称为"民事调解书"外,其他与第一审民事判决书相同。案由的写法是在诉讼参加人后面另起一行单独列项目写明案由,表述为:"案由……"如"案由:房屋买卖纠纷"。

(二)正文

正文的内容包括当事人的诉讼请求和案件事实,协议内容,诉讼费用的负担,法院对协议的确认。

1. 当事人的诉讼请求和案件的事实

(1)已开庭审理和查清事实基础上,经法院调解自愿达成协议的写法院确认的事实。

(2)经法院审查,征得当事人同意而调解达成协议可写当事人争议的事实。这部分一般写成一段。当事人的诉讼请求包括原告、被告及第三人的主要意见;案件的事实,可简明扼要地将民事案件事实的各种要素表述清楚,侧重写明民事法律关系的构成。案情复杂的,可以叙写详细一些,但与一审民事判决书的事实部分相比,仍然简明概括得多。例如:

经审理查明,原告鼎鸿公司与被告华恒公司于1999年8月28日签订装饰工程《协议书》。双方在协议中主要约定华恒公司将其开发的娱乐中心内外全部装饰工程发包给鼎鸿公司;鼎鸿公司承担工程前期的资金人民币40万元(双方均认为该约定的真实意思为鼎鸿公司为工程垫资人民币40万元)。该《协议书》签订后,鼎鸿公司按华恒公司的意思将垫资款付给第二被告广信公司,共计支付人民币35万元。此后,因被告华恒公司发包给原告鼎鸿公司的工程未经报建,鼎鸿公司要求被告返还已付的工程垫资款人民币35万元。被告先后返还了7万元,余下28万元至今返还。原告遂向本院起诉,要求被告返还余款28万元。被告对原告的主张不持异议。愿协商解决纠纷。

2. 协议内容

这是一审民事调解书的主文。在写作上不仅要规范,还要明确、具体、完整,便于履行。在写协议内容之前,应写明:“本案在审理过程中,经本院主持调解,双方当事人自愿达成如下协议。”协议内容可分项叙写。叙写时应注意以下几点:

(1)协议的语意必须明确具体,不能含糊笼统,以便于当事人履行。

(2)协议内容应当完整,不能遗漏。如协商达成离婚协议的不能遗漏小孩抚养和财产分割问题。有的问题当事人未考虑到,法官应当在调解时,给予必要的提醒,以免当事人重新诉讼,增加讼累。

(3)协议内容应当符合法律规定,当事人达成的非法的协议,不能作为协议内容。

(4)关于诉讼费的负担问题,若当事人对诉讼费用的负担协商达成一致的,应将诉讼费用的负担作为协议内容的最后一项书写;若诉讼费用的负担是由人民法院决定的,应在协议内容之后另起一行写明。

(5)法院对协议的确认应写在当事人达成的协议之后。法院对当事人的协议予以确认的目的是使民事调解书既能体现当事人自愿的原则,又能体现国家干预的原则。具体写法为另起一行,有法律规定的表述为:“上述协议,符合法律规定,本院予以确认。”如果当事人的协议内容法律没有明文规定,但并不违法的,可表述为:“上述协议,不违背法律规定,本院予以确认。”

(三)尾部

第一审民事调解书的尾部应当有调解书的生效条件和效力,然后由审判员、人民陪审员署名,写明调解达成协议日期并加盖法院印章,最后由书记员署名。

第一审调解书的生效条件和效力的表述为:“本调解书经双方当事人签收后,即具有法律效力。”

尾部其他内容的写法与第一审民事判决书相同,但调解书的日期应写法院确认当事人协议的日期。

四、范例与评析

某某市人民法院
民事调解书

（2009）汝民初字第126号

原告唐爱荣，女，1963年7月21日出生，汉族，农民，住汝城县热水镇×××。

被告范名杰，男，1956年12月22日出生，汉族，农民，住汝城县热水镇×××。

原告唐爱荣与被告范名杰离婚纠纷一案，本院2009年2月19日受理后，依法由审判员何旦辉独任审判，书记员陈军英担任记录，经原、被告同意于2009年2月19日公开开庭进行了审理。原、被告均到庭参加诉讼。本案现已审理终结。

原告诉称：原、被告于1981年正月经人介绍认识，之后双方开始同居生活。由于夫妻感情不和等种种原因，故一直未能补办结婚登记手续，构成事实婚姻关系。双方生育小孩两个，女儿范文林已出嫁成家，儿子范常云现年25岁，也已独立生活。共同生活期间，原、被告常因家庭琐事发生争吵，夫妻感情一直不好。2003年正月初二，原、被告吵了一架后，被告就把原告逐出家门，之后原告再也没有回到家与被告共同生活，至此，夫妻分居生活达五年之久。原、被告夫妻感情已完全破裂，请求依法解除原、被告之间的事实婚姻关系。

被告辩称：我同意离婚。

经审理查明：原、被告于1981年正月经人介绍相识后同居生活，至今未办理结婚登记手续，属于事实婚姻。1982年12月11日生育一女孩范文林，现已出嫁成家。1984年9月19日生育一男孩范常云，已独立生活。原、被告共同生活期间，因家庭琐事经常发生争吵。2003年正月初二，原、被告发生争吵后，原告回到娘家，双方分居生活至今。原、被告共同生活期间无共同财产，无共同债权债务。

本案在审理过程中,经本院主持调解,双方当事人自愿达成如下协议:

(一)原告唐爱荣与被告范名杰自愿离婚。

(二)其他无异议。

本案案件受理费300元,原告唐爱荣自愿负担。

上述协议,不违反法律规定,本院予以确认。

双方当事人一致同意本调解协议,自双方在调解协议上签字或捺印后即具有法律效力。

评析:这份调解书格式规范,内容完整,思维清晰。在民事审判实践中,民事调解书使用的频率远大于民事判决书,但在使用和制作时仍应区分不同案件情况,依法使用和制作。

1. 当事人在一审中达成调解协议的,不是所有的案件都必须制作调解书,对于调解不离婚的案件、维持收养关系、即时履行和当事人不要求制作调解书的,可以不制作调解书。对不制作调解书的协议,应当记入笔录,由双方当事人、审判员和书记员签名后,即具有法律效力。

2. 调解应坚持当事人自愿的原则,调解不成或调解书送达前当事人反悔的,应当及时作出判决。

3. 制作第一审民事调解书应做到格式规范,符合《人民法院诉讼文书样式(试行)》的要求。

4. 制作第一审民事调解书时力求条理清楚、用语准确,充分尊重当事人的意愿,不能歪曲协议的本意,也不应使用强制性的文字。

5. 当事人对法院确认合同无效没有异议,并就财产权益纠纷协商达成协议的,应写明理由。按照《人民法院诉讼文书样式(试行)》的规范,第一审民事调解书不要求写理由部分。但是,如果遇到当事人对法院确认合同无效没有异议,并且财产权益纠纷经调解达成了协议的,应根据最高人民法院1990年1月20日《关于确认和处理无效经济合同适用何种法律文书问题的批复》中的有关规定,在叙述完案件事实之后,另起一段写明法院对合同无效的认定。例如:"本院认为,原、被告签订的《房屋买卖合同》违反了《中华人民共和国城市房地产管理法》第37条关于未依法登记领取权属证书的房地产不得转让的规定,属无效合同。"

第七节　民事裁定书

一、民事裁定书概念

民事裁定书，是人民法院按照《民事诉讼法》的规定，依法行使审判权，就解决诉讼程序方面的问题依法作出的书面决定。

制作第一审民事裁定书的主要程序法依据是《民事诉讼法》第 38 条、第 92 条第 2 款、第 93 条第 2 款、第 94 条第 2 款、第 95 条、第 97 条、第 98 条、第 99 条、第 111 条、第 112 条、第 131 条、第 136 条、第 137 条、第 140 条的规定，最高人民法院《关于贯彻执行〈中华人民共和国民事诉讼法〉若干问题的意见》第 107 条、第 109 条、第 143 条、第 158 条、第 159 条、第 166 条的规定。

二、民事裁定书的基本制作要求

民事裁定书的基本制作要求与民事判决书相同，而且更为简单，主要是依法把握好民事裁定书适用的范围，主要有：不予受理起诉；对管辖权提出异议；驳回起诉；诉前财产保全和诉讼财产保全；解除财产保全；先予执行；准许或者不准许撤诉；按撤诉处理；中止或终结诉讼；补正判决书中的笔误等。

制作第二审民事裁定书的法律依据主要有：一是《民事诉讼法》第 153 条第(3)项、第(4)项，第 154 条、第 156 条的有关规定；二是最高人民法院《关于贯彻〈中华人民共和国民事诉讼法〉若干问题的意见》第 181 条、第 182 条、第 183 条、第 185 条、第 186 条、第 187 条、第 190 条的有关规定。

第二审民事裁定书的适用范围是：当事人对原审法院不予受理的裁定不服而提起上诉的案件；当事人不服一审民事判决向二审人民法院提起上诉，二审人民法院审理后认为原判认定事实错误，或者认定事实不清，证据不足，或者违反法定程序，可能影响案件正确判决，因而作出的撤销一审判决，发回一审人民法院重审的案件；当事人不服一审人民法院驳回管辖权异议的裁定而提起的上诉的案件；当事人不服一审人民法院驳回起诉的裁定而提起上诉的案件；二审人民法院在审理上诉案件时，根据上诉人撤回上诉的申请，依法作出准许或不准许撤回上诉裁定的案件。

三、民事裁定书的格式

一审民事裁定书比较简单，由首部、正文和尾部三部分构成。

（一）首部

1. 标题。它与第一审民事判决书、调解书一样，由法院名称和文书名称组成。表述为："××人民法院民事裁定书"。且法院名称和文书名称应居中分两行排列书写。

2. 案号。除不予受理起诉的民事裁定书和解除财产保全裁定书的代字外，目前最高人民法院尚未作出统一规定和要求。在实际中，除诉前财产保全民事裁定书案号代号为"民保"字外，其余的与一审民事判决书案号的写法一致。

不予受理起诉的民事裁定书是在起诉人提起诉讼，法院审查是否受理阶段提出的，尚未形成案件，因此对该类裁定书是编案号，还是编字号，性质和审判程序的代字用什么字，最高人民法院留给了各地法院在审判实践中去解决。实践中，多数法院对其表述为："（××××）×民它初字第××号"，用"民它"作为其的代字，用"初"字作为一审程序的代字，没有将它作为案件编案号。

3. 诉讼参加人及其基本情况，除不予受理的民事裁定书和诉前财产保全民事裁定书、解除诉前财产保全裁定书有其特殊性外，其余的与一审民事判决书的写法一致。

不予受理的民事裁定书当事人的称谓为"起诉人"，并且没有对方当事人的列项。

诉前财产保全民事裁定书与解除诉前财产保全裁定书，当事人的称谓是"申请人"和"被申请人"。

（二）正文

正文部分的内容一般包括案由、事由、理由和裁定结果四项，具体制作方法因裁定的内容不同而有所区别。以下分类说明。

1. 不予受理起诉民事裁定书。正文内容包括起诉时间与理由，裁定理由、法律依据和结果。其行文可表述为：

“××××年××月××日,本院收到××的起诉讼……(写明起诉的理由)。

经审查,本院认为……(写明不符合起诉条件而不予受理的理由)。依照《中华人民共和国民事诉讼法》第112条的规定,裁定如下:

对×××的起诉,本院不予受理。”

2. 管辖权异议民事裁定书。正文内容包括异议的内容与理由、裁定的理由、法律根据和结果。其行文表述为:

“本院受……(写明当事人姓名或名称和案由)一案后,被告×××在提交答辩状期间对管辖权提出异议,认为……(写明异议的内容及理由)。

经审查,本院认为……(写明异议成立或异议不成立的根据和理由)。依照《中华人民共和国民事诉讼法》第38条的规定,裁定如下:

被告×××对管辖权提出的异议成立,本案移送××××人民法院处理(或驳回被告×××对本案管辖权提出的异议)。”

3. 驳回起诉民事裁定书。正文内容包括案由与审理经过,原告的诉讼请求与理由,裁定的理由,法律依据和裁定结果。其行文表述为:

“……(写明当事人姓名或名称和案由)一案,本字依法进行了审理,现已审理终结。

……(简述原告起诉的理由和诉讼请求)。

木院认为……(写明驳回起诉的理由)。依照……(写明裁定所依据的法律条款项)的规定,裁定如下:

驳回×××的起诉。”

在制作时应注意的两点是:其一,该裁定书只适用于第一审人民法院在受理案件后,发现起诉不符合《民事诉讼法》第108条规定,应予驳回起诉的情形。它只驳回起诉权,而不涉及实体权利。其二,驳回起诉的理由,应根据案件的不同情况,分别写明原告的起诉请求不属于人民法院管辖,或者虽属人民法院管辖但依法应在一定期限内不得起诉,或者原告的起诉不符合《民事诉讼法》第108条规定的起诉条件,或者原告是不符合条件的当事人,或者被告是不符合条件的当事人等。并应注意针对原告的请求,充分说理。

4. 诉前财产保全民事裁定书。正文内容包括申请人提出申请的原因、

时间和要求,申请人的担保情况,裁定的理由、法律和结果。其行文表述为:

"申请人×××因……(写明申请诉前保全的原因),于××××年××月××日向本院提出申请,要求对被申请人……(写明申请采取财产保全措施的具体内容)。申请人已向本院提供……(写明担保的财产名称、数量或数额等)担保。

经审查,本院认为……(写明采取财产保全的理由)。依照……(写明裁定所今年的法律条款项)的规定,裁定如下:

……(写明对被申请人的财产采取查封、扣押、冻结或者法律规定的其他保全措施的内容)"

5. 诉讼法财产保全民事裁定书。正文内容包括案由、申请的时间与要求、申请人是否提供担保,裁定的理由、法律依据和结果。其行文表述为:

"本院在审理……(写明当事人的姓名或名称和案由)一案中,××告××于××××年××月××日向本院提出财产保全申请。要求……(根据写明申请人的具体请求内容),并已提供担保(未提供担保的不写此句)。(法院依职权采取财产保全的,把'××告××……'一段删去,改写为需要采取财产保全的事实根据。)

本院认为,××告××申请符合法律规定[法院依职权采取的,改为:'本院为了……(写明需要采取财产保全的理由)']。依照……(写明裁定所依据的法律条款项)的规定,裁定如下:

……(写明采取财产保全的具体内容)。"

制作中应注意将正文的内容与得明确具体。对申请人的具体请求内容,应写明对被申请人在何处的何种财产采取何种保全方法。法院依职权采取财产保全的,应有客观存在的足以影响未来判决不能执行或难以执行的事实根据和必须采取保全措施不力理由。裁定结果应具体写明保全标的的财产名称、数量或数额以及保全的方法。

6. 解除财产保全民事裁定书。正文内容包括原财产保全裁定作出的时间和案号,本裁定的理由、法律依据和结果。其行文表述为:

"本院于××××年××月××日作出(××××)××民×字第××号财产保全的裁定,现因……(写明解除财产保全的理由)。依照……(写明裁定所依据的法律条款项)的规定,裁定如下:

解除对×××的……（写明财产的名称、数量或数额等）的查封（或扣押、冻结等）。”

7. 先予执行民事裁定书。正文内容包括案由，当事人的申请时间和要求以及担保情况，裁定的理由、理由依据和结果。其行文表述为：

“本院在审理……（写明当事人的姓名或名称和案由）一案中，×告×××于××××年××月××日向本院提出先予执行的申请，要求……（要概括写明请求的具体内容），并已提供担保（未提供担保的不写此句）。

本院认为……（写明决定先予执行的理由）。依照……（写明裁定所依据的法律条款项）的规定，裁写如下：

……（写明先予执行的内容及其时间和方式）。”

8. 按撤诉处理民事裁定书。正文的内容包括案由和裁定的理由、法律依据及结果。其行文可表述为：

“本院在审理……（写明当事人的姓名或名称和案由）一案中，因……（写明原告不予交诉讼费；或者经传票传唤，无正当理由拒不到庭；或者到庭后未经法庭许可而中途退庭等按撤诉处理的情况）。依照……（写明裁定所依据的法律条款项）的规定，裁定如下：

本案按撤诉处理。”

9. 准许或不准许撤诉民事裁定书。正文的内容包括案由，原告申请撤诉及其时间，法院裁定的理由、法律依据和结果。其行文表述为：

“本院在审理……（写明当事人姓名名称和案由）一案中，原告×××于××××年××月××同本院提出撤诉申请。本院认为……（写明准许或不准许撤诉的理由）。依照《中华人民共和国民事诉讼法》第131条第1款的规定，裁定如下：

准许原告×××撤回起诉（或不准许原告×××撤回起诉，本案继续审理）。”

制作时应注意，不准撤诉的理由，应当写明撤诉请求为什么不合法，或者会损害国家、集体、他人的权益等；准予撤诉的理由，则可写得概括一些。

10. 中止或终结诉讼民事裁定书。正文的内容包括案由，中止或终结诉讼的事实根据，裁定的法律依据和结果。其行文表述为：

“本院在审理……（写明当事人姓名或名称和案由）一案中……（写明

中止或终结诉讼的事实根据）。依照……（写明裁定所依据的法律条件款项）的规定，裁定如下：

本案中止诉讼（或本案终结诉讼）。”

制作中应注意，“中止或终结诉讼的事实根据”是客观存在的或已发生的致使诉讼中断或者不能继续进行的事实。

11. 补正裁判文书笔误的民事裁定书。正文内容包括案由，被补正的裁判文书的名称和案号，裁定结果。其行文表述为：

“本院××××年××月××日对……（写明当事人的姓名或名称和案由）一案作出的（××××）×民×字第××号民事××书中，文字上有笔误，应予补正，现裁定如下：

……（写明民事××书中的笔误和补正笔误的具体内容）”

（三）尾部

1. 驳回起诉、按撤诉处理、准许撤诉、中止或终结诉讼的民事裁定书尾部应写明诉讼费用的负担。

2. 不予受理、管辖权异议与驳回起诉的民事裁定书是允许上诉的裁定，要交代上诉权。表述为：“如不服本裁定，可在裁定书送达之日起10日内，向本院递交上诉状，并按对方当事人的人数提出副本（不予受理的裁定书将‘并按……提出副本’删去），上诉于××××人民法院。”

3. 诉前财产保全裁定书应写明申请人应向法院起诉的期限及逾期不起诉的法律后果。表述为：“申请人应当在裁定书送达之日起15日内向本院起诉，逾期不起诉的，本院将解除财产保全。”

4. 诉前财产保全、诉讼财产保全和先予执行民事裁定书应写明裁定的执行效力和被申请人享有的复议权利。分别表述为：“本裁定送达后立即执行。”“如不服本裁定，可以向本院申请复议一次。复议期间不停止裁定的执行。”

5. 第一审民事裁定书的审判员署名、判决日期、加盖印章和书记员署名与第一审民事判决书相同。

四、民事裁定书的范例及评析

重庆市第一中级人民法院
民事裁定书

(2009)渝一中法民终字第730号

上诉人(原审原告):××,男,汉族,1972年11月18日出生,重庆华诚第一棉纺织厂职工,住重庆市沙坪坝区工人村19号附62号。

委托代理人:×××,女,满族,1955年1月17日出生,重庆华诚第一棉纺织厂退休人员,住重庆市沙坪坝区胜利村×××××××××。

委托代理人:×××,男,汉族,1954年1月6日出生,无固定职业,住重庆市×××××××××××。

被上诉人(原审被告):重庆华诚第一棉纺织厂,住所地重庆市沙坪坝区胜利村100号。

法定代表人:×××,该厂破产清算组组长。

委托代理人:×××,女,汉族,1947年12月31日出生,该厂破产清算组副组长,住重庆市渝中区×××××××××号。

委托代理人:×××,重庆学苑律师事务所律师。

上诉人×××与被上诉人重庆华诚第一棉纺织厂(以下简称棉纺厂)劳动争议纠纷一案,重庆市沙坪坝区人民法院于2008年12月10日作出(2008)沙法民初字第1084号民事裁定,原审原告对该裁定不服,向本院提起上诉。本院依法组成合议庭审查了本案。

经审查,×××向一审法院起诉称:其于1991年9月招工进入重庆第一棉纺织厂,1993年12月从该厂应征入伍,1997年12月退伍后以固定工身份被安置回厂工作。2006年11月10日,棉纺厂被宣告破产,清算组不按照固定工对其进行破产安置。2008年2月14日,其向沙坪坝区劳动争议仲裁委员会申请仲裁,被答复申诉不属仲裁受理范围。故起诉请求:确认其固定工身份,并由棉纺厂按照固定工身份给付破产安置费123,174元、破产期间的生活费17,955元、劳保用品费1600元、交通费14,592元、住房补贴费3888元、拖欠工资10,656元、超时劳动加班工资6606.60元、赔偿精神损失费2万元,合计198,471.6元,要求分得住房一套或货币安置,补缴养老、医疗、失业等保险费至劳动合同解除之日止。

一审法院经审查认为:劳动争议是指用人单位与劳动者之间在执行劳动方面的法律法规和劳动合同、集体劳动合同的过程中,就劳动的权利义务发生分歧而引起的争议。有的争议虽发生在用人单位与劳动者之间,但争议的内容不涉及劳动合同和其他执行劳动方面的法律法规方面的问题,则不属于劳动争议。根据我国现行劳动法律法规的规定,在上诉人提出的上述多项诉讼请求中,仅有其要求支付拖欠的工资10,656元及超时劳动加班工资6606.60元两项诉讼请求属劳动争议案件的受案范围。除此之外的其他诉讼请求均不属于劳动争议案件的受理范围,应予以驳回。根据《中华人民共和国民事诉讼法》第一百零八条第一款第(四)项、第一百四十条第一款第(一)项的规定,裁定驳回原告××要求被告重庆华诚第一棉纺织厂按照固定工身份给付破产安置费、给付破产期间的生活费、劳保用品费、交通费、住房补贴、分得住房一套或货币安置费、补缴养老、医疗、失业等保险费,赔偿精神损失费的起诉。

××对一审裁定不服,向本院提起上诉称:(1)按国务院、中央军委批转民政部、劳动部、总参谋部《关于退伍义务兵安置工作随用工单位改革实行劳动合同制意见的通知》(国发[1993]54号)精神,其属于棉纺厂的固定工,而非合同工,应获得固定工破产待遇,一审法院认为破产安置补偿不属于劳动争议错误;(2)企业破产清算期间的职工生活费发放争议应属于法院受理范围;(3)棉纺厂不为其缴纳养老保险、医疗保险、失业保险,不分配住房又不发放住房补贴,均属侵害劳动者的合法权益,法院应予以受理;(4)棉纺厂默许他人打伤××及其代理人,一审法院裁定驳回其赔偿精神损失2万元的请求错误。据此请求撤销一审裁定,指令一审法院进行审理。

被上诉人棉纺厂答辩称:(1)××属于合同制工人,只能按照合同制待遇安置,对于合同性质的认定不属于人民法院受理案件的范围;(2)××要求的生活费也不属于人民法院受理案件的范围。据此请求维持原裁定。

本院认为,根据我国现行劳动法律法规的规定,×××有关确认固定工身份从而获得破产待遇及除加班工资和拖欠工资以外的其他几项诉讼请求均不属于人民法院受理案件的范围,故一审法院以此为由裁定驳回的××起诉并无不当,应予维持。××的上诉理由于法无据,不能成立。根据《中华人民共和国民事诉讼法》第108条、第154条之规定,裁定如下:

维持重庆市沙坪坝区人民法院(2008)沙法民初字第1084号民事裁定。

本裁定为终审裁定。

审判长　×××

代理审判员　×××

代理审判员　×××

二〇〇九年二月六日

书记员　×××

评析:这份民事裁定书格式规范,内容完整,表达清楚,逻辑严密。这是针对一审裁定驳回起诉不服,根据《民事诉讼法》的有关规定提起的上诉,不是所有裁定都可以上诉,但对裁定不服的上诉案件审结后,依法只能使用民事裁定书。从这份民事裁定书的内容来看,它是通过反驳上诉人的上诉理由来否定上诉人的请求,从而维护了一审法院的正确裁定。由此还可以看出,民事裁定书与判决书的格式和内容基本相同,只是具体内容不同而已。

【思考题】

1. 什么是民事诉讼法律文书:其特点和作用是什么?

2. 什么是民事起诉状,其格式与内容有哪些?依据以下材料制作民事起诉状(格式需要而材料未给齐的内容可自行模拟):

被告钱××与被告孙××是朋友关系。孙××委托钱××代办汽车提货手续。20××年3月30日中午,钱××在××市××区电影院看电视,散场时,将装有××市机电公司面值80余万元人民币的汽车提货单及附加费本等物品的一公文包遗忘在座位上。位于后几排看电影的原告赵××发现后,将公文包捡起,与同去看电影的第三人李××(原系赵××同学)在现场等候良久,未见失主来寻,便将公文包带走,并委托李××予以保管。同年4月4日、5日和7日,钱××先后在市《××报》和《××日报》上刊登寻包启事,表示要"重谢"和"必有重谢"拾得人。4月12日,孙××得知失包情况后,在《××报》刊登内容相同的寻包启示，声明“一周内有知情送还者酬谢15,000元”。当晚，赵××得知以孙××名刊登的寻包启事，即告诉李××并委托其与孙××联系。次日，双方在约定的时间和地点交接钱物。由于在给付酬金问题上，双方发生争执，赵××遂向法院提起诉讼，要求钱××、孙××作其许诺支付报酬15,000元。

3. 根据下列案情拟写一份第一审民事判决书。

原告李××与被告××房地产开发公司于2000年10月8日在××市签订了一份××大厦的期房认购书，暂定原告认购××大厦的一套四居室住房（约150m²）。认购书约定，被告于2001年3月交房，原告李××预付房价款80万元（分两次交清）；同时还约定，等××大厦封顶时，根据原告实际购房的套数、面积，再正式签订购房合同，认购书同时作废，预付款转为购房款。2001年1月，双方正式签订了××大厦的购房合同，原告李××购买了××大厦的2002、2003两套三居室住房，面积150m²，每平方米按6000元计共计90万元，除将原告预交的80万元转为正式购房的价款外，被告正式交房后，原告再补足所欠的应付房款。但是，在正式签订购房合同之后，被告未能按期交房，直至2001年9月才正式交房，延误期限6个月。因原告系外地住房户，家室已于2001年年初迁到本市，由于被告误期交房，不得不另行租赁住房居住，每月耗费房租5000元。原告向被告要求补偿损失，未能达成协议，最后不得不向××市××区人民法院提起民事诉讼，要求被告补偿其因交房误期而给原合造成的损失3万元。同时提出，原告预交之房款中有5万元为定金，因被告违约，而应双倍返还。被告还提出，延误交房是因为××市××区扩宽××路的路面，致建筑材料不能如期运入造成的，按合同规定属于不可抗力因素，不能构成合同违约，并提供了××市公路局出具的扩建××路的证明材料作为证据。在庭审中，原告举出了公路局出具的在××路扩宽期间，曾修筑了一条辅路，基本上不会影响运输建筑材料的文字说明。法庭经举证、质证和认证，认为被告所持的不可抗力理由不能成立，同时对原告所称预付房款中有5万元定金的说法，因合同中未予明确，也不予支持，最后作出如下判决：

被告××房地产公司延误交付××大厦的住房达6个月之久，属于违约行为，对因此而给原告造成的经济损失，应负主要责任，应于判决生效之日起十日内赔偿原告的租房费3万元。

原被告的其他诉讼要求予以驳回。

诉讼费××××元，被告负担××××元，原告负担×××元。

原被合基本情况如下：

原告　李××，男，57岁，××省××县人，个体工商户，暂住××市××区××胡同×号

原告委托代理人　王××，××律师事务所律师

被告　××房地产开发公司

被告所在地址　　××市××区××大街×号

被告法定代表人　朱××,公司经理

被告诉讼代理人　孙××,××律师事务所律师

注:①文书编号统一为“第1号”。

②文书日期统一为“××××年××月××日”。

③文书署名应以“××”代替。

4. 根据下列案情材料拟写一份民事反诉状。

被反诉人(本诉原告)因反诉人(本诉被告)拖欠房屋租金,于2006年10月20日向××市××区人民法院提起诉讼,请求法院判令被告交清房租。被告接到起诉状副本后,于10月29日向同一法院对原告提起反诉。

反诉请求:请法院依法判令被反诉人赔偿反诉人经济损失××××元。

反诉的事实和理由是:反诉人于2006年1月租住××市××区××房管所两间平房(约45平方米),每月租金×××元。1~6月反诉人按时交纳房租。2006年6月,反诉人发现房屋漏水,就爬到房顶查看,才知道房顶已经破烂不堪,有一平方米大小的房瓦已全部破碎。于是,反诉人找被反诉人修缮,被反诉人不但不派人修缮,而且所长胡××还不讲情理。为此,反诉人从7月开始停付房租,至今已有4个月,共拖欠房租×××元,这是事实。可是,拖欠房租是由于被反诉人拒绝修缮房屋所致,责任应由被反诉人负。

2006年夏季,阴雨不断,反诉人又多次找被反诉人即房管所修房,但房管所却未派人修房。同年8月10日下暴雨,房顶落下几块砖瓦,将室内电视机砸坏,还损坏了一些其他物品,约××××元。故此,反诉人至今未付房租。现被反诉人已向法院起诉,要求法院判令反诉人交付房租。对此,反诉人提出反诉,要求法院合并审理,判令被反诉人赔偿反诉人的经济损失。

反诉人:赵××,男,41岁,住××市××路××胡同×号,××市仪器工人,汉族,××市人,高中文化程度。

被反诉人:××市××区房管所,地址:××市××区××路×号。法定代表人:胡××,所长。

证据材料:(1)反诉人家电视机被砸坏那天,居委会主任王××来反诉人家目睹了这一情况,王××可以证实。王××住反诉人东边×号。(2)同院邻居朱××、李××也可证实反诉人家中遭损情况。(3)电视机修理费收据一张。

第七章　行政诉讼法律文书

内容摘要

根据行政诉讼程序流程，我们将行政诉讼法律文书划分为行政诉状类法律文书、行政答辩类法律文书、行政裁判类法律文书和行政赔偿调解书。通过本章的学习，我们应了解行政诉讼法律文书写作的基本要求，掌握行政诉讼法律文书写作的基本技巧，熟悉各行政诉讼流程中典型的法律文书的制作，如行政起诉状、行政答辩状、行政判决书、行政裁定书以及行政赔偿调解书等。通过起诉、答辩以及审判方式介绍行政诉讼法律文书，有利于使行政法律文书的学习更贴近司法实践，使各类文书的学习更具有针对性。

第一节　行政诉讼法律文书概述

一、行政诉讼法律文书概念

行政诉讼法律文书指的是在行政诉讼过程中所产生的具有法律效力和法律意义的文书。其制作主体有行政讼诉当事人、人民法院和诉讼代理人。其制作范围包括各种类行政案件，从文书产生的法律后果来看，这一系列文书是具有法律效力的，如人民法院的判决书、裁定书，行政起诉状、行政代理词等。

《行政诉讼法》第 2 条规定："公民、法人或者其他组织认为行政机关和行政机关工作人员的具体行政行为侵犯其合法权益，有权依照本法向人民法院提起诉讼。"行政诉讼就其性质，是解决行政机关和行政工作人员的具体行政行为引起的行政争议的一种法律制度。从诉讼过程看，行政诉讼与民事诉讼有相似之处，原告与被告在法庭上平等对抗；但从实体权力对抗看，参诉一方为国家机关，享有行政权力，另一方为行政相对人，受行政权力的制约。为保护行政对相对人的诉讼权利，国家对行政诉讼制度作出特殊的规定，诸如，行政诉讼不能调解、行政诉讼由被告负责举证等。

随着行政审判方式的改革，行政诉讼文书的改革也加大了力度。现阶段，行政诉讼文书的改革要求加大对被告举证、质证的写作，突出原告与被告在诉讼地位的平等性对抗，确保案件事实清楚；在说理部分，加大对被诉具体行政行为合法性审查的写作，充分阐释被诉具体行政行为是否合法。这些改革，都是对行政诉讼法律文书改革的有益探索。

随着国家法制建设的深入，民众的法律意识逐渐提高，民众日益意识到以法律武器保护自己合法权益的重要性。在此背景下，近年来，民告官案件（行政诉讼）呈逐年上升的趋势。因而，行政诉讼法律文书也显得日益重要，必须加强学习。

二、行政诉讼法律文书分类

在整个行政诉讼程序中，和民事诉讼程序一样，实行的仍是"不告不理"的诉讼原则，根据行政诉讼被告不能反诉等行政诉讼特有的原理，行政诉讼法律文书主要分为行政诉状类文书和裁判类文书。前者是当事人及其代理人行使诉权的文书，如行政起诉状，行政答辩状，行政上诉状，行政诉讼中的代理人制作的代理词，后者是人民法院对行政案件审理终结后作出司法裁判的文书。行政裁判类文书又可分为判决书、裁定书和调解书，这些文书又有审级的不同，如第一审行政判决书，第二审行政判决书和再审行政判决书。

第二节　行政诉状类文书

一、行政诉状类文书概念

行政诉状类文书是行政诉讼当事人及其代理人在行政诉讼过程中，为维护行政诉讼当事人的合法权益而制作的具有法律效力和法律意义的文书。行政诉讼是我国诉讼制度中一项重要的内容，作为一种救济手段，它是由当事人通过诉权的行使来启动的，也是人民法院审理行政案件的依据。

这类文书包括行政起诉状，行政上诉状、行政答辩状、各种申请书如证据保全申请书等，还包括原告代理词，它们都是确立诉讼的中心和目的的。

二、行政诉状类文书的基本写作要求

行政诉状类文书是原告针对特定的行政争议，要求人民法院保护自己的合法权益而制作的。因此，在制作行政诉讼类文书时，应注意以下几个方面的问题：

1. 行政诉状类文书的制作应当合法。例如，我国行政诉讼法对提起行政诉讼的条件作了规定，相应地，起诉状的制作就一定要反映法律对行政起诉的要求。

2. 诉讼请求要符合法律的规定。《行政诉讼法》第 54 条针对不同的情形规定了不同的判决结果，诉讼请求的提出就应当符合法律规定的对违法行为的救济措施。例如，行政处罚显失公正的，可以判决变更。那么，针对处罚显失公正的具体行政行为，当事人应提出变更具体行政行为的诉讼请求，而不能提出撤销具体行政行为的诉讼请求。否则，诉讼请求就得不到法院的支持。

3. 诉讼请求应鲜明、简洁。诉讼请求应简明扼要地反映起诉人通过诉讼希望达到的目的，不需要论证。诉讼请求应明确地表明观点，切忌模棱两可。

4. 事实叙述清楚、分析讲理充分。叙述案件事实时，应将事件发生的时间、地点、起因、经过、情节、结果以及因果关系介绍清楚；在分析讲理时，应针对案件事实，运用法律、法规仔细分析讲理。先叙述事实，再分析讲理，将事实叙述与分析讲理分开，区分事实与理由，以使层次分明。

三、行政诉状类文书格式

以行政起诉状为例

行政起诉状由首部、正文和尾部组成。

（一）首部

行政起诉状的首部包括文书名称，原、被告身份事项。

1. 文书名称

行政起诉状文书名称应居中写为:“行政起诉状”。

2. 原、被告身份事项

原告的身份事项:原告如果是自然人的,其身份事项依次写明:原告姓名、性别、出生年月、民族、职业、工作单位和住址;如果原告是法人或其他组织的,身份事项应分两行依次写明:“法人或单位的名称和地址”、“法定代表人或主要负责人的姓名和职务”。

被告的身份事项:被告的身份事项应分两行写明:“单位的名称和住址”、“法定代表人(单位负责人)的姓名和职务”。

(二)正文

行政起诉状正文包括诉讼请求、事实理由两部分。

1. 诉讼请求

诉讼请求应写明原告起诉的具体要求。诉讼请求应当具体、明确、简练,围绕“具体行政行为是否合法”提出。提诉讼请求时,应先判断具体行政行为的违法性体现在哪些方面,然后再有针对性地提出诉讼请求。切忌诉讼请求与违法的具体行政行为的救济措施不一致,导致诉讼请求得不到法院的支持。例如,被告所做的具体行政处罚显失公正,就应提出判令变更行政处罚的诉讼请求。

2. 事实和理由

事实部分主要写明具体行政行为的违法性表现,事实的写作应客观、实事求是;理由部分主要写明提起诉讼请求的根据及法律依据。

(三)尾部

行政起诉状的尾部与民事起诉状的尾部相似,应依次写明如下内容:

1. 致送人民法院的名称;

2. 行政起诉状副本的份数;

3. 起诉人签名或盖章;

4. 起诉日期。

四、行政诉状类文书范例及评析

以行政起诉状为例

行政起诉状

原告：陈佳，男，1971 年 4 月 1 日生，南充市嘉陵区李渡镇人，务工，住所地：某市嘉陵区双溪移民点×××。

被告：南充市嘉陵区公安局，住所地：南充市嘉陵区迎宾大道 4 号。

法定代表人×××，南充市嘉陵区公安局局长。

诉讼请求：

请求撤销嘉公（李渡）决字[2010]第 776 号《公安行政处罚决定书》。

事实与理由：

2010 年 9 月 24 日下午 16 点左右，原告路过双溪移民点 7 栋 1 单元路口，碰见装修的张某某，问及房屋维护的事，相隔 5 米的陈某和李进权不知何故发生争执，原告过去劝架，在劝架过程中原告并没有对李进权动手。2010 年 10 月 31 日，原告受胁迫和李进权的亲属到李渡派出所进行协调撤案，却被李渡派出所民警出示嘉公（李渡）决字[2010]第 2776 号《公安行政处罚决定书》，在没有出示拘留证也不让原告申诉的情况下，强行将原告行政拘留。

李渡派出所的行为已严重侵犯本人的合法权益，嘉公（李渡）决字[2010]第 2776 号《公安行政处罚决定书》对本人的处罚严重违法。理由如下：

一、主要事实不清、证据不足。（一）原告去劝架，怎么会变成伙同他人殴打别人？原告求证过张某进，张某进也说过他不认识原告及陈某，在证词中也没有说原告打人，做完证词后因为相信政府，没有看就签了字。张某进的询问笔录第二页顺数第 13 行有明显的事后添加痕迹，这个证据有作假迹象。（二）证人沈某的证词里都没有原告殴打李进权的话语。（三）证人吴某东当时根本不在现场。另外两个证人的笔录属事后证词，不足采信。当时最近摊位的人都可作证原告是去劝架，并没有去殴打李进权。

二、适用法律依据错误。李渡派出所以寻衅滋事，伙同殴打他人为由拘留原告。寻衅是指寻求刺激和取乐;滋事是指无事生非,蛮不讲理。原告看到陈某和李进权扭在一起而去劝架分开,怎么反倒成了寻衅滋事呢?何况当天是原告乔迁新居的日子,家里高朋满座,适用《中华人民共和国治安管理处罚法》第二十六条第四款的依据何在?

三、违反法定程序。根据法律规定,当事人如不服行政机关作出的行政处罚,可以在收到行政处罚决定书之日起六十日内向上一级主管机关或所在地人民政府申请行政复议或者在三个月内依法向人民法院提起行政诉讼。2010年10月31日,原告受胁迫和李进权的亲属到李渡派出所进行协调撤案,李渡派出所办案民警在未出示拘留证,也不容许原告申请行政复议或进行行政诉讼的情况下非法将原告强制限制自由并拉到拘留所。原告的权益受到侵害,并被非法拘留。

综上所述,嘉公(李渡)决字[2010]第2776号《公安行政处罚决定书》认定的主要事实不清、证据不足,法律依据错误,且违反法定程序。根据《中华人民共和国行政诉讼法》的相关规定,特向你院起诉,请求依法判处。

此致

南充市嘉陵区人民法院

起诉人:陈佳

二〇一一年二月二十八日

附:起诉状副本1份。

评析:该份行政起诉状符合行政起诉状法律文书格式的要求,较为全面地反映了行政起诉状的特点,各部分结构要素齐全。事实、理由层次清楚,逻辑连贯。正文事实部分将原告被行政拘留的起因、经过、情节、因果关系交代得较为清楚;理由部分从事实、法律和程序三个角度论证了具体行政行为的错误之处,支持了提出的诉讼请求。

尽管如此,本行政起诉状还是有需改进的地方。例如,与事实部分的写作相比,理由部分写得较为冗赘,有些理由分析属于证据认定方面的问题。引用法律条文时,应具体指明依据行政诉讼法哪一条,这样诉讼请求才能更好地获得人民法院的支持。

第三节 行政答辩类文书

一、行政答辩类文书的概念

行政答辩类文书是指在行政诉讼中,答辩人针对诉讼对方当事人提出的诉讼请求,依法有针对性地提出答辩意见,批驳对方观点而制作的法律文书。

二、行政答辩类文书的基本写作要求

行政答辩类文书是针对行政诉讼中对方当事人的诉讼请求而制作的,制作行政答辩类文书应当注意以下问题:

1. 答辩应具有针对性。行政答辩状是针对行政诉讼中对方当事人的诉讼请求而专门制定的,相应地,答辩状就应针对对方当事人的诉讼请求有针对性的回答,否则,答辩就失去了应有的效果。

2. 答辩应讲理充分。行政诉讼中,起诉方与答辩方针锋相对,行政答辩状主要是对对方当事人的诉讼请求的否定,要达到否定的目的,答辩状就应对诉讼请求进行全面的否定。只有进行深入的讲理,答辩才能取得成功。

3. 答辩应层次分明,逻辑清楚。答辩虽需充分讲理,但讲理时切忌眉毛胡子一把抓,而应层层分析,层层递进,逻辑清晰,以达到否定对方当事人诉讼请求的目的。

三、行政答辩类文书的格式

以行政答辩状为例

行政答辩状包括首部、正文和尾部三部分。

(一)首部

行政答辩状的首部包括文书名称和答辩人身份事项两项内容。

1. 文书名称

行政答辩状的名称,应居中写为:“行政答辩状”。

2. 答辩人的身份事项

答辩人是自然人的,身份事项可表述为:答辩人,姓名、性别、出生年月、

民族、职业、工作单位及职务。

答辩人是单位的，身份事项应分段表述：第一段写，“单位名称和住址”；第二段写，“法定代表人的姓名和职务”。

（二）正文

行政答辩状的正文应写明以下内容：

1. 案由

案由可表述为，“因……一案，答辩人提出答辩如下：……”

2. 答辩内容

答辩内容应对起诉状的内容逐一进行答辩，答辩应具有针对性。答辩应实事求是，讲理讲法。

（三）尾部

行政答辩状的尾部应依次写明以下内容：

1. 致送的人民法院；

2. 答辩状副本的份数；

3. 答辩人签名或者盖章；

4. 答辩日期。

四、行政答辩类文书范例及评析

以行政答辩状为例

行政答辩状

答辩人：南充市嘉陵区公安局，住所地，南充市嘉陵区迎宾大道4号。

法定代表人×××，南充市嘉陵区公安局局长。

委托代理人周涛，南充市嘉陵区公安局法制科民警。

案由：因陈佳不服南充市嘉陵区公安局治安处罚一案，答辩人提出如下答辩：

一、本案事实清楚、证据充分。我局作出的嘉公（李渡）决字［2010］第2776号《公安行政处罚决定书》所认定的事实清楚。2010年9月24日，在嘉陵区李渡双溪移民点4栋1单元下面，陈某看不惯李进权，与李进权发生口角，后对李进权实施殴打，后来陈佳也过去殴打李进权。以上事实有违法嫌疑人陈述、证人证言、李进权受伤照片、疾病诊断书等证据证实。

二、本案程序合法、适用法律准确。本案的证据收集合法有效，依法履行了告知义务，各种法律文书都是依法送达，程序合法。根据《中华人民共和国治安管理处罚法》第二十六条第四项“其他寻衅滋事行为处五日以上十日以下拘留，可以并处五百元以下罚款；情节较重的，处十日以上十五日以下拘留，可以并处一千元以下罚款。”对陈佳作出行政拘留十日的处罚适用法律准确。

综上所述，我局对陈佳作出的处罚决定事实清楚、程序合法、适用法律准确，请求嘉陵区人民法院依法予以维持。

此致

南充市嘉陵区人民法院

答辩人：×××

二〇一一年三月五日

附：答辩状副本1份。

评析：本答辩状针对原告主张的行政处罚事实不清、法律适用有误以及程序违法错误的起诉，从事实认定、法律适用和法律程序等角度对起诉进行了有针对性的答辩，体现了诉讼的争议焦点。但被告对原告主张的具体行政处罚在事实认定、法律适用和法律程序方面存在的具体错误却没有一一地具体反驳，只是粗略地作出了回应，未能切入具体问题。答辩状必须对原告起诉针对的具体问题详细作答，提出反驳的详尽理由。唯此，才能达到反驳的目的。

第四节　行政裁判类文书

一、行政裁判类文书的概念

行政裁判文书，是人民法院按照行政诉讼法的规定依法行使审判权，就有关程序问题和案件实体问题作出的具有法律效力的书面处理决定。它是人民法院行使行政裁判权的集中体现。

因此行政裁判类文书具有以下几个特点：

1. 制作行政裁判类文书的主体只能是人民法院。人民法院是国家的审判机关，是代表国家行使审判权的唯一合法主体。行政裁判文书与刑事裁判文书、民事裁判文书一样，是人民法院行使审判权过程中作出的书面处理决定，因此，其制作的主体只能是人民法院。其他任何机关、团体、个人、法人或其他组织均不能成为制作行政裁判文书的主体。

2. 制作行政裁判文书所使用的法律依据只能是行政诉讼法律及其相关的司法解释的规定，而且一经作出，便产生相应的法律效力。

行政裁判文书可按不同的标准进行不同的分类：

《行政诉讼法》对行政裁判文书的种类及其适用对象和范围作了规定。

1. 按照文种的不同，行政裁判文书可分为行政判决书、行政裁定书和行政调解书。

2. 按照处理问题的性质不同，行政裁判文书可分为程序性和实体性行政裁判文书。前者主要是解决程序问题的行政裁定书，后者是解决实体问题的行政判决书和调解书。

3. 按照适用程序的不同，行政裁判文书可分为一审行政判决书、裁定书、调解书；二审行政判决书、裁定书、调解书；再审行政判决书、裁定书、调解书。

无论分类标准如何不同，行政裁判类文书的写作要求大致相同。本教材在本节后将分两节分别着重介绍第一审行政判决书和行政赔偿调解书，以掌握基本的行政裁判类文书的写作要求和技巧。

二、行政裁判类文书的基本要求

行政裁判文书是人民法院代表国家行使审判权所制作的具有法律效力的法律文书。制作时必须做到以下几点：

1. 行政裁判文书必须依法制作，只有这样，才能有效地保障其法律效力。《行政诉讼法》对它的制作提出了明确、具体、全面的要求。行政实体法律、法规和规章为实体问题的裁判提供了法律依据。这些都是人民法院在制作行政裁判文书时必须遵循的法律准则。

2. 行政裁判文书的制作必须遵守《人民法院诉讼文书样式（试行）》的

规定。行政裁判文书有特定的格式要求,在制作时应当按规定确定的格式制作。

3. 行政裁判文书的制作必须做到叙述事实清楚,重点突出,是非分明,逻辑严密,适用法律恰当,结论正确,结构严谨,文明通顺,用语准确、精练,说理充分,评断有力,主文意思具体明确,语气决断,解释单一。

三、行政裁判类文书格式

以第一审行政判决书为例

第一审行政判决书由首部、正文和尾部三部分组成。

(一)首部

1. 文书名称

第一审行政判决书文书名称,包括行文机关名称和文书种类名称分两行写居中写明。例如,重庆市渝北区人民法院制作的第一审行政判决书,第一行居中写,“重庆市渝北区人民法院”;第二行居中写,“行政判决书”。

2. 文书编号

行政判决书的文书编号依次包含以下内容:案件的年度号、机关简称、案件性质代字、审级代字以及案件顺序号,可表述为:(年号)×行初字第×号。如:(2011)沙法行初字第4号。

3. 当事人身份事项

(1)原告

行政诉讼的原告可以是自然人、法人或者其他组织。

原告是自然人的,依次写明:“姓名、性别、出生年月、民族、籍贯、工作单位和住址等身份事项”。原告是未成年人的,还应另起一行写明法定代理人的姓名、性别、职业、工作单位和职务、住址,并在姓名后用括号注明法定代理人与原告的关系。

如,原告彭才,男,1958年1月2日生,汉族,南充市嘉陵区李渡镇人,无业,现住南充市嘉陵区第五小学对面。

原告是法人或其他组织的,分两段写:第一段写法人(或组织)的名称和住址;第二段写法定代表人(负责人)的姓名和职务。

原告有诉讼代理人的,分以下两种情形书写明:如果诉讼代理人是非律师的,应写明:“委托代理人的姓名、性别、职业、工作单位和职务、住址”;诉讼代理人是律师的，应写明："姓名、单位和职务"。例如，张三，重庆金明律师事务所律师。

(2)被告

第一审行政诉讼中，被告始终是行政机关。被告应分两段写，第一段写："行政机关的名称和住址"；第二段写："行政机关法定代表人的姓名和职务。"

如：南充市嘉陵区林业局，住所地，嘉陵区迎宾大道5号。

法定代表人张林，南充市嘉陵区林业局局长。

有诉讼代理人的，应写明诉讼代理人的身份事项，与原告诉讼代理人的写法相同。

(3)第三人

一些案件涉及第三人，第三人可分为自然人、法人或其他组织，其写法与原告的写法相同。

4. 案由及审理经过

这部分主要是表明法院处理案件的过程，显示法院审理案件的程序正义。可表述为：

"原告×××不服×××(行政机关名称)××××年××月××日(×××)×字第×号处罚决定(复议决定或其他具体行政行为)，向本院提起诉讼。本院受理后，依法组成合议庭，公开(或不公开)开庭审理了本案。……(写明到庭的当事人、代理人等)到庭参加诉讼的情况。本案现已审理终结。"如果被告经传唤没有到庭，被告参诉情况应写为："被告×××经本院两次合法传唤，无正当理由拒不到庭。"

(二)正文

第一审行政判决书正文包含事实、理由和判决结果三个部分。

1. 事实

事实应写两方面的内容：当事人争议的案件事实和法庭审理查明的案件事实、证据。

(1)当事人争议的事实

原告以不服行政机关具体行政行为由启动行政诉讼程序，诉讼指向被告的具体行政行为。因此，当事人争议的事实就必然包含原告主张的事实和被告主张的事实两部分。为突出原告起诉的针对性,事实部分一般先写具体行政行为的内容。例如,对行政处罚不服,则先写明行政机关针对行政相对人行为的处罚;如对行政复议不服,先写明行政相对人复议的事实,行政机关复议的内容,复议依据的证据以及法律、法规等。针对行政机关的具体行政行为,再叙述原告不服具体行政行为的理由及诉讼请求,以及被告针对原告诉讼请求进行的答辩。如果有第三人参加诉讼,还应简要地写明第三人的意见。事实部分的写作应简明扼要地反映案件事实,对原、被告争议事实的叙述要突出双方当事人的争议焦点,使案件的争议焦点明确。

(2)法院认定的事实和证据

事实清楚,证据确实充分是判决的基础。这部分实际又可分为两个部分:法院认定的事实和法院采纳的证据。对事实的认定,案件的时间、地点、内容、情节、结果、因果关系应交代清楚。事实叙述应当客观、真实。对双方没有争议的事实可略写,对争议的事实应详写。同时,应将事实的写作与当事人的诉讼请求结合起来,围绕着诉讼请求叙写事实。例如,原告对行政处罚不服,事实部分就应详写原告的行为内容,被告的处罚情况、处罚的法律依据等。

从某种程度上说,打官司就是打证据,证据是认定案件事实的关键。当前法律文书改革的重点就是要侧重证据的分析与认证。行政诉讼案件一般由被告举证,最高人民法院《关于执行〈中华人民共和国行政诉讼法〉若干问题的解释》的规定:"未经法庭质证的证据不能作为人民法院裁判的根据。"在证据写作部分,对双方有争议的证据应当重点分析,着重阐述认定或者不认定的理由。

2. 理由

理由包括判决的理由和判决的依据两部分。

对判决的理由,应当根据法院认定的事实和采纳的证据,分析具体行政行为是否合法,是否侵犯了原告的合法权益。据此,再针对原告的诉讼请求及被告的答辩进行有理有据的分析。阐明法院支持的观点时,应同时分析不支持相反观点的理由,及其不合理之处。阐述理由要清楚、观点要鲜明,并有针对性。

对判决依据,《行政诉讼法》第 52 条规定:"人民法院审理行政案件,以法律和行政法规、地方性法规为依据。地方性法规适用于本行政区域内发生的行政案件。人民法院审理民族自治地方的行政案件,并以该民族自治地方的自治条例和单行条例为依据。”第 53 条规定:“人民法院审理行政案件,参照国务院部、委根据法律和国务院的行政法规、决定、命令制定、发布的规章以及省、自治区、直辖市和省、自治区的人民政府所在地的市和经国务院批准的较大的市的人民政府根据法律和国务院的行政法规制定、发布的规章。”据此,审理行政案件应以法律、法规和地方性法规为依据,并可参照行政规章。判决依据应当准确、具体、完整。对有多个款、项的法律、法规,条文的引用应具体到条、款、项,并对各项表述完整。判决除引用实体法外,还应分别引用《行政诉讼法》第 54 条的各项规定。

3. 判决结果

判决结果,是人民法院依据行政法的相关规定及审理查明的案件事实,对当事人之间的行政诉讼争议所做的实体性处理结论。判决结果应明确、具体。依据《行政诉讼法》第 54 条的规定,第一审行政诉讼判决结果有六种情形,相应地,判决结果也有六种表述方式:

(1)维持具体行政行为的

当具体行政行为证据确凿,适用法律、法规正确,符合法定程序,法院就应当判决维持具体行政行为。判决结果可表述为:

“维持×××(行政机关名称)××××年××月××日(×××)×字第×号处罚决定(复议决定或者其他具体行政行为)。”

(2)撤销行政机关的具体行政行为的

根据行政诉讼法的规定,具体行政行为有下列情形之一的可撤销:主要证据不足、适用法律、法规错误、违反法定程序、超越职权、滥用职权。判决结果可表述为:

“一、撤销×××(行政机关名称)××××年××月××日(×××)×字第×号处罚决定(复议决定或者其他具体行政行为);

二、……(写明判决被告重新作出具体行政行为的内容。如果不需要重新作出具体行政行为,此项不写。如果确认被告的具体行政行为侵犯原告合法权益而需要承担行政赔偿责任的,应当写明赔偿的数额、交付时间等。)”

(3)部分撤销具体行政行为的

如果具体行政行为部分合法、部分不合法,对合法的维持;对不合法的则予以撤销。具体行政行为被撤销后,还可以判决被告重新作出具体的行政行为,但被告不得以同一事实和理由,作出与原具体行政行为相同的具体行政行为。判决结果可表述为:

"一、维持×××(行政机关名称)××××年××月××日(×××)×字第×号处罚决定(复议决定或其他具体行政行为)的第×项,即……(写明维持的具体内容);

二、撤销×××(行政机关名称)××××年××月××日(×××)×字第×号处罚决定(复议决定或者其他具体行政行为)的第×项,即……(写明撤销的具体内容);

三、……(相对撤销部分写明判决被告重新作出具体行政行为的内容。如果不需要重新作出具体行政行为,此项不写。如果确认被告的具体行政行为侵犯原告合法权益而需要承担行政赔偿责任的,应当写明赔偿的数额、交付时间等。)"

(4)判决行政机关在一定期限内履行法定职责的

当被告不履行或者拖延履行法定职责时,应当判决被告在一定期限内履行法定职责。例如,原告申请被诉行政机关履行保护人身权的法定职责,但被诉行政机关却拒绝履行。判决结果可表述为:

"责成被告×××……(写明被告应当履行的法定职责内容和期限)。"

(5)判决变更行政处罚的

当行政处罚显示公正时,应判决直接改变具体行政行为。判决结果可表述为:

"变更×××(行政机关名称)××××年××月××日(×××)×字第×号处罚决定(复议决定或者其他具体行政行为),改为……(写明变更后的处罚内容)。"

(6)单独判决行政赔偿的

如果行政机关或者行政机关工作人员作出的具体行政行为侵犯公民、法人或者其他组织的合法权益,并造成损害的,可以判决行政机关赔偿。判决结果可表述为:

“被告×××赔偿原告×××……(写明赔偿的金额、交付时间,或者返还原物、恢复原状等)。”

(三)尾部

第一审行政判决书尾部应依次写明以下内容:

1. 诉讼费的负担。

2. 告知上诉权利。

可表述为,“如不服本判决,可在判决书送达之次日起十五日内,向本院递交上诉状,并按对方当事人的人数提出副本,上诉于×××人民法院。”

3. 审判人员署名。

4. 判决日期。

5. 书记员署名。

四、行政裁判类文书的范例及评析

以第一审行政判决书为例

广东省广州市中级人民法院

行政判决书

(2009)穗中法行初字第××号

原告:×××,男,1963年8月30日出生,汉族,住址:广州市海珠区艺苑西街9号304房。

委托代理人:朱孝顶,北京市才良律师事务所律师。

被告:广州市人民政府。地址:广州市越秀区府前路1号。

法定代表人:张广宁,职务:市长。

委托代理人:白颖,广州市公职律师事务所律师。

委托代理人:颜鑫弘,广州市国土资源和房屋管理局工作人员。

原告×××不服被告广州市人民政府责成拆迁通知一案,于2009年9月29日向本院提起行政诉讼。本院受理后,依法组成合议庭,于2009年11月2日公开开庭审理了本案。原告×××及其诉讼代理人朱孝顶,被告广州市人民政府的委托代理人白颖、严鑫弘到庭参加诉讼。本案现已审理终结。

被告广州市人民政府于2009年9月7日向广州市城市管理综合执法局作出穗责拆字[2009]第28号《责成强制拆迁通知书》，认为广州市国土资源和房屋管理局作出穗国房拆裁字[2009]第132号《房屋拆迁裁决书》，裁决原告×××腾空广州市海珠区新港中路艺苑西街9号304号房屋，迁往安置房，因原告拒绝迁出，故依据《城市房屋拆迁管理条例》第十七条、《广州市城市房屋拆迁裁决规则》第二十五条的规定，责成广州市城市管理综合执法局对原告的房屋予以强制拆除。

原告×××不服被告作出的上述通知书，向本院起诉称：原告从广州市海珠区城市管理综合执法局海珠分局2009年9月15日作出海城管通字[2009]第5号《限期拆迁通知书》中，得知被告作出了穗责拆字[2009]第28号《责成强制拆迁通知书》。原告认为该通知书事实依据不足，法律适用错误，违反法定程序，依法应当撤销。原告已向广州市海珠区人民法院提起诉讼要求撤销广州市国土资源和房屋管理局作出的穗国房拆裁字[2009]第132号《房屋拆迁裁决书》，该案正在审理之中。原告亦于2009年8月24日向广州市国土资源和房屋管理局递交了《停止拆迁裁决执行之申请书》。广州市国土资源和房屋管理局于2009年9月2日召开了强制拆迁听证会，原告在听证会上阐述了拆迁裁决的违法之处，并表示愿意以同地区同地段二类商品房市场价作价补偿。诉讼请求：一、撤销被告作出的穗责拆字[2009]第28号《责成强制拆迁通知书》；二、本案诉讼费由被告承担。

被告广州市人民政府答辩称：一、根据《最高人民法院院关于执行〈中华人民共和国行政诉讼法〉若干问题的解释》第一条第二款第六点，本案不属于行政诉讼受案范围。《城市房屋拆迁管理条例》第十七条、《广州市城市房屋拆迁管理办法》第十八条、《广州市城市房屋拆迁裁决规则》第二十三条、第二十五条、第二十六条的规定，上述规定说明被告作出的穗府责拆字[2009]第28号广州市人民政府《责成强制拆迁通知书》是广州市城市管理综合执法部门内部文件，没有对原告的权利义务产生实际影响的行为，原告的起诉状也陈述其是从《限期拆迁通知书》得知该通知书的，这也说明该通知书是发给城市管理综合执法部门，对原告权利义务没有产生影响。

二、根据《城市房屋拆迁管理条例》第十六条、第十七条的规定，由于原告未履行穗国房拆裁字[2009]第132号《房屋拆迁裁决书》，确定的搬迁义务，拆迁人依据《广州市城市房屋拆迁裁决规则》第二十三条第二款的规定向裁决机关提出强制拆迁，广州市国土资源和房屋管理局依法进行听证后，被告依法作出涉案通知书事实清楚，适用法律正确，请求予以维持。

经审理查明，原告×××为广州市海珠区新港中路艺苑西街9号304号房屋所有权人。2009年7月31日，广州市国土资源和房屋管理局就原告与拆迁人广州新电视塔建设有限公司之间的拆迁裁决纠纷作出了穗国房拆裁字[2009]第132号《房屋拆迁裁决书》。该裁决书确定原告应当在该裁决书送达之日起15日内腾空并迁出广州市海珠区新港中路艺苑西街9号304号房屋，并将房屋交由拆迁人拆除。同日，广州市国土资源和房屋管理局将该裁决书留置送达给原告。2009年8月21日，拆迁人向广州市国土资源和房屋管理局提出强制拆迁申请。2009年9月15日，广州市海珠区城市管理综合执法局海珠分局向原告作出《限期拆迁通知书》，载明该局依据被告广州市人民政府作出的穗责拆字[2009]第28号《责成强制拆迁通知书》和广州市城市管理综合执法局穗城管[2009]424号文的决定，依法组织强制搬迁及拆除。原告不服被告作出的穗责拆字[2009]第28号《责成强制拆迁通知书》，向本院提起诉讼。

另查明，原告不服广州市国土资源和房屋管理局作出的穗国房拆裁字(2009)132号《房屋拆迁裁决书》，向广州市海珠区人民法院提起行政诉讼，广州市海珠区人民法院作出(2009)海行初字第136号行政判决，维持了该《房屋拆迁裁决书》。原告仍不服，提起上诉，本院作出(2010)穗中法行终字第15号终审判决：驳回上诉，维持原判。

以上事实有穗房地证字第0575393号《房地产证》、广州市国土资源和房屋管理局作出的穗国房拆裁字[2009]第132号《房屋拆迁裁决书》、广州市城市管理综合执法局海珠分局作出的海城管通字[2009]第5号《限期拆迁通知书》、(2010)穗中法行终字第15号行政判决书、被告作出的穗责拆字[2009]第28号《责成强制拆迁通知书》以及当事人的陈述等证据予以证实。

本院认为，《城市房屋拆迁管理条例》第十七条第一款规定："被拆迁人或者房屋承租人在裁决规定的搬迁期限内未搬迁的，由房屋所在地的市、县人民政府责成有关部门强制拆迁，或者由房屋拆迁管理部门依法申请人民法院强制拆迁。”本案中，依据广州市国土资源和房屋管理局作出的涉案拆迁裁决，要求原告在该裁决书送达之日起15日内搬迁，该裁决并由人民法院生效裁判所维持。因原告未在涉案裁决书规定的期限内搬迁，被告遂依据上述规定作出涉案《责成强制拆迁通知书》认定事实清楚，适用法律正确，本院依法予以维持。原告以该通知书事实依据不足、法律适用错误、违反法定程序为由，诉讼请求撤销该通知书理据不足，本院依法不予支持。

综上所述，依照《中华人民共和国行政诉讼法》第五十六条第（一）项的规定，判决如下：

维持被告于2009年9月7日作出的穗责拆字[2009]第28号《责成强制拆迁通知书》。

案件受理费50元由原告×××负担。

如不服本判决，可在判决书送达之日起十五日内，向本院递交上诉状，并按对方当事人的人数提出副本，上诉于广东省高级人民法院。

审 判 长 ×××

代理审判员 ×××

代理审判员 ×××

二〇一〇年十二月十六日

本件与原本核对无异

书 记 员 ×××

评析：本判决书符合第一审行政判决书诉讼文书样式的要求，文书各个部分结构要素齐全，较为全面地反映了行政判决书的写作结构。在写作内容上，针对原告对被告广州市人民政府具体行政行为不服的起诉，作者先写明了被诉具体行政行为，然后再写明原告针对具体行政行为不服起诉的诉讼请求、事实和理由，以及被告针对原告起诉的答辩。明确双方争议焦点后，再写明法院审理查明的事实。这有利于凸显双方当事人的争议焦点，明确争议问题。根据已查明的案件事实，人民法院再讲理分析，阐释对双方当事人诉讼请求支持与反对的理由,并逻辑性地得出了结论。这份判决书结构清晰,层次清楚,逻辑性较强。

尽管如此,该份判决书仍有可改进的地方。在事实的写作方面,双方当事人都针对穗责拆字[2009]第28号《责成强制拆迁通知书》在事实认定、法律适用和法定程序方面的问题,但在法院审理查明事实部分的写作上,判决书却未能很好地反映该焦点事实。其次,在讲理方面,原告认为,被告广州市人民政府作出的穗责拆字[2009]第28号《责成强制拆迁通知书》事实依据不足,法律适用错误,违反法定程序,依法应当撤销;且被告亦主要针对此诉讼请求进行了答辩。但法院在讲理部分却没有直接、具体地分析穗责拆字[2009]第28号《责成强制拆迁通知书》在事实依据、适用法律以及法定程序方面是否存在瑕疵,讲理不透彻。

第五节　行政赔偿调解书

一、行政赔偿调解书的概念

行政赔偿调解书,是指人民法院审理行政赔偿案件,在人民法院的主持下,在当事双方自愿、合法的基础上,就行政赔偿争议达成协议而制作的法律文书。

行政案件不适用调解,这是行政诉讼的一项基本原则,但行政侵权从根本上说乃是一种民事侵权行为。从侵权赔偿的角度,双方当事人可以自由处分自己的权利,因而可以适用调解。制作行政赔偿调解书的法律依据是《行政诉讼法》第67条第1款、第3款。同时,最高人民法院《关于审理行政赔偿案件若干问题的规定》也规定:“人民法院审理行政赔偿案件在坚持合法、自愿的前提下,可以就赔偿范围、赔偿方式和赔偿数额进行调解。调解成立的,应当制作行政赔偿调解书。”

二、行政赔偿调解书的基本写作要求

行政赔偿调解书是双方当事人自愿处分自己实体权利的体现,因此,在制作行政赔偿调解书时,应注意以下几点:

1. 行政赔偿调解书应符合法律的规定。要使调解协议要发挥法律效力,调解协议的内容必须符合法律的规定。

2. 行政赔偿调解书应体现自愿的原则。虽然调解协议必须符合法律的规定,但调解协议本身是当事人自愿处分自己权利的体现,调解协议必须体现自愿的原则。

3. 赔偿协议应当具体、明确。调解协议是解决纠纷的手段,调解协议必须对如何解决纠纷作具体、明确的规定,只有这样才能从根本上达到调解息诉。

三、行政赔偿调解书的格式

行政赔偿调解书由首部、正文和尾部组成。

(一)首部

行政赔偿调解书首部包括文书名称、文书编号、当事人身份事项、诉讼代理人身份事项和案由。

1. 文书名称

行政赔偿调解书的文书名称应分两行居中写明:“×××人民法院”、“行政赔偿调解书”。

2. 文书编号

行政赔偿调解书的案件编号与行政一审判决书的案件编号相同,可表述为:(年号)×行初字第×号。

3. 当事人的身份事项与诉讼代理人的身份事项

这两部分与一审民事判决书当事人身份事项、诉讼代理人身份事项的写法相同。

4. 案由

案由应单起一段写明,可表述为:案由:×××纠纷。

(二)正文

行政赔偿调解书的正文应写明如下内容:

1. 当事人的诉讼请求和案件事实

这部分应先写明当事人的诉讼请求,再写明案件事实。

2. 调解的协议

第一,在叙写调解协议之前,应另起一段写明:“本案在审理过程中,经本院主持调解，双方当事人自愿达成如下协议：……”

第二，调解协议列举完毕后，还须另起一段写明：“上述协议，符合有关法律规定，本院予以确认。”

第三，对赔偿范围、赔偿方式、赔偿数额和给付期限都应写清楚、具体，以方便执行。

第四，对诉讼费的负担问题，如果双方当事人对诉讼费达成了协议，诉讼费的负担是调解协议的一部分，应写入调解协议；如果双方对诉讼费的负担没有达成调解协议，诉讼费由人民法院判决，诉讼费就不应写入调解协议，而是尾部的一部分。

（三）尾部

1. 写明：“本调解书经双方当事人签收后，即具有法律效力。”

2. 调解书的署名与日期。

四、行政赔偿调解书的范例及评析

范例

琼海市人民法院
行政赔偿调解书

（2005）琼法行初字第100号

原告：赖丽华，女，1953年9月1日生，汉族，广东省潮州人，海南省国营东平农场职工，住国营东平农场胜利队。（系本案被害人赖某斌之妻）

原告：林娇，女，1923年8月5日生，汉族，广东潮州人，广东省湖安县归湖田东村村民，住湖安县归湖田东村。（系被害人赖某斌之母）

原告：赖丹，女，1981年5月1日生，汉族，广东省潮州人，海南省国营东平农场职工，住国营东平农场胜利队。（系被害人赖某斌长女）

被告：琼海市公安局，住所地：琼海市×××。

法定代表人×××，局长。

委托代理人魏星，琼海市公安局法制科干警。

案由：行政赔偿纠纷。

诉讼请求：

一、请求琼海市人民法院判决琼海市公安局赔偿死亡赔偿金、丧葬费、被抚养人生活费等45万元；

二、诉讼费由琼海市公安局承担。

2002年8月29日晚上九时许，琼海市公安居所管辖的东平农场派出所所长符某浩因怀疑赖某斌毁坏农场机关办公楼财物公开栏玻璃、花盆等物，带领该所另一民警和一保安对赖某斌进行口头传唤，将赖某斌带回东平派出所会议室准备询问，并由符某浩负责看守。此时，国营东平农场司机方海因赖某斌与其女儿借伞纠纷一事来到派出所，发现赖某斌在会议室即责问赖某斌为何欺负其女儿，并朝赖某斌的右腋踢了一脚，接着抓起会议室的椅子朝赖某斌砸去，一只椅脚撞到赖某斌的左枕部，方海再用右拳击打赖某斌的右后颈部。此时，符某浩才对方海的伤害行为予以制止。赖某斌被方海殴打后昏迷，经送东平农场医院抢救无效于当晚死亡。2004年5月25日琼海市人民法院作出（2004）琼海刑初字第68号刑事附带民事判决书，追究了方海的刑事责任，并附带承担民事赔偿责任。2004年8月6日琼海市人民法院作出（2004）琼海刑初字第90号刑事判决，以玩忽职守罪追究了符某浩的刑事责任。2005年8月10日，赖丽华向琼海市公安局提出国家赔偿申请。

本案在审理过程中，经本院调解，双方当事人自愿达成如下协议：

一、被告琼海市公安局向原告赖丽华等共赔偿人民币36万元。

二、本案诉讼费由琼海市公安局承担。

上述协议，符合有关法律规定，本院予以确认。

本调解书经双方当事人签收后，即具有法律效力。

审判长　×××

审判员　×××

审判员　×××

××××年××月××日

本件与原本核对无异

书记员　×××

评析:上述行政赔偿调解书符合行政赔偿调解书的格式要求,文书各个部分结构要素齐全。根据有关规定,调解书可以不写明调解的理由,本份调解协议直接写明了被告赔偿的数额,没有对被告赔付的具体数额作详细的说明,是合法的,调解协议内容反映了当事双方对自己民事权利的自愿、合法的处分原则。

【思考题】

1. 简述分析行政裁判文书的写作要求。
2. 为什么没有行政反诉状这种法律文书?
3. 行政赔偿调解书的内容有哪些?

第八章　笔　　录

内容摘要

笔录贯穿整个诉讼过程的始终,在司法实践中有着举足轻重的重要作用。本章概述了笔录及其制作的法律根据和制作要求;简要介绍了言谈笔录和叙事笔录。对于几种常见的笔录:讯问笔录、法庭审理笔录、现场勘查笔录做了全面、细致的介绍,并给出了格式样本和实例评析。

本章需要掌握笔录的概念和制作要求。了解几种常见笔录:讯问笔录、庭审笔录、现场勘查笔录的制作。学习的重点是掌握言谈笔录,尤其是讯问笔录的制作方法和技巧。

第一节　概　　述

一、笔录的概念

笔录,是指司法实践中以文字形式如实记录各种法律活动的文字材料。主要包括公安、检察、人民法院、监狱等司法机关以及公证、律师、仲裁等组织在诉讼和非诉讼活动中如实记载的各种文字材料。

笔录贯穿整个诉讼过程的始终。在受案、立案、侦查、起诉、审判、调查、宣判、执行等过程中都有相应笔录的存在。如立案笔录、现场勘验笔录、搜查笔录、辨认笔录、侦查实验笔录、审查起诉笔录、执行死刑笔录、监督执行死刑笔录、庭审笔录、合议庭评议笔录、公证类笔录、仲裁机关的仲裁类笔录等。各种性质的案件都存在笔录。

笔录忠实反映了各种诉讼活动的实际情况,是法定的诉讼证据之一。《刑事诉讼法》第42条规定:“证明案件真实情况的一切事实,都是证据。证据有物证、书证;证人证言;被害人陈述;犯罪嫌疑人、被告人供述和辩解;鉴定结论;勘验、检查笔录;视听资料。以上证据必须经过查证属实,才能作为定案的根据。”在各种非诉的法律活动中,笔录也同样具有重要的证明作用。

同时,笔录本身是证明诉讼程序是否正当合法、检查执法情况的重要参考资料,是制作法律文书的重要依据。

三大诉讼法多条法律条文对笔录制作作出了明确规定。如:《刑事诉讼法》第85条:“报案、控告、举报可以用书面或者口头提出。接受口头报案、控告、举报的工作人员,应当写成笔录,经宣读无误后,由报案人、控告人、举报人签名或者盖章。”第106条:“勘验、检查的情况应当写成笔录,由参加勘验、检查的人和见证人签名或者盖章。”第113条:“搜查的情况应当写成笔录,由侦查人员和被搜查人或者他的家属,邻居或者其他见证人签名或者盖章。如果被搜查人或者他的家属在逃或者拒绝签名、盖章,应当在笔录上注明。”第151条:“人民法院决定开庭审判后,应当进行下列工作:……上述活动情形应当写入笔录,由审判人员和书记员签名。”第167条:“法庭审判的全部活动,应当由书记员写成笔录,经审判长审阅后,由审判长和书记员签名。”第212条:“……执行死刑后,在场书记员应当写成笔录。交付执行的人民法院应当将执行死刑情况报告最高人民法院。”

二、笔录的基本写作要求

(一)客观

笔录是如实记录各种法律活动的文字材料,反映着案件的真实情况。客观真实是笔录制作的灵魂之所在。要求将法律活动的全过程客观、真实、全面完整的反映出来。对于无法记录下来的对话,要做到不失原意,不得任意取舍和歪曲。

(二)准确

笔录文字要求准确,清楚、明了。概括性语言要做到忠于原意,不得任意曲解和恣意推断、妄作分析。不得使用错字、别字,任意简化或者生造文字、词语。标点符号要规范、正确,不得任意涂改。

（三）履行合法手续

笔录必须履行法律规定的合法手续才具有法律效力。公安机关、检察院、法院必须按照诉讼法的相关规定制作笔录，公证机构、仲裁以及律师也必须按照相关法律的要求制作笔录。如搜查笔录，必须记载：搜查人员二人以上，搜查时按规定着装并向被搜查人出示搜查证和身份证件；笔录制作完成后，必须交由被搜查人签名和捺手印。否则，笔录的效力就会受到影响，甚至无效。

三、笔录的分类

按照不同的分类标准，笔录可以分为不同类别。

按照制作主体划分：笔录可以分为公安机关笔录、检察机关笔录、审判机关笔录以及监狱管理机关笔录、公证笔录、律师笔录、仲裁笔录等。

按照性质划分：笔录可以分为诉讼笔录和非诉讼笔录。诉讼笔录又可以分为民事诉讼笔录、刑事诉讼笔录和行政诉讼笔录。

本书主要将笔录分为阅卷笔录、言谈笔录、叙事笔录。

阅卷笔录是查阅民事、刑事、行政案件案卷材料时，所制作的笔录。阅卷笔录是办案人员使用的内部文书，是办案人员在办理案件中，阅读原卷时所摘录的材料。本章不做详细介绍。本章重点介绍言谈笔录和叙事笔录。

（一）言谈笔录

1. 言谈笔录的概念

言谈笔录是将以谈话形式完成的诉讼行为记录下来作为凭证的文书。讯问笔录、询问笔录、法庭审理笔录、合议庭评议笔录等都属于言谈笔录。

2. 言谈笔录制作的法律依据

三大诉讼法中多处出现了有关言谈笔录制作的法律规定。如：《刑事诉讼法》第 85 条："报案、控告、举报可以用书面或者口头提出。接受口头报案、控告、举报的工作人员，应当写成笔录，经宣读无误后，由报案人、控告人、举报人签名或者盖章。"《刑事诉讼法》第 167 条规定："法庭审判的全部活动，应当由书记员写成笔录，经审判长审阅后，由审判长和书记员签名。"《民事诉讼法》第 133 条规定："书记员应当将法庭审理的全部活动记入笔录，由审判人员和书记员签名。"

3. 做好言谈笔录需要注意几个方面

(1)言谈笔录采用问答式。这是法律文书的一种形式,而不是绝对意义上的“问”和“答”。通常,司法机关的问话称为“问”,相对人(证人、犯罪嫌疑人、被告人等)的答话称为“答”。笔录制作者用文字记录下对话内容,让人如闻其声。

当出现问话人、答话人不止一人时,如何区分呢?在法庭审理笔录中,这种情况显得尤为充分。这时,就需要区分不同问话人和答话人。

(2)做好记录前的相关准备:熟悉案情,熟悉相关的人名、地名和关键情节,必要的内容事先填写好。笔录记录中,对话语速相当快,而且有时在人名、地名中会出现生僻字,只有预先熟悉才能顺畅记录。如:某些汉字只在地名中出现,烟台芝罘区的“罘”(音:fú)、上夼西路的“夼”(音:kuǎng)。人名中某些姓氏如:仝(音:tóng)等。有的时候还需要事先将某些必要的内容填写好。如庭审笔录中,开庭的时间和地点、审判方式、审判人员和其他出庭人员名单,当事人及诉讼参与人等情况可以事先填写,以利于集中精力详细记录庭审中的情况和各方发言要点。

(3)必要时需要在忠实原意的基础上进行概括和总结。笔录记录中,有时会出现某些特殊的情况。如讯问人问:“有无犯罪行为?”被讯问人滔滔不绝,从艰辛的童年到求学的辛酸……离题万里,洋洋洒洒。这时就不需如实记录被讯问人的答话,而是对其进行概括总结为:“被讯问人:(答非所问,5 分钟,略)。”又如,有时讯问人会根据情况的发展,对被讯问人进行法制教育,讲解政策。记录时,也不需要如实记录谈话内容,而是概括性的写明:“讯问人:(法制教育,5 分钟,略)。”

(4)对于侦查、审判有意义的动作、神情、神态进行必要的说明和描写。笔录记录中,有时被讯问人会出现沉默不语、哭泣、冒冷汗、发抖、语无伦次、结巴、摸鼻尖、抓头发、要烟抽、搓手等动作、神情或神态。这些动作、神情和神态反映了当事人的心理变化,对于案件的侦查、审判具有重要的意义。记录中要如实记录和反映,对其进行说明和描写。如:“答:(沉默不语,摸鼻子)。”

(二)叙事笔录

叙事笔录是以叙事方式客观记载某种案件事实情况的笔录。它主要通过客观叙述办案人员执行活动的情况以及案件事实情况，将案件事实中的人物和场景客观描述和再现。

现场勘查笔录、侦查实验笔录、执行死刑笔录、监督执行死刑笔录等都属于叙事笔录。

本章将分三节着重介绍言谈笔录和叙事笔录中几种制作要求较为复杂的常见的笔录：讯问笔录、庭审笔录和现场勘查笔录。

第二节　讯 问 笔 录

讯问笔录是典型的言谈笔录。

一、讯问笔录概念

是在办理刑事案件的过程中，侦查机关侦查人员依法对犯罪嫌疑人进行讯问时做的文字记录材料。讯问笔录是证明案件事实的重要依据之一，侦查总结时，会存入诉讼卷。经过查证属实的讯问笔录，可以用做对案件定性的证据。在办理刑事案件的过程中，可能要对犯罪嫌疑人进行多次讯问，每次讯问都应当制作讯问笔录。

二、讯问笔录的结构及写作要求

讯问笔录由首部、正文、尾部组成。

(一)首部

包括文书名称，文书名称后括号内要填写第几次讯问；讯问时间，要精确到分，这是证明程序合法的重要证据；讯问地点；侦查员、记录人的姓名和单位；犯罪嫌疑人。

应当注意的是：《刑事诉讼法》规定，应当在拘留、逮捕后24小时内进行讯问，讯问时，侦查人员不得少于二人。《刑事诉讼法》第72条：“人民法院、人民检察院对于各自决定逮捕的人，公安机关对于经人民检察院批准逮捕的人，都必须在逮捕后的二十四小时以内进行讯问。”第132条：“人民检察院对直接受理的案件中被拘留的人，应当在拘留后的二十四小时以内进行讯问。”第91条：“讯问犯罪嫌疑人必须由人民检察院或者公安机关的侦查人员负责进行。讯问的时候,侦查人员不得少于二人。”

(二)正文

正文是讯问笔录的关键部分,记载了讯问的全部情况。正文部分应当记载的内容有:

1. 第一次讯问时应当详细讯问并记载犯罪嫌疑人的基本情况,包括犯罪嫌疑人的姓名、性别、出生年月、出生地、民族、文化程度、职业、住址等要素,包括是否受过刑事处罚和行政处罚。以后的讯问中,犯罪嫌疑人的基本情况可以不必再详细记讯问和记载。但如果对犯罪嫌疑人基本情况有疑问,需要进一步调查的,可以有针对性的讯问和记载。

2. 犯罪嫌疑人诉讼权利义务告知。《刑事诉讼法》第 96 条规定:“犯罪嫌疑人在被侦查机关第一次讯问后或者采取强制措施之日起,可以聘请律师为其提供法律咨询、代理申诉、控告。”为了贯彻刑事诉讼法的上述规定,保障犯罪嫌疑人的合法权益,讯问笔录正文部分要求有关于犯罪嫌疑人权利义务告知的内容。

3. 与案件有关的内容。《刑事诉讼法》第 93 条规定:“侦查人员在讯问犯罪嫌疑人时,应当首先讯问犯罪嫌疑人有无犯罪行为,让他陈述有罪的情节或者无罪的辩解,然后向他提出问题。犯罪嫌疑人对侦查人员的提问,应当如实回答。但是对与本案无关的问题,有拒绝回答的权利。”主要围绕的要素包括:犯罪的时间、地点、动机、目的、犯罪过程、犯罪结果以及态度等进行讯问和记录。

(三)尾部

讯问结束后,笔录应当交犯罪嫌疑人核对。《刑事诉讼法》第 95 条规定:“讯问笔录应当交犯罪嫌疑人核对,对于没有阅读能力的,应当向他宣读。如果记载有遗漏或者差错,犯罪嫌疑人可以提出补充或者改正。犯罪嫌疑人承认笔录没有错误后,应当签名或者盖章。侦查人员也应当在笔录上签名。犯罪嫌疑人请求自行书写供述的,应当准许。必要的时候,侦查人员也可以要求犯罪嫌疑人亲笔书写供词。”

实践中,犯罪嫌疑人看完或者听完笔录后,应当在笔录的末尾写明对笔录真实性的意见,即“以上笔录我看过(或者向我宣读过),和我说的一样”,并签名捺手印,写明时间。拒绝签名、捺手印的,应当在笔录尾部注明。

笔录有多页的,除了在最后一页签名捺手印以外,在每一页末尾的右下角均需要签名捺手印。

三、讯问笔录的格式

讯问笔录(第×次)

时间:________年____月____日____时____分至________年____月____日____时____分

地点:

侦查员: 记录人:

犯罪嫌疑人:

问:

答:

签名(捺手印)

××××年××月××日

四、实例评析

讯问笔录(第一次)

2010年11月13日,自12时36分开始,至13时08分结束。

讯问人:翟田、钟凌、班关林,××市××区城北公安分局刑侦九中队。

被讯问人:李凌玲,女,1989年10月8日出生,汉族,大学本科。××市××区三官村三官店子学校学前班代课老师,家庭住址:××市××区三官村105号。

问:说一下个人情况?

答:我叫李凌玲,1989年10月8日出生,汉族,××省××县人。在××师专毕业,20岁参加工作,是××市××区三官村三官店子学校学前班的代课老师,现住在××市××区三官村105号。

问:你以前受过公安机关的处理吗?

答:没有。

问:这是《犯罪嫌疑人诉讼权利义务告知书》,你看一下,如果看不懂,可以问我们。

答:我看一下(详细看《犯罪嫌疑人权利义务告知书》约10分钟)。

问:今天为什么会把你带到刑侦中队?

答:由于我的疏忽大意,我的学生丁海冰严重冻伤,经手术治疗后,他的双手和双足在腕关节、踝关节以上部位截肢,致使他终身残废。

问:那么你把事情的经过说一下吧?

答:2010年9月8日,三官村委会在村娱乐室举办娱乐活动。上午第三节课后,我与代课老师郑亚东一起去村娱乐室看舞蹈。看完舞蹈后,我遇见了我的老同学,想着校园内地面上有泥水而无法上体育课,就没有及时回学校。然后委托郑亚东代我安排我班的学生自由活动。下午4点我回到学校,得知学校通知当天下午放假,就将没有离校的14名学生召集在教室,向他们说了放半天假的事,并布置了作业。之后学生陆续离开教室,我瞄了一下教室,没看到教室有学生,以为教室里的学生已经全部走完。然后就把教室用明锁锁住,然后回家了。到了第二天的11点左右,学校职工申忠凯打电话给我,说我的学生丁海冰的身体被夹在铁栏杆中间无法移动,伤势很严重。听后,我立马赶了过去,将学生丁海冰送入××区人民医院抢救。由于冻伤严重,医院对丁海冰做手术治疗,将丁海冰的双手和双足在腕关节、踝关节以上部位截肢,导致丁海冰终身残废。2010年11月13日被公安机关工作人员逮捕。

问:你对此事的态度如何?

答:我为我的所作所为感到懊悔。假如当时我能仔细地检查一下教室,就不会发生如今这样的事了。我对我的学生丁海冰给予了一定的经济赔偿,希望能减小学生家长对我的仇恨感。我真的很后悔,我愿意为我的行为负责。

问:你所讲的一切是否属实?

答:属实。

问:我现在向你宣读笔录,你听一下与你讲的是否相符?

答:记录向我宣读过,与我讲的相符。

以上记录我看过,与我说的一样。

李凌玲(捺手印)

2010年11月13日

评析:这份讯问笔录格式规范,首部、正文、尾部项目齐全;语言表达流畅、用语准确精练;内容如实反映了讯问的基本情况,体现了第一次讯问时应当讯问的犯罪嫌疑人基本情况、以前的违法犯罪经历以及犯罪事实和经过;履行了权利义务告知义务。因此是一份制作规范、成熟的讯问笔录。

第三节 法庭审理笔录

一、法庭审理笔录的概念

法庭审理笔录是人民法院审理各类案件时,当庭记录法庭全部审理活动的文字材料,也称为法庭笔录。

法庭审理笔录的制作有其法律根据。《刑事诉讼法》第 167 条规定:"法庭审判的全部活动,应当由书记员写成笔录,经审判长审阅后,由审判长和书记员签名。"《民事诉讼法》第 133 条规定:"书记员应当将法庭审理的全部活动记入笔录,由审判人员和书记员签名。"

二、法庭审理笔录的结构及写作要求

法庭审理笔录由首部、正文、尾部三部分组成。

(一)首部

首部包含以下内容:

1. 标题,由制作机关和文书名称组成;写明是第几次开庭。

2. 开庭的时间和地点;审判方式。对于公开审理的案件,还应当注明旁听人数。

3. 审判人员和其他出庭人员名单,当事人及诉讼参与人。

4. 开庭审理前,书记员会查明本案当事人和其他诉讼参与人是否到庭,宣布法庭纪律。开庭时,审判长(员)核对当事人,宣布案由,宣布审判人员、书记员名单、宣布公诉人、辩护人、诉讼代理人、鉴定人、翻译人员名单,告知当事人有关的诉讼权利义务,询问当事人是否提出回避申请。

应当注意的是:开庭审理前,书记员可以将首部中确定的项目事先填写好。并应当熟悉案情,这对提高记录速度,集中精力做好关键情节的记录,做好庭审笔录相当关键。

（二）正文

正文中需要记载几方面的内容，以民事案件为例：

1. 法庭调查

首先由原告宣读起诉状。记录时，可以不详细记录起诉状内容，而这样记录："原告：（起诉状附卷）"；被告答辩，记录时写明："被告：（答辩状附卷）。"

其次，由原告举证，被告质证；被告举证，原告质证。

再次，审判长、原告、被告提问情况。

最后，总结证据认定情况和双方焦点。

以上几个方面的内容都要依次如实记录下基本内容，尤其是发言要点。

2. 法庭辩论

法庭辩论环节，可能会持续进行几轮辩论：第一轮原告发言，被告发言；再一轮原告发言，被告发言；最后还会进行自由辩论。

每一过程，作笔录时均应当如实记录下基本内容和发言要点。

3. 当事人陈述

针对当事人进行的最后陈述，笔录中都应当将发言要点记明，不能有所遗漏。

4. 审判过程中可能出现的某些情况

针对审理过程中可能出现的某些情况，笔录中应当如实载明：包括延期审理情况；违反法律秩序情况；当事人拒不到庭或者中途退庭等情况。

（三）尾部

由有关人员签名或者盖章：

1. 由审判员和书记员签名。《民事诉讼法》第 133 条规定："书记员应当将法庭审理的全部活动记入笔录，由审判人员和书记员签名。"刑事诉讼法也有类似规定。

2. 当事人和其他诉讼参与人签名或盖章。《民事诉讼法》第 133 条规定："法庭笔录应当当庭宣读，也可以告知当事人和其他诉讼参与人当庭或者在五日内阅读。当事人和其他诉讼参与人认为对自己的陈述记录有遗漏或者差错的，有权申请补正。如果不予补正，应当将申请记录在案。法庭笔录由当事人和其他诉讼参与人签名或者盖章。拒绝签名盖章的，记明情况附卷。”《刑事诉讼法》也有类似规定。

三、法庭审理笔录的格式

××人民法院法庭审理笔录
（第×次）

开庭时间：＿＿＿＿＿＿＿开庭地点：＿＿＿＿＿＿＿

合议庭组成人员：

审判长：＿＿＿＿审判员：＿＿＿＿书记员：＿＿＿＿

案由：＿＿＿＿＿＿＿＿＿＿＿＿＿＿＿＿＿＿

原告：＿＿＿＿＿＿＿＿＿＿＿代理人＿＿＿＿＿＿＿＿＿＿＿

被告：＿＿＿＿＿＿＿＿＿＿＿代理人＿＿＿＿＿＿＿＿＿＿＿

第三人：＿＿＿＿＿＿＿＿＿＿代理人＿＿＿＿＿＿＿＿＿＿＿

审判长：宣读法庭纪律，宣布案由，宣布审判人员、书记员、公诉人、鉴定人和翻译人员名单，告知当事人有关的诉讼权利义务，询问当事人是否提出回避申请。

记录如下：

法庭调查阶段：

审判长：＿＿＿＿＿＿＿＿＿＿＿＿＿＿＿＿＿＿＿＿＿＿＿＿＿＿＿＿＿

原告：＿＿＿＿＿＿＿＿＿＿＿＿＿＿＿＿＿＿＿＿＿＿＿＿＿＿＿＿＿

被告：＿＿＿＿＿＿＿＿＿＿＿＿＿＿＿＿＿＿＿＿＿＿＿＿＿＿＿＿＿

＿＿＿＿＿＿＿＿＿＿＿＿＿＿＿＿＿＿＿＿＿＿＿＿＿＿＿＿＿＿＿＿

法庭辩论阶段：

审判长：＿＿＿＿＿＿＿＿＿＿＿＿＿＿＿＿＿＿＿＿＿＿＿＿＿＿＿＿＿

原告：＿＿＿＿＿＿＿＿＿＿＿＿＿＿＿＿＿＿＿＿＿＿＿＿＿＿＿＿＿

被告：＿＿＿＿＿＿＿＿＿＿＿＿＿＿＿＿＿＿＿＿＿＿＿＿＿＿＿＿＿

双方最后陈述：

审判长：＿＿＿＿＿＿＿＿＿＿＿＿＿＿＿＿＿＿＿＿＿＿＿＿＿＿＿＿＿

原告：＿＿＿＿＿＿＿＿＿＿＿＿＿＿＿＿＿＿＿＿＿＿＿＿＿＿＿＿＿

被告:____

审判长:休庭,合议庭合议后择日宣判

各方签字:____________　____________

××年××月××日

四、实例评析

××人民法院法庭审理笔录

开庭时间:2005年6月18日

开庭地点:××县人民法院

法庭组成人员:审判长郑舞阳,审判员李浅草、洪花菜,书记员谢琳琳

书记员:请当事人、诉讼代理人入庭。

书记员:查明当事人、诉讼代理人到庭情况,核对证件。

书记员:请肃静,现在宣布法庭纪律(略记)

书记员:全体起立,请审判长、审判员入庭。

书记员:报告审判长,原告杜鹃、原告代理人李尚、被告杜鹏、杜哲、被告代理人周熠、姜果已到庭。原告(被告)提供的证人李粱、周林在庭外候传。庭前准备工作就绪,请开庭。

审判长:现在核对当事人、诉讼参与人基本情况

审判长:原告姓名等项?

原告:杜鹃,男,1977年出生,汉族,农民,住××县城关镇下村村53号。是被继承人杜立的次子。

审判长:原告委托代理人的身份及代理权限?

原代:李尚,××律师事务所律师,代理权限以授权委托书为准。

审判长:被告一姓名等项?

被告一:杜鹏,男,1986年1月13日出生,汉族,农民,住××城关镇下村村53号。是被继承人杜立的孙子。

审判长:被告一代理人姓名等项?

被一代:周熠,××律师事务所律师,代理权限以授权书为准。

审判长:被告二姓名等项?

被告二:杜哲,男,1984 年月日出生,汉族,农民,住 × ×县城关镇下村村 54 号。是被继承人杜立的二哥的儿子。

被二代:姜果,× ×律师事务所律师,代理权限以授权委托书为准。

审判长:原告对被告出庭人员有无异议?

原告:无异议。

审判长:被告对原告出庭人员有无异议?

被告一:没有异议。

被告二:没有异议。

审判长:经审查,原告、被告及其代理人出庭符合法律规定,可以参与本案庭审活动。

审判长:× ×县人民法院民事审判庭第一庭依据《中华人民共和国民事诉讼法》第 130 条第 1 款之规定,今天依法公开审理原告杜鹃与被告杜鹏等继承纠纷一案,现在宣布开庭。(敲法槌)

审判长:本案由审判长郑舞阳担任审判长,与审判员李浅草、洪花菜组成合议庭,书记员谢琳琳担任本案记录。

审判长:有关当事人诉讼权利与义务的规定,庭前已以书面形式告知双方当事人。原告、被告对诉讼权利、义务是否清楚?

原告:清楚。

被告一:清楚。

被告二:我已经知道了。

审判长:原告是否申请回避?

原告:不申请回避。

审判长:被告是否申请回避?

被告一:不申请回避。

被告二:不要。

审判长:现在进行法庭调查,法庭调查的重点是双方当事人争议的事实,当事人对自己提出的主张有责任提供证据,反驳对方的主张也应提供相应的证据加以证明。

审判长:现在由原告发表起诉意见。

原告:宣读起诉状(详见附卷)

请求法院依法判决：

1. 撤销法院宣告被继承人杜立死亡的判决；

2. 判令120平方米房屋一套由原告杜鹃、古画5幅由被告杜鹏继承；

3. 存款23万元由原告杜鹃、被告杜鹏共同继承；

4. 确认被告杜哲没有继承权。

审判长：由被告进行答辩。

被告一：宣读答辩状（详见附卷）

被告二：宣读答辩状（详见附卷）

审判长：现在由原告提供证据。

原告：现在提交以下证据，(1)当地公安局派出所出具的《户籍证明》，证实：原告杜鹃系杜立的次子，杜明系长子，杜鹏系杜明的儿子，杜哲系杜立的二哥的儿子。(2)本院第××号民事判决书证实：杜立失踪6年时间，2002年经原告杜鹃和杜明的申请，本院查实后宣告杜立死亡。(3)当地派出所出具的《杜明死亡证明》，证实：杜明于2003年因车祸死亡。(4)某医院证明，证实：杜立于2004年5月17日病故。(5)遗嘱2份证实：2001年杜立按法律要求自书遗嘱1份，遗嘱内容为"古画5幅由长子继承，房屋一套由次子继承"；2004年2月10日按法律要求代书遗嘱1份，该遗嘱内容"古画2幅、存款5万元由侄子杜哲继承"。另外原告申请证人李梁、周林出庭作证。

审判长：被告对原告提交的证据有无异议？

被告一：对以上原告提交的证据，提出以下综合质证意见：被继承人杜立被宣告死亡后，原告杜鹃对是否继承财产没有明确表示，遗产已实际由被告杜明继承，杜明死亡后，由被告杜鹏继承杜明的遗产。自此原告杜鹃的权利已受侵犯，至2004年6月已超两年时间的诉讼时效，原告请求继承杜立遗产不受法律保护，应驳回原告的诉讼请求。杜哲得知杜立自书遗嘱由其继承古画二幅和存款5万元后，即提出继承的主张，并未超两个月的期限，其享有的继承权，古画二幅和存款5万元应由其继承。

被告二：对以上原告提交的证据，提出以下综合质证意见：杜立所立由本人继承古画二幅和存款5万元的遗嘱合法有效，且本人在得知该遗嘱后即主张按该继承，没有超两个月时间，因此本人有继承遗产的权利。

审判长:传证人李梁到庭。

审判长:办理证人具结书。

审判长:证人姓名等项?

证人:李梁,男,1956 年 4 月 12 日出生,汉族,住 × × 县。与原、被告是邻居关系。

审判长:证人陈诉证言。

证人:内容略记。

审判长:双方对证人有无发问?

原告:没有。

被告一:没有。

被告二:没有。

审判长:证人退庭。

审判长:传证人周林到庭。

审判长:办理证人具结书。

审判长:证人姓名等项?

证人:周林,男,1962 年 8 月 3 日出生,住 × × 县。与原、被告是邻居关系。

审判长:证人陈诉证言。

证人:内容略记。

审判长:双方对证人有无发问?

原告:没有。

被告一:没有。

被告二:没有。

审判长:证人退庭。

审判长:被告方有无证据提交法庭?

被告一:没有证据提交法庭。

被告二:没有证据提交法庭。

审判长:法庭调查结束,现在进行法庭辩论。

审判长:现在由原告及其代理人发言。

原告:原告是被继承人杜立的次子,杜明是长子、杜鹏系杜明的儿子。

被继承人杜立2000年离家后下落不明,经申请于2002年被宣告死亡。原告已经证实杜立于2004年5月17日病死,并立有两份代书遗嘱和自书遗嘱。杜明于2003年死于车祸。请求法院撤销宣告死亡的判决、判令120平方米的房屋由原告杜鹃继承、古画5幅由被告杜鹏继承、存款23万元由原告杜鹃和被告杜鹏共同继承、确认被告杜哲没有继承权。

原代:念代理词(内容略记,详见附卷)

审判长:现在由被告方发言。

被告一:被继承人杜立被宣告死亡后,原告杜鹃对是否继承遗产没有明确表示,遗产已实际由被告杜明继承,杜明死亡后,由被告杜鹏继承杜明的遗产。自此原告杜鹃的权利已受侵犯,至2004年6月已超两年时间的诉讼时效,原告请求继承杜立的遗产不受法律保护,应驳回原告的诉讼请求。被告杜哲得知杜立自书遗嘱由其继承古画二幅和存款5万元后,即提出继承的主张,并未超过两个月的期限,其享有的继承权,古画二幅和存款5万元应由其继承。

被一代:念代理词(内容略记,详见附卷)

被告二:杜立所立由被告杜哲继承古画和存款5万元的遗嘱合法有效,且被告杜哲在得知有该遗嘱后即主张按该继承,没有超两个月时间,因此被告杜哲有继承遗产的权利。

被二代:念代理词(内容略记,详见附卷)

审判长:双方有无新的意见?

原告:没有新的意见。

被告一:没有新的意见。

被告二:没有新的意见。

审判长:法庭辩论结束,由当事人陈述最后意见。

原告:按诉讼请求。

被告一:由法院依法判决。

被告二:由法院依法进行判决。

审判长:双方是否同意调解?

原告:不同意。

被告一:不同意。

被告二：不同意。

审判长：由于双方不同意调解，本庭不组织调解。现在宣布休庭。合议庭合议后择日宣判。

当事人及诉讼参与人核对笔录、签字：

杜鹃、李尚、杜鹏、杜哲、周熠、姜果、李梁、周林

合议庭组成人员及书记员签字：

郑舞阳、李浅草、洪花菜、谢琳琳

2005 年 6 月 18 日

评析：这份庭审笔录格式规范、内容完整，表达流畅，语言精练。格式上，首部、正文、尾部项目各要素齐全，格式完整。内容如实反映了法庭审理民事案件的全过程：包括庭前准备工作、法庭调查、法庭辩论、当事人陈述等过程，并详细记录了当事人发言要点。不足之处在于证人出庭作证时的发言要点，这份笔录中没有记录，简单略过。证人证言对于查清案件事实相当关键，但在这份庭审笔录中却没有体现，非常可惜。

第四节　现场勘查笔录

一、现场勘查笔录的概念

现场勘查笔录是公安机关侦查人员勘验、检查与犯罪现场有关的场所时，记录现场勘查过程以及勘查人员在现场提取证据等情况的文字记录。现场勘查笔录适用于公安机关对刑事案件进行现场勘查时所作记录。

现场勘查笔录的制作法律依据来源于刑事诉讼法。《刑事诉讼法》第 106 条规定：“勘验、检查的情况应当写成笔录，由参加勘验、检查的人和见证人签名或者盖章。”同时，就勘验检查情况作了进一步明确的规定。《刑事诉讼法》第 101 条规定：“侦查人员对于与犯罪有关的场所、物品、人身、尸体应当进行勘验或者检查。在必要的时候，可以指派或者聘请具有专门知识的人，在侦查人员的主持下进行勘验、检查。”第 102 条规定：“任何单

位和个人,都有义务保护犯罪现场,并且立即通知公安机关派员勘验。”第103条规定:“侦查人员执行勘验、检查,必须持有人民检察院或者公安机关的证明文件。”

现场勘查时,根据公安机关办理刑事案件程序规定,还应当对现场进行拍照制作现场图,与现场勘查笔录相互补充和印证。现场勘查笔录作为定案的重要依据,在侦查总结时存入诉讼卷。

二、现场勘查笔录的结构及写作要求

现场勘查笔录由首部、正文、尾部三部分组成。

(一)首部

1. 标题。由案件名称+文书种类构成。如4.24特大杀人案现场勘查笔录。

2. 发现/报案时间,要求精确到分。

3. 现场保护人姓名、单位以及现场保护人到达时间,精确到分。

4. 勘查的时间、地点:写明现场勘查开始的时间至结束的时间。

5. 勘查人员以及见证人基本情况。

6. 现场条件:进行现场勘查时的现场自然环境条件:包括天气、温度、湿度、光线等情况。

(二)正文

正文部分主要是勘查过程以及结果:包括现场的地点、位置和周围环境;现场中心场所及有关场所情况;勘查发现的情况。笔录制作时应当根据实际情况,依照勘查的顺序详细记录勘查过程和结果。

(三)尾部

即勘查的有关人员和现场证人、记录人签名,写明勘查时间。

三、现场勘查笔录的格式

××现场勘查笔录

发现/报案时间: 年 月 日 时 分

现场保护人姓名、单位:

现场保护人到达时间: 年 月 日 时 分

勘查时间：　　年　月　日　时　分至　　年　月　日　时　分

勘查地点：

指挥人姓名、单位、职业：

见证人姓名、住址、单位：

现场条件：

勘查过程及结论：

指挥人：

勘查人：

见证人：

记录人：

四、实例评析

现场勘查笔录

勘查时间：1999年10月29日17时10分至18时30分

勘查地点：××市××县××村后山树林中

参加人姓名、单位、职业：王××，××市公安局二处副处长；李××，××市公安局二处四队队长；丁××，××市公安局二处四科科长；张××，××市公安局二处侦查员；梁××，××市公安局二处技术员；刘××，该村村民；任××，该村村委会主任。

勘查过程及结论：1999年10月29日16时10分，××市公安局二处接石景山派出所电话报称：××市××县××村后山树林中发现一辆被抛弃的小车内有一具男尸，死者系遭枪杀而亡。现场已被保护。请求派员勘查现场。

接报后，公安局二处副处长王××、二处四队队长李××、二处四科科长丁××、二处侦查员张××、二处技术员梁××共5人，于16时50分开始进行现场勘查。勘查时，该村村委会主任任××，村民刘××作为见证人。现场勘查从17时10分开始，当时天晴，微风，在自然光线下进行。

现场位于××村后山盘山公路下32米处，距东边电线杆60米，距西边堑沟27米。现场是一片松树林,林中有1.5—2米灌木丛,林木树叶茂盛。

中心现场位于一个约10平方米的缓坡略平的空地,小轿车撞靠在一棵直径1.5米的松树干上,车下灌木柴草被压倒。从盘山公路到轿车停稳的位置之间,有车轮从灌木上压过的痕迹。轿车是"公爵"牌,车牌号为"×A—×××××",轿车驾驶室左边挡风玻璃被子弹穿破一孔,弹孔四周玻璃有数条裂缝。轿车其他部位未受损坏。

尸体被置于后座踏脚处。死者身上穿花格子白底色水洗丝衬衣,系淡蓝色浅花领带,下身穿浅灰色水洗丝西裤。上衣口袋有本人工作证和500元人民币。死者叫王××,29岁,本市××汽车出租公司司机。尸体后脑正中弹孔为××平方厘米,子弹从右眼下方穿过。头部血斑模糊,上衣和裤子均沾满血浆,血浆已经凝固。

尸体抬出来后,进行了全面检查,未发现其他伤痕和搏斗过的痕迹。死者系遭凶手突然射击后死亡,未有挣扎。

现场草木从中有两种当日留下的脚印。一种是皮鞋印迹,为报案人发现案情时所留;一种是旅游鞋印迹,为犯罪嫌疑人所留。犯罪嫌疑人向山下逃离,并在水库北岸洗过血迹。犯罪嫌疑人顺着水库堤坝逃走,在水库下方的公路边脚印消失。该地方的路边草地上,有0.6吨小货车停留过的痕迹。

勘查中拍摄现场照片19张,绘制平面示意图2张,并提取了鞋印一枚,指印一枚,掌印一枚,血迹四份,带血白衬衣一件,"五四"手枪子弹壳一枚。

指挥人:王××

勘察人:张××,梁××

记录人:丁××

见证人:任××,刘××

1999年10月29日

评析:这份现场勘查笔录格式规范、内容完整、语言精练准确,表达流畅。其中,首部、正文、尾部项目各要素齐全。内容全面、细致:对勘查的环境和条件、现场保护情况作了交代;按照现场勘查的次序对现场和中心现场的情况做了细致的记录,并对勘查发现的情况和现场提取物、现场拍摄照片、绘制图等均做了记录。

【思考题】

1. 简要说明笔录及笔录的制作要求。

2. 什么是言谈笔录？言谈笔录制作中需要注意哪些问题？

3. 以下是庭审笔录中摘录的一段。请问哪些地方不符合笔录的基本要求？并区分人物之间的法律关系。

问:我可以问一下被告人吗?

答:可以,你问吧。

问:你当时打他没有？用什么打的?

答:怎么没打我？我伤还没有好呢!

问:住口！不许你插话！继续问。

答:打了的。用一根竹子,很粗,有这么长。

问:你不知道打人犯法吗？你说怎么办?

答:哭泣不语。

问:进行法制教育,略。

第三编　非诉讼法律文书

第九章　法律咨询文书

内容摘要

律师业务中的诉讼法律文书写作已在前面的诉讼法律文书等章节讲解，本章着重介绍非诉讼法律文书业务中的法律咨询文书，它是常用的律师法律事务文书，对于法学院本科生的专业实习或从事法律职业来看，都是具有基础性和重要性的。主要使用于律师法律咨询服务和某些具有法律咨询性质的专项法律事务中。除某些特定适用行业外，法律咨询文书的格式和结构通常根据律师实际需要和行业惯例选择和确定。法律咨询文书在律师实务中有意见书和报告等多个名称。

第一节　概　述

一、法律咨询文书的概念

法律咨询文书是律师在当事人陈述事实的基础上，针对当事人的咨询要求，通过法律调研所形成的法律文书。

法律咨询是当事人在遭遇法律问题时，向律师寻求专业帮助，以便了解该法律问题的性质、处理程序、与当事人的利害关系、解决方法等。

律师因接受法律咨询而需要出具法律咨询文书。在某些具有法律咨询性质的专项法律事务中，律师也需要出具法律咨询文书。

处理法律咨询是律师的一项经常性的工作。律师接受法律咨询，可以口头回复咨询意见。当当事人要求律师将咨询意见以书面形式表达时，就形成了法律咨询文书。

法律咨询文书是律师接受法律咨询的工作成果,也是当事人处理问题的参考依据。

不同的法律规范,对法律咨询文书的法律效力有不同的规定,律师对不同的法律咨询文书的法律责任也不尽相同。

二、法律咨询文书的格式

除法律规范或者行业规定对法律咨询文书的格式有特定要求者外,法律咨询文书没有严格的格式规定。在实践中,律师通常根据行业惯例制作文书。

根据当事人咨询事项和回复咨询的要求的不同,律师撰写法律咨询文书,可以采用不同的行文程式。当事人咨询事项较为简单的,律师可以表格式文书回复;咨询事项较为复杂,或者当事人有要求的,律师可以采用叙事体。

在某些特定行业中,法律咨询文书的格式有特定要求,如证券业。

三、法律咨询文书的分类

法律咨询文书的名称,根据当事人咨询事项和回复咨询的要求,可以分为意见类法律咨询文书和报告类法律咨询文书两大类。

从根本上来说,这两类文书的咨询意见的性质都是相同的,只是在适用方面有时可以区分。一般来说,如果当事人以提出建议和意见作为主要诉求的,可以采用意见类文书回复;如果当事人以解析法律问题作为主要诉求的,则可以采用报告类文书回复。本章分两节分别讲解常用的两种重要的法律咨询文书:法律意见书和法律风险评估报告。

在某些特定的领域,律师出具的法律咨询文书只能采用特别类型,如证券领域。

四、法律咨询文书的形成过程

律师接受法律咨询,可以分为接受咨询、法律调查、研究分析、制作文书几个阶段。

(一)接受咨询

律师接受当事人的法律咨询,应注意倾听当事人的事实陈述,注意归总当事人提供的文件,厘清当事人提出的法律要求。在当事人陈述不清时,律师应通过提问，要求当事人补足律师回复法律咨询所需要的全部基础事实。在当事人提供的文件不能完全反映或者对照其陈述的事实时，律师应要求当事人补足文件。

当事人不能满足律师的提问或者补足文件的要求的，律师在进行法律调研和研究分析时，应充分注意除可以得出调研结论以外的其他各种可能性。

一般情况下，律师接受法律咨询，不需要做事实调查和材料收集工作。在任何情况下，律师回复法律咨询只以当事人陈述和所提供的文件为基础。这就意味着，如果当事人陈述不实，或者其陈述存在足以影响律师作出正确的法律判断的情形，其后果由当事人自行承担，或者说，此种情形的存在，是律师可能提供了错误的或者准确的法律咨询意见的免责事由。

律师接受法律咨询时，应做好详细记录。必要时，律师应以录音或者录相作为辅助记录手段，但采用该类辅助记录手段，应事先征得当事人的同意。

（二）法律调查

法律咨询中的法律调查指对当事人法律咨询中涉及或者可能涉及的规范性法律文件和司法案例的调查。

规范性法律文件调查包括对法律和立法解释、行政法规、部门规章、司法解释、司法机关和行政执法机关办案指导意见等的调查。法律调查应注意收集事发当时的规范性法律文件，注意规范性法律文件的有效性。鉴于办案指导意见并不都得到公开，应特别注意收集。

司法案例调查指对司法机关公布案例的调查，该类案例具有一定的指导意义。在缺乏指导性案例时，应注意对非指导性案例的调查。

（三）研究分析

研究分析是指律师对已经获得的事实和规范性法律文件、指导案例，针对当事人的法律诉求进行的对照、比较和证明。研究分析的目的应集中当事人的法律诉求成立的可能性、实现诉求的方法和程序及可能引发的效应等方面。鉴于我国不实行判例法，司法案例和非指导性案例只能作为例证。

在某些情况下，单纯通过对规范性法律文件的研究可能难以得出结论性意见，或者规范性法律文件不能对应咨询问题，司法案例和非指导性案例与咨询问题又不具有可比性，就需要从法学理论中汲取观点作为论据。这就需要律师对包括最高人民法院、最高人民检察院、法学专家和其他相关领域的权威人士的论述、观点加以考察和研究。

(四)制作文书

在完成研究分析,得到结论性意见后,即可着手制作法律咨询文书。

制作法律咨询文书,应根据当事人的要求选择适用文书格式。如果当事人没有特别要求,则可依惯例。

鉴于除特定行业有规定格式外,法律咨询文书格式都是律师在执业过程形成并在一定范围已形成共识的,故格式不无格式规范,结构、层次也未尽相同,以能满足实用要求者为优。

第二节　法律意见书

一、法律意见书的概念

法律意见书是律师为当事人提供法律咨询意见所使用的法律文书。

律师提供法律咨询意见,应该在法律咨询意见书所载范围内承担执业责任。

二、法律意见书的基本写作要求

法律意见书一般在法人或者非法人单位提出重要法律咨询要求时使用。根据某些行业规范要求,律师回复法律咨询意见时,应当使用法律意见书。通常在回复个人法律咨询,法人或者非法人单位非重要的法律咨询或者未提出要求时,可以不采用法律意见书的形式。

三、法律意见书的格式

通常,一份内容完整的法律意见书由下列部分组成:

(一)文书名称

通常包括案由和名称两部分组成。

(二)缘由

缘由,就是律师出具法律意见书的缘起。可简要陈述律师接受法律咨询的情况和当事人的诉求。

（三）事实陈述

根据律师在接受咨询时所获得的法律事实的详略，或者当事人要求出具的法律意见书篇幅的长短，正式或者非正式，适当陈述可据以进行法律分析基础的涉案事实。一般说来，接受法律咨询时，律师难以获得全面的事实信息，为避免陈述的不连贯，陈述事实时，可标以序号。

事实陈述应注明，所有事实均来源于当事人的陈述或其提供的文件；陈述应尽可能简练，不宜过详。

律师认为重要而当事人未能提供的事实或者情节，在陈述事实时应予注明。

（四）法律分析

法律分析部分要向当事人提供法律依据和分析过程。所有法律依据和分析内容均应围绕并突出当事人所提出的法律问题。

如果当事人的法律问题有多个，应根据问题的重要性或者问题之间的逻辑关系，分列问题和分析内容。

正式的法律意见书，法律分析部分要注重法律依据的罗列，要注重分析过程的逻辑性和说理性。非正式的或者所涉法律依据知晓度较高的，法律依据的罗列和分析过程可以适用简化。

（五）法律意见

在法律分析的基础上，将法律意见分列。

撰写法律意见，要注意只对当事人的咨询项目提出，当事人未提出的咨询项目不应提出法律意见；法律意见的表述，应保留一定的灵活性，避免把话说死。

（六）免责声明

免责声明是律师对自己所提出的法律意见书在一定条件下不承担责任的声明。

免责声明中，也可以包括律师对法律意见书限制使用的声明。

有时，免责声明也会出现在文首，或在文首和文末均出现。免责声明的提出是律师的自我保护。

（七）受文者、附件、落款

受文者是法律意见书的接受者，通常即咨询者。有时，受文者也写在文首。法律意见书篇幅过长的,可以在法律意见书之前以函的形式表明受文者。

正式的法律意见书应该注明附件。附件即当事人提供给律师的文件,也是律师概括事实的依据。

落款部分应有律师署名并加盖律师事务所印章。

四、法律意见书实例及评析

关于重庆电力大件实业总公司与重庆ABC变压器有限公司货物运输合同纠纷案的法律意见书

百君(2007)意字第22号

重庆电力大件实业总公司:

作为贵公司的咨询要求,本律师现就贵公司与重庆ABC变压器有限公司(以下简称ABC)系列货物运输合同纠纷案有关事宜出具法律意见。

为出具本意见书,本律师仔细阅读了贵公司提供的有关文件,并与贵公司有关人员进行了交谈,获悉如下基本情况:

一、案情

1.2006年3月1日,贵公司与ABC签订了一份《变压器运输合同》,编号为2006(运)字0301号。合同主要条款有:

(1)运输货物:变压器3台(含主体、附件),规格型号为ODFSZ-400MVA/500KV,主体运输重量217吨/台,主体运输尺寸9578×4008×4515mm,附件重量40吨/台(第一条)。

(2)运输路段:ABC—九港—上海港—天津港—北京城北变电站(第二条)。

(3)运输时间:ABC将变压器交付贵公司后,31天内运至目的地基础就位(第四条)。

(4)运输总价:闭口包干价483万元,包括变压器主体加固、公路运输、路政、过路(桥)、措施、浮吊租用费、装船等所有的费用。如果在进现场附近的牌坊不拆除和公路不改造或由业主自己解决，运价将在总价中减去30万元（第五条）。

（5）支付方式：变压器到达北京城北变电站基础就位交货验收后一个月内，凭产品验收证明书和发票，支付运费（第五条）。

（6）分包：所有的分包商须经ABC认可，分包商的变更，必须经过甲方的同意（第八条）。

（7）违约责任：贵公司保证在接到ABC变压器（含附件）后31天内，运达北京城北变电站基础就位交货，迟到达一天，按下列比例支付违约金（从结算货款中扣除）：迟交货第一周，每天支付合同总额的1%；迟交货第二周，每天支付合同总额的2%；迟交货的违约金不超过合同总价的10%（第九条）。

（8）其他（特别约定）：合同双方中的任何一方未取得另一方事先同意前，不得将本合同项下的部分或全部权利或义务转让给第三方；本合同明确了双方全部的权利和义务，任何一方不享有或承担合同规定以外的权利和义务（第十二条）。

ABC于2006年3月5日将变压器及附件交贵公司起运。

2. 2006年3月4日，贵公司与中国重庆外轮代理有限责任公司（以下简称重庆外代，系中国远洋运输（集团）总公司下属单位）签订《货物运输合同》。合同主要条款有：

（1）运输货物：与前合同相同（第一条）；

（2）运输路段：上海港—北京城北变电站（第二条第（一）款第1项）；

（3）运输时间：从天津新港舱底接货到变电站时间大约在18天（第四条第（二）款第3项）；

（4）运输费用：运输包干费317万元（不含货物运输保险费）（第七条）；

（5）支付方式：预付款65万元，于海船抵天津前8日以电汇方式付清，其余款项于货物运到指定地点，验收合格后15日内一次性付清；

（6）违约责任：重庆外代的迟延交付违约金为2万元/日。

3. 在贵公司与重庆外代签订合同后（具体时间不明），重庆外代又与同属中远集团的重庆中远国际货运有限公司（以下简称重庆中远）签订了运输合同，重庆中远与亦属中远集团的中国远洋物流天津大型物资运输有限公司(以下简称天津中远,或者中远物流天津公司)签订了运输合同(上海中远在此中的关系未明)。最后,由天津中远负责将前述合同约定货物从上海港运至北京城北变电站。但除贵公司与重庆外代的合同外,卷中无其他合同文件。

4. 天津中远在从天津港运往北京的过程中,因超限运手续不齐,被北京路政部门扣留,后经ABC、货主单位华北电网有限公司报北京市政府协调,在交纳赔(补)偿款后放行。全部货物于2006年5月11日运抵北京城北变电站基础交货。自3月5日ABC交付变压器至运抵目的地,共用时68天,逾期37天。

5. 2006年11月14日,ABC向贵公司发出《关于北京城北变压器(150362—364)运输合同索赔函》,称自天津中远运输车辆被扣到天津中远将货物运抵目的地,共支付各种费用9,347,610.2元。其中:

(1)ABC与雷桥村签订合同,支付雷桥村牌坊拆除费300,000元;

(2)ABC与北京市公路局通州分局签订协议,支付路产赔(补)偿费用360,751.4元;

(3)ABC与北京市公路局顺义分局签订协议,支付路产赔(补)偿费用732,199元;

(4)ABC、上海中远与北京首创股份有限公司京通快速路管理分公司签订协议,ABC支付105,000元;

(5)ABC与北京市市政工程管理处桥梁隧道工程管理所监察大队签订协议,支付道路赔偿费72,220元;

(6)ABC与北京市运输管理局签订协议,支付道路赔偿费32,500元;

(7)ABC、上海中远与北京市首都公路发展有限责任公司安畅高速公路管理分公司签订协议,支付922,363.56元;

(8)ABC直接支付重庆外代运费2,640,000元;

(9)ABC遭受违约金3,914,800元;

(10)ABC为解决运输问题支付的差旅费18,233.3元。

ABC认为,所有上述费用均应由贵公司承担。ABC所提出的处理办法是:

(1)本次运输合同运输费用4,830,000元全部扣除;

(2)2005年12月11日签订的重庆ABC变压器有限公司(150299—31,黑龙江永源变电站)《变压器运输合同》项下运输款2,075,000元全部扣除;

(3)贵公司还须赔偿ABC损失2,742,610.2元。

6. 贵公司认为,在整个运输过程中,并未要求ABC代付任何费用,只提出要求ABC支付预付款及解决运输过程中急需费用,并未要求ABC代为支付任何款项;到目前为止,贵公司都未见到ABC任何有关支付费用的协议、付款凭证等材料。贵公司因此认为,ABC所支付的费用不应由贵公司承担,ABC应该向贵公司支付运费。因贵公司逾期交付,ABC可以根据合同约定从应付款中扣除运费总额10%,即483,000元的违约金。

7. 贵公司在本次运输合同履行过程中已产生的费用为1,685,000元(包括支付重庆外代650,000元),ABC未支付任何运输费用;另一合同(已完成)项下的运费2,075,000元亦不能收回;还面临索赔2,742,610.2元。

在此情况下,贵公司就如何就本企业利益得到最大限度的保护,希望本律师提出法律意见,以便决策。

二、分析

尽管贵公司所提供的材料尚难称为完整,但已为对本案分析提供了基本素材。在假定贵公司所提供的材料和有关本案的情况真实可信,结合我国相关法律法规,本律师认为:

(一)贵公司面临的利益状态分析

1. 贵公司面临的局面是被动的,在不启动利益保护程序的情况下:

(1)贵公司已完成的黑龙江永源变电站变压器运输合同项下的运费207.5万元无法收回;

(2)贵公司已完成的北京城北变电站变压器运输合同项下的运费483万元无法收回;

(3)随时面临另外被索赔274万余元的可能;

(4)贵公司可能利益损失为:被扣抵的黑龙江永源变电站运输费207.5万元,被扣抵的北京城北变电站运输费483万元,另被索赔274万余元,共964.5万元;加上已经发生的运输费用(包括支付预付款)168.5万元,共计1133万余元。

2. ABC的扣款行为是主动的，索赔也是主动的，即ABC何时启动诉讼程序索赔，不受贵公司是否启动自身利益保护程序左右，亦即即使贵公司不采取诉讼手段主张权利，ABC仍然会采取法律行动主张索赔（已经发出的索赔函表明ABC在主张索赔的问题上走出了第一步）。

3. 到目前为止，无任何证据证明，如果贵公司不采取法律行为主张权利，会促使ABC恢复与贵公司的业务关系。

（二）本案主要法律问题分析

1. 贵公司除合同约定的违约责任外，是否还应承担其他责任

（1）贵公司与ABC变压器运输合同第九条规定了逾期交付违约金：迟交货第一周，每天支付合同总额的1%；迟交货第二周，每天支付合同总额的2%；迟交货的违约金不超过合同总价的10%。合同第十二条第5款规定：本合同明确了双方全部的权利和义务，任何一方不享有或承担合同规定以外的权利和义务。由合同规定可以认为，贵公司作为承运人所承担的违约责任是确定的，逾期违约责任为封顶责任，最多不超过合同总额（运费总额）的10%，且不承担除此之外的义务。所谓不承担除此之外的义务，即贵公司逾期违约，不承担除违约金以外的赔偿责任。

（2）ABC在没有明确授权的情况下，直接与有关单位签订协议，直接支付路政等费用，由贵公司承担后果的依据不足。ABC在未知会贵公司的情况下，直接支付运费给与其没有任何合同关系的重庆外代的行为，并不能免除依据合同规定对贵公司承担的支付义务。

（3）ABC因逾期交付承担其与华北电网公司的违约金（假定属实），亦无依据转由贵公司承担。根据合同法的规定，当事人承担的合同义务应该是可预见的，ABC与华北电网公司所签合同规定的违约金，ABC并未告知贵公司，也未规定在与贵公司所签合同中，该损失对于贵公司而言，属于不可预见的损失，不应由贵公司承担。况且，如前所述，贵公司与ABC的运输合同约定了贵公司逾期交付违约的责任范围和计算方法，亦明确排除了此项损失赔偿义务。

2. 贵公司有何违约行为，该项违约行为应承担何种责任

（1）毫无疑问，贵公司在合同履行过程中逾期交付，是违约行为。依合同约定，应为此承担不超过合同总额10%的违约金。ABC因此直接从运费

中扣除其支付给他人费用（包括支付分包人重庆外代运费、ABC因逾期交付承担与华北电网公司合同中规定的违约金），并无充分依据。

（2）天津中远在超限运输手续不齐的情况下运输变压器，甚至采取了偷运手段，其行为可能视为违反合同明示条款（在合同有明确规定的情况下）或者默示条款（在合同无明确规定的情况下）关于合法运输的规定，应视为违约行为。该违约行为最终传递到贵公司，可能会认为贵公司实施了违约行为。如果这一行为得到确认，贵公司将可能为此承担超出正常路政费用以外支出的责任。因该费用ABC已支付，可以；因此转由贵公司承担。正常路政费用已包含在运费中，由承运人承担。

（3）贵公司在未获ABC书面同意的情况下的分包行为不应被认为违约。合同第八条第1款和第十二条第4款虽然规定分包行为应经过ABC的认可和同意，但并未规定这一认可和同意必须以书面形式进行。至少可以认为，在合同履行过程中，ABC是知道分包情况的，如与天津中远一起参加北京的协调会，共同签署会议文件等，自始至终未对天津中远承运提出过任何异议，甚至还直接将运费支付给了分包人天津中远。况且，合同中也没有规定如果分包未获ABC认可或同意，承包人（贵公司）应承担责任。

（4）依照法律规定，一份运输合同代表一个法律关系。因此，如果通过诉讼处理与ABC的合同纠纷，将在两个案件中处理。

三、意见

基于上述分析，本律师认为，如果不采取积极的法律行动，贵公司的利益必然受损；如果采取积极的法律行动，贵公司的利益则有可能得到主张或部分实现。

1. 针对黑龙江永源变电站运输合同

该合同早已履行完毕，依据合同规定，ABC应该支付全部运费。可以单独就此合同提起诉讼，要求ABC支付运费并承担迟延支付责任。

2. 针对北京城北变电站运输合同

该合同亦已履行完毕，依据合同规定，ABC亦应支付运费，同时主张违约责任。

对该运输合同，贵公司可以单独起诉。贵公司起诉后，ABC可能会提出反诉。但仍可为贵公司主张权利提供机会。

如果贵公司不起诉,ABC亦可能提出起诉。

关键是,不论贵公司是否提出起诉,均不能阻止ABC采取法律行动。

本律师认为,如果贵公司径行提起诉讼,通过以上诉讼,贵公司有可能获得比现在大为有利的经济利益。

四、声明

1. 本意见书所依据的事实来自于贵公司的陈述和文件,并假定贵公司的陈述和文件均为真实;

2. 本意见书所述意见,系针对贵公司的要求提出;

3. 本意见书所述意见,仅供贵公司在作出决策时参考,任何超出该范围对本意见书的使用,本律师均不承担任何责任。

重庆百君律师事务所

律师　韦　锋

2007年5月21日

评析:本法律意见书是对当事人在与对方当事人已经发生合同纠纷,且预期对方当事人有可能提起诉讼时,针对当事人提出的如何保护自己的权益,如何面对可能的诉讼确定预案所出具的法律意见书。意见书陈述事实细致,法律分析详细,意见明确。唯感不足的是,法律分析部分未提出法律依据。当然,对于该当事人而言,可以其关心的本不在法律依据,而在于选择的处理方法。

第三节　法律风险评估报告

一、法律风险评估报告的概念

法律风险评估报告是法律咨询文书的一种,是由律师对企业状况或面临的问题进行分析,对其法律风险进行评估后所出具的报告。

根据企业的要求,法律风险评估可以针对企业的某一特定问题进行,如股权结构、股东会表决方式、项目投资、知识产权转让、纠纷解决途径等单个事项进行;也可以对企业全局性问题进行,如企业存续、企业合并或分立、破产等;还可以对企业全部问题进行。

二、法律风险评估报告的基本写作要求

企业法律风险评估的要求不同,所涉及的法律调研内容也不同。但无论何种法律风险评估,对企业而言都是重大事项,故法律风险评估都要以书面形式完成,其格式仍分为首部、正文和尾部三大部分。首部和尾部格式都很简单,重点在于正文部分的风险评估内容。

三、法律风险评估报告的格式

鉴于法律风险评估涉及企业重大利益,所涉及的法律问题通常都较为复杂,故评估报告的篇幅都较长。为更好地阐述报告内容,也为了便于让受文者更好地了解报告内容,评估报告通常都要加上目录,正文部分更有若干层次的小标题。

法律风险评估报告没有规定格式。通常,一份内容完整的法律风险评估报告由下列部分组成:

(一)文书名称

通常包括案由和名称两部分组成。

(二)目录

目录通常列明正文部分两层序号和标题即可。也有的报告采用提要形式。

(三)缘由

缘由,就是律师出具法律风险评估报告的缘起。可简要陈述律师接受法律咨询的情况和当事人的诉求。

(四)事实陈述

法律风险评估报告的事实来自于两个方面,一是当事人的陈述和提供的文件,二是律师自行调查所获得的材料,包括对相关人员的询问、进行工商资料查询。

律师要求当事人的陈述必须完整、详细,律师要求掌握的资料必须真实、齐全。

为事实陈述清晰起见,评估报告的事实陈述应该划分层次,各层次之间相互衔接。如果是按企业事务分列,则每一项目应该有完整的叙述。

针对风险评估的项目或者范围,事实陈述与评估要求之间应有清晰的对应关系,事实陈述与律师掌握的材料之间亦应有清晰的对应关系。

一般说来,风险评估报告的事实陈述宜细不宜粗,宜详不宜略。

如果律师认为重要而当事人未能提供的事实或者情节,在陈述事实时应予注明。

(五)法律分析

法律分析就是风险分析。报告要向当事人提供法律依据和分析过程。通常,报告中应对相关的法律规范加以提示,必要时要援引法律规范的内容,以便为法让受文者可以自行思考或判断。法律规范的援引,要根据评估项目的需要和所涉及法律规范的范围,注意国际公约、我国与他国签订的条约或其他双边、多边文件,注意所谓内部文件规定和政府随时发布或调整的政策。

如果需要评估的项目有多个,应根据问题的重要性或者问题之间的逻辑关系,分列问题和分析内容。

进行法律风险分析时,需要对企业法律风险进行分类或者归类,或者根据企业面临的法律风险的不同类型,对风险的大小、发生风险的可能性和急迫性、可能造成的损害后果、避免或者降低风险的途径和方法等,分别加以分析评估。

有某些特定行业,对风险评级的,风险分析应对照评级标准进行。

(六)评估意见

在法律风险分析的基础上,根据当事人的诉求事项,将法律风险评估意见分列。

法律风险评估的目的,是对当事人作出风险提示。所以,评估意见部分应在风险分析的基础上,对企业存在的可能风险予以足够的、完整的、明确的提示。

(七)免责声明

免责声明是律师对自己所提出的法律风险评估报告在一定条件下不承担责任的声明。

免责声明中,也可以包括律师对法律风险评估报告限制使用的声明。

有时,免责声明也会出现在文首,或在文首和文末均出现。

（八）受文者、附件、落款

受文者是法律风险评估报告的接受者。有时，受文者也写在文首。报告篇幅过长的，可以在报告之前以函的形式表明受文者。

法律风险评估报告应列明附件。附件即当事人提供给律师的文件，也是律师概括事实的依据。

落款部分应有律师署名并加盖律师事务所印章。

四、法律风险评估报告实例评析

本文例原文共约30,000字，引文有节略。

重庆宏都建设开发有限公司
"风影郡"开发项目法律风险评估报告

要　目

第一部分　前　言

1. 重庆宏都建设开发有限公司（以下简称宏都公司）与重庆百君律师事务所（以下简称本所或我们）拟建立常年法律顾问服务合同关系。现宏都公司发现企业在经营管理中存在许多问题，特委托本所就企业进行全面的法律风险评估。

2. 在此前与企业的接触中，我们深刻了解到，宏都公司在项目开发和经营管理工作中存在诸多问题，已严重影响到了企业的正常经营管理，并已经对企业造成了严重损害，且由于问题产生的时间长、涉及人多、过程复杂，如果不进行详细梳理,很难在短时间内对宏都公司存在的问题有全面把握,更难提出合理对路的解决方法,所以,我们愿在此对宏都公司经营状况及经营管理过程中存在的问题作一番粗略的梳理,并据此提出解决办法,供企业参考。

3. 本报告所描述的事实,均来自公司管理层对我们的陈述,并辅之以部分文件(部分只有复制件)。对文件稍作整理即可发现,就一个开发公司甚至只是一个开发项目而言,这些文件显然不够完整,但已可管中窥豹。本报告即基于前述已获得的材料作出,如果今后事实发生变化,我们的分析意见亦可能随之发生变化。

第二部分　公司成立及股权变化情况

(略)

第三部分　项目开发及合作开发情况

(略)

第四部分　已产生的法律纠纷及处理情况

(略)

第五部分　有关人员与相关事实

(略)

第六部分　主要法律风险分析

一、“风影郡”项目开发中主要法律关系和风险分析

(一)“风影郡”二期工程与洪湖公司的合作关系法律风险评估

1. 宏都公司与洪湖公司《股权收购协议》名不副实。

宏都公司(甲方)与洪湖公司(乙方)签订的《股权收购协议书》,主要内容包括两方面:一是乙方收购甲方50%股权,二是乙方获得“风影郡”二期工程的开发建设权。

就股权收购而言,宏都公司股权持有人为张良先生个人,而不是宏都公

司,故宏都公司不具有签订股权转让协议的主体资格。仅就此而言,在法律上就可以认定该股权转让协议无效。就该股权收购协议的内容而言,明显是以所谓"股权出让金"为名获得二期工程的开发建设权,可以说明股权收购是假,项目联建是真。再者,股权权属以股权登记为准,而不是股权转让协议生效为准,在没有进行股权变更登记时,宏都公司股权的法律状态并没有发生变化,全部股权仍属张良先生所有。具体而言:

首先,合同当事人不对。如果洪湖公司收购股权,应该向股东收购,而不应该向股东所拥有的公司收购。宏都公司既不是股东,更不拥有宏都公司的股权。宏都公司的股东是张良先生,洪湖公司如果真的是收购股权,应与张良先生签订股权收购协议。如果以张良先生拥有宏都公司100%股权来推定宏都公司的合同意愿就是张良先生个人的意愿,这种法律推断方法在法律上也并不能得到直接确认。

其次,股权收购协议只应涉及收购股权的数量及价格等与股权有关的问题,但该协议却以"特别约定"的名义,约定了洪湖公司通过协议获得的开发项目和开发权。这样,该协议实际上就成了一方出土地,另一方出资金的合作协议,即联建协议。

最后,结合协议中约定的宏都公司从协议中获得固定回报来看,该联建协议的实质又可进一步认定为以联建为名的土地使用权转让协议。

2. 洪湖公司未履行协议约定的支付义务,有根本性违约行为,且该行为已给宏都公司造成了重大经济损失。

从前述事实可以发现,根据双方协议,洪湖公司应分两期支付给宏都公司"股权出让金"8000万元。但从财务账目来看,洪湖公司一共只支付给宏都公司1912万元"投资款"。与此同时,洪湖公司通过销售房屋、抵押贷款,却从宏都公司获得了数千万元,宏都公司现已代洪湖公司归还了5000万元贷款,支付了2622万元工程款,及300万元逾期交房违约金,并还将承担3000余万元的工程款及违约金。据初步统计,与洪湖公司的合作,最终可能导致宏都公司9000万元左右的经济损失。

很明显,洪湖公司的行为,不仅使宏都公司完全不能实现合同目的,相反遭受了重大经济损失。

3. 洪湖公司有重大违约行为,宏都公司有权解除合同。

宏都公司与洪湖公司的《股权收购协议书》中,最值得注意的有第二条价款的支付和第九条违约责任的约定。合同约定,洪湖公司应分别于2006年6月30日前和2007年6月30日前支付宏都公司各4000万元“股权出让金”,但宏都公司从洪湖公司收到的全部款项只有1912万余元。根据违约责任部分的规定,因为洪湖公司的违约行为,宏都公司有权解除合同,并有权要求洪湖公司按日支付万分之三的违约金。

(二)“风影郡”三期工程与张金生的合作关系法律分析

1. 因张金生没有房地产开发资格,宏都公司与张金生合作开发房地产不合法。

根据我国现行法律规定,个人是没有房地产开发资格的。房地产开发必须由有资质的房地产开发企业进行。因此,张金生以个人名义签订的房地产开发合同,因其违法而无效。

2. 张金生在履行合同过程中有严重违约行为,宏都公司可以据此解除合同。

张金生与宏都公司签订的合同,主要内容是张金生向宏都公司支付8000万元,获得二期工程的开发建设权,付款方式为分期付款:合同生效后5日内支付2500万元,2007年10月31日前支付2500万元,2008年5月1日前支付2500万元,2008年9月1日前支付500万元。但合同签订后,宏都公司总共只收张金生2000万元。按合同约定,张金生如果没有按照约定支付第一次及第二款项,视同放弃开发权利,由宏都公司全权处理,迟延付款超过60日,视同放弃开发权,由宏都公司全权处理。

因此,因张金生严重违约,宏都公司已经获得了解除合同的权利,并可以追究其违约责任。

(三)“风影郡”三期工程与王爱国、李建的合作关系法律风险分析

宏都公司与王爱国、李建有关三期工程“风影郡”的合作关系,体现在《开发合同》中。该开发合同约定的主要内容是简、陈二人支付7525万元获得三期工程的开发权,并同时获得二期工程余房的销售收入。但合同签订后,宏都公司并未收到简、陈二人支付的上述款项。虽然该合同中并未约定违约责任,但合同中提及双方合作事项悉依宏都公司与张金生签订之合同为准,而后者则约定了违约责任,其内容包括在张金生未依约定支付有关

款项时，宏都公司有权解除合同并追究违约责任的规定。因此，在简、陈二人未依约定支付的情况下，宏都公司有权解除合同，并追究其违约责任。

（下略）

八、对宏都公司“风影郡”二、三期项目开发中涉法行为的综合评判

1. 宏都公司在“风影郡”二期项目开发中与洪湖公司的合作方式，名义上采用的是股权收购模式，实际上是一种联建模式。结合合同中实际表达的利益分配方式，可以进一步看出，这种联建模式实际上是土地使用权转让的合作模式。这种合作模式的形式与实质的关系，早已为国家税务总局和最高人民法院所确认。因此，这种合同模式中存在企业承担纳税义务方面的重大法律风险。

2. 宏都公司在风影郡三期项目开发中与张金生、李建、王爱国、张文的合作方式，明显违规，所签订的所有合作协议均存在合法性瑕疵。这种合法性瑕疵在合同过程中出现纷争时，可以直接导致合同无效的法律后果，从而使得宏都公司的既得利益和预期利益处于不确定状态，存在重大经济风险。

3. 在发生合作方出现重大违约行为时，未及时采取追究违约责任、调整合作方式、变更合同内容及解除合同的措施，以避免或减少宏都公司的经济损失和法律风险，最后使得宏都公司不得不承担并且还将继续承担重大经济损失。

4. 在公司管理结构方面，存在过度集权，缺少制约，以致不能及时发现因此给公司造成重大法律和经济风险的情况，在出现重大法律责任和经济损失时，亦不能及时采取有效措施，消除和降低不利后果。

第七部分　消除和降低法律风险的建议

综合本报告的上述内容，我们认为，宏都公司在风影郡项目开发中，已经遭受了重大经济损失，还存在继续产生重大经济损失的可能。为此，我们提出的解决方案，目的在于减少损失、降低风险，而不是避免损失、消除风险，重新获得完整的项目开发权，并将此前的纷争作一了结。我们还必须提醒，在采取下述措施的实施有可能带来新的法律争端。

我们建议：立即提请公司召开特别董事会会议，作出并实施如下决议：

1. 将公司总经理黎明涉嫌职务侵占、公司人员受贿的材料进行清理，

清理完成后，以公司名义向市公安局经侦总队报案，要求公安机关对公司总经理黎明立案侦查，同时要求冻结其全部资产。

2. 撤销黎明总经理职务，解除劳动合同关系。

3. 解除与洪湖公司的合同，向洪湖公司送达解除合同通知书。

4. 立即解除与张金生的《合作开发"风影郡"房地产合同》，向张金生送达解除合同通知书。

5. 解除与王爱国、李建的《开发合同》，及张良（以个人名义）与李建、王爱国、张文的《宏都"风影郡"三期工程补充协议》，向相关各方送达解除合同通知书。

实施上述第3、4、5项工作，如果直接送达困难，即以公证方式送达。

6. 立即与明渝公司恢复还款谈判，争取在10月31日前与明渝公司达成还款协议，用以取代原还款协议，以新的协议消除原协议中对宏都公司的重大不利因素，但很可能要付出较大代价。

7. 做好解除上述诸合同后的清理、清算准备，和自行开发三期工程的准备工作。如果仍准备进行合作开发，则必须事先做好周密筹划后再行实施。

8. 准备与现已和宏都公司签订三期开发项目的单位沟通，并作好安抚计划。

9. 在采取上述行动的同时，对因采取上述行动可能引发的新的诉讼风险另行作专题研究，并在其发生时立即着手进行。

采取上述措施，应有通盘考虑和周密计划，行动应坚决和迅速。

第八部分 声 明

1. 本报告所记录并作为分析依据的事实，除有部分文件印证外，有很大部分均系根据公司有关人员的回忆和转述，其不准确和不全面之处恐在所难免。如果将来获得的新情况和新材料证明的事实与现在记录的事实不一致，分析意见亦将可能随之发生变化。

2. 本报告所做的分析系根据现行有效的法律规范和政策性文件，如果法律规范和政策性文件规定发生变化，分析意见亦将可能随之发生变化。

3. 本报告所提出的解决问题的建议，仅系以所知事实和保护公司利益为基础，并未考虑公司在处理开发项目过程中所处的宏观环境和与该开发项目有关或无关的其他事件，故本报告提出的建议只能作为公司决策的参考。

重庆百君律师事务所
律师　韦　锋
二〇〇八年十月二十八日

评析：这份法律风险评估报告，系在企业已经面临重大而紧迫危险时，应企业要求所出具。虽然篇幅已经很长，但因时间紧迫，一时尚不能对采取化解现有法律风险的措施时可能引发的新的诉讼风险及其后果作出详细评估。从这个意义上讲，这份法律风险评估报告内容尚不能算是完整的。因文例篇幅太长，节略后可能对于理解法律风险评估报告的方法有一定困难。

【思考题】

1. 什么是法律咨询文书？在法律实践中，法律咨询文书有哪些不同的文书名称？
2. 律师完成法律咨询工作，通常要经过哪几个阶段？
3. 了解并揣摸法律意见书和法律风险评估报告的结构和内容，找几份法律意见书和法律风险评估报告进行比较分析，学习法律意见书和法律风险评估报告的写法。

第十章　公证法律文书

内容摘要

公证法律文书泛指一切与公证有关的法律文书，它们记载着公证工作的全部过程，反映了公证工作的成果，在法律文书体系中有无可替代的重要地位。本章第一节从宏观层面着眼，首先介绍了公证法律文书的概念与特点，效力、分类以及结构、基本写作方法等内容，将公证法律文书的基础性知识原理直观地呈现出来。第二节和第三节分别从微观角度入手，全面、细致地剖析常见的、制作难度较大的要素式公证书、定式公证书写作要点，并举出实例，希望借此达到了解公证法律文书知识，学习公证法律文书的思维原理，掌握和提高公证法律文书的制作水平的目的。

第一节　公证法律文书概述

一、公证法律文书概念

在中国，公证并非新鲜事物，它的起源可追溯至西周。当时，不动产交易需要履行如下程序：

第一，通过要约和承诺，达成协议。

第二，达成协议后，须取得官方认可，周王责成司徒、司马、司空专门负责监督处理，实际上起到了公证人的作用，其职责具体包括：首先，要约人呈报，求得三有司认可，并向三有司陈述立契的事由和交易对象；其次，三有司与受约人作固定的口头套语对答；再次，三有司认可，契约生效；最后，受约人宣誓,以示信守。

第三,踏勘地界,测量四至,交易主体现场交付标的,办理田地的移交手续。

第四,增添田产表明家大业大,为喜庆之事,故举行宴会,请客送礼,以示庆贺。

第五,铸钟鼎盘盂等青铜器皿,将交易过程以文字形式固定下来,以确证所有权转移。

由此,西周时期刻于铜器上的铭文的部分内容可视为我国最早的公证证词,虽然该公证证词载有固定的程序和内容,但由于公证内容与当事人的契约内容以及交易标的转移所有权的手续混杂在一起,所以并没有形成完全意义上的专门的独立的公证书。

中国当代公证制度萌芽于20世纪40年代中期。但在新中国成立后很长一段时期里,它的发展并未得到国家足够的重视。改革开放以后,中国经济的飞跃带动了公证事业的高速发展。《公证法》正式颁布之后,公证在我国社会主义法律制度中的地位得到了巩固和强化。依照《公证法》第2条的规定:“公证是指公证机构根据自然人、法人或者其他组织的申请,依照法定程序对民事法律行为、有法律意义的事实和文书的真实性、合法性予以证明的活动。”将这种活动固定下来的凭证就是公证法律文书。它是公证机关根据法定程序进行证明活动时所制作的各类相关文书的总称。它由两部分组成:一部分是对外具有直接法律效力,能对当事人的权利义务关系产生直接影响的公证文书。它包括公证书、决定书、公证法律意见书等,另一部分是对外不具有直接法律效力,而只对公证文书的制作起着支撑、辅助作用的文书,如公证申请书、谈话笔录、告知书、现场记录、送达回执等,称为公证辅助文书。本章不一一介绍每一种公证法律文书的格式和内容,只讲解常用的重要的对外具有直接法律效力的公证文书的写作技巧,让同学们了解公证法律文书制作的基本逻辑原理。

二、公证法律文书的特点

1. 法律性。法律性主要表现为公证法律文书只能由获得国家法律法规授权的专业公证机构及其公证员来制作。

2. 非诉讼性。公证是通过证明双方无争议的事项,达到预防纠纷、强化法律监督、减少诉讼的目的。公证法律文文书的非诉讼性体现于:它所涉及的内容本身没有争议。它是在纠纷发生之前做出的,这不同于人民法院的判决书。后者是在纠纷发生后,出于解决纠纷之目的而做出。

3. 灵活性。人们身处的社会日新月异,公证所面对的案件情况也在不断变化。这决定了公证法律文文书不可能简单复制、一成不变。公证员在制作公证法律文书时,要适度发挥个人主观能动性。特别是在告知书、谈话笔录、现场记录等文书中,公证员要深入了解案情,根据申请人办理公证的最终目的及用途对文书内容进行适当调整,如实、全面地反映所证事项,增强其实用性。但是,公证法律文书的灵活性有一个“度”,这个“度”就是法律法规的相关硬性规定,公证法律文书的灵活性必须服从,而不得逾越它。这一点在公证法律文书的写作中表现得尤为突出。

三、公证法律文书的效力

(一)法定效力

1. 证据效力

《民事诉讼法》第67条规定:“经过法定程序公证证明的法律行为、法律事实和法律文书,人民法院应当作为认定事实的证据,但有相反证据足以推翻公证证明的除外。”《公证法》第36条规定:“经公证的民事法律行为、有法律意义的事实和文书,应当作为认定事实的根据,但有相反证据足以推翻该项公证的除外。”最高人民法院《关于适用民事诉讼法若干问题的意见》第75条规定:“已为有效公证书所证明的事实,当事人无需举证。”证据效力是公证书最基本的效力。首先,它对义务承担者有约束作用,促使其认真履行相关法律义务。其次,双方当事人若发生纠纷,法院可直接对该公证书予以采纳并作出裁判。

2. 法律要件效力

许多国家为了指导和监督当事人法律行为的设立、变更和终止,使之符合国家法律,在民法中规定某些法律行为(契约、合同、买卖、让与、债权及其他无形权利的转让、租赁、合伙、委托)必须经过公证或由当事人协商选择公证。在这种情况下,公证成为法律行为成立的必备条件之一。《德意志联邦共和国民法典》第311条规定:“当事人一方以契约让与其现存财产的一部分,或对其设定用益权为义务者,其契约需要公证证书。”《法国民法典》第 1750 条规定："如租约非经公证作成或无确定日期者，买受人不受任何损害赔偿责任。"《蒙古人民共和国民法典》第 210 条规定："如果委托向国家机关、合作社和其他社会团体实施某种行为或者委托实施管理财产的行为，为了防止无效，委托书应当经过公证证明。"

同时，按照某些国际惯例、双边协定或者当事人的约定，我国公民出国使用的文书，必须经公证机构公证，经外事机关或驻国外的领事馆的确认，才能在国外发生法律上的效力。

3. 强制执行效力

《公证法》第 37 条规定："对经公证的以给付为内容并载明债务人愿意接受强制执行承诺的债权文书，债务人不履行或者履行不适当的，债权人可以依法向有管辖权的人民法院申请执行。"《民事诉讼法》第 218 条第 1 款规定："对公证机关依法赋予强制执行效力的债权文书，一方当事人不履行的，对方当事人可以向有管辖权的人民法院申请执行，受申请的人民法院应当执行。"债权文书一旦经过相应公证具有了强制执行效力，债权人就不必再经过漫长的诉讼程序而可直接申请法院执行，更好地保护自身合法权益。

4. 其他方面的效力

《合同法》第 186 条规定："赠与人在赠与财产的权利转移之前可以撤销赠与。具有救灾、扶贫等社会公益、道德义务性质的赠与合同或者经过公证的赠与合同，不适用前款规定。"《合同法》第 188 条规定："具有救灾、扶贫等社会公益、道德义务性质的赠与合同或者经过公证的赠与合同，赠与人不交付赠与的财产的，受赠人可以要求交付。"《继承法》第 20 条第 3 款规定："自书、代书、录音、口头遗嘱，不得撤销、变更公证遗嘱。"

（二）时间效力

时间效力是公证法律文书的特色所在，不同的公证法律文书有不同的时间效力。如婚姻状况公证书、未受刑事处分公证书在不同的国家使用便有不同的时间效力，一般为三个月、六个月或一年；遗嘱公证于立遗嘱人死亡之时方能发生法律效力。

（三）空间效力

我国公证机构所出具的公证法律文书不仅在国内适用，也通行于域外。这是其他法律文书所难以比拟的效力优势。

四、公证法律文书的分类

公证法律文书可按以下标准进行分类：

1. 按照制作要求及具体格式的差异，可分为定式公证书及要素式公证书。本教材即采用此分类方法，并分两节分别介绍要素式公证书和定式公证书。

定式公证书，是指严格按照司法部规定的固定格式和文字制作而成的公证书。当前，绝大多数公证事项仍采用此种公证书。其优点在于格式相对固定，有利于提高办证效率，对内容简明、需要批量化出证的公证事项尤其具有实用意义。

要素式公证书，是指文书内容由规定的要素构成，公证员根据公证事项的具体情况在行文结构、文字表述上适度调整、酌情撰写的公证书。要素式公证书的证词内容包括必备要素和选择要素两部分。“必备要素”为公证书证词中必备内容；“选择要素”为根据公证证明的实际需要或当事人的要求，酌情在公证书证词中写明的内容。

2. 按照公证事项性质的差异，可分为法律行为类公证书、事实类公证书等。

法律行为类公证书，包括合同（协议）公证书，赠与公证书，委托书公证书，遗嘱公证书，继承公证书等。

事实类公证书，包括出生、死亡、生存公证书，婚姻状况公证书，学历、经历公证书，无（有）犯罪记录公证书，住所、国籍公证书等。

文书类公证书，包括文书上的签名（印鉴）公证书，文本相符公证书。

强制执行类公证书，包括强制执行以及拆迁补偿，安置协议公证书等。

3. 按照公证事项包含因素的差异，可分为国内公证书、涉外公证书及涉港澳台公证书。

国内公证书是指公证的当事人、所证明的对象或公证书使用地都不包含涉外因素的公证书。涉外公证书是指上述三个方面中至少有一个或一个以上包含涉外因素的公证书。涉港澳台公证书则指上述三个方面中至少有一个或一个以上包含涉港澳台因素的公证书。

第二节　要素式公证法律文书

一、要素式公证法律文书概念

要素式公证书，是指文书内容由规定的要素构成，公证员根据公证事项的具体情况在行文结构、文字表述上适度调整、酌情撰写的公证书。

为适应公证工作发展的趋势，充分发挥公证的作用，自2000年起，司法部在全国范围内对保全证据、现场监督、合同（协议）三类公证书试行要素式公证书格式。随后，为进一步扩大要素式公证书的使用范围，自2009年7月1日起，在全国范围内推行继承类、强制执行类要素式公证书和法律意见书格式。

二、要素式公证法律文书的基本写作要求

要素式公证书格式的内容丰富，从根本上改变了传统定式公证书格式简单的证明方式，是对传统公证书格式的全面突破。特别是自2009年起推行的继承类、强制执行类要素式公证书和法律意见书，不仅相关公证事项的业务量大，而且涉及的法律关系复杂。因此，要素式公证书格式对公证员的法律专业知识和公证执业技能提出了新的更高的要求。公证员唯有强化学习，不断提高自身素质与分析判断能力，高度重视办证程序的严谨性，方能制作出高质量的要素式公证书。

（一）要素式公证法律文书的内容

尽管要素式公证书的正文内容不尽相同，但大体上，都是由必要要素和选择要素两部分组成的。

1.“必备要素”。顾名思义，是指正文中必须具备、不可或缺的内容，这些要素是正文最核心的部分。总的说来，必备要素主要包括：申请人姓名或全称、申请日期及申请事项，公证人员在公证过程所做的主要工作，如参与人员，公证员是否就重要问题进行了询问，对何人进行的上述询问，对取得的证据是否履行了提示义务等。公证员结论，包括当事人主体资格是否合法、意思表示是否真实等内容。

2."选择要素",是指根据具体案件的情况,或者根据当事人的请求,酌情在正文中列明的内容。公证事项若有差异,选择要素便各不相同。下文将分别列举,此处不赘述。

(二)要素式公证法律文书的结构

从结构上讲,要素式公证书都包含以下部分:

1. 公证的申请受理情况。包括申请人全称或姓名、申请公证的时间和公证事项、对申请人的申请事由简要描述等。

2. 公证机构查明的事实。根据案情及查明的情况如实列明。

3. 公证的理由。即公证的事实依据与法律依据。此部分是公证书写作的重点和难点,亦是得出公证结论的基础。公证员应当充分、透彻地论述其合理性与合法性。

4. 公证结论。即公证书的主题。公证结论应当言简意赅、合乎规范。

三、要素式公证法律文书的格式

以继承类公证书为例:

继承权公证书是指公证处按照法定程序证明继承人具有继承被继承人合法财产的权利而出具的公证书。

公 证 书

( )××字第××号

申请人:(基本情况)[注1]

委托/法定代理人(基本情况)[注2]

被继承人:(基本情况)[注3]

公证事项:继承权

证词内容

一、必备要素

(一)继承人姓名、申请日期、申请事项。

(二)当事人提供的证明材料[注4]。

(三)公证机构向当事人告知继承权公证的法律意义和可能产生的法

律后果。

(四)公证机构查明(审查核实)的事实,包括:

1. 被继承人的死亡时间、地点。

2. 继承人申请继承被继承人的遗产的情况[注5]。

3. 经向所有继承人核实,被继承人生前是否立有遗嘱、遗赠扶养协议[注6]。

4. 被继承人的全体继承人,有无死亡的继承人;继承人与被继承人的亲属关系[注7];代位继承情况及其他继承人[注8]。

5. 继承人中有无丧失继承权的情况[注9]。

6. 有无放弃继承权的情况[注10]。

(五)公证结论

1. 法律事实、理由[注11]。

2. 被继承人遗留的个人财产为合法财产。

3. 被继承人的合法继承人[注12]。

4. 被继承人的遗产由何人继承、如何继承[注13]。

二、选择要素

(一)被继承人的死亡原因[注14]。

(二)继承人提供的主要证据材料的真实性、合法性。

(三)适用遗嘱继承的,当事人是否了解遗嘱的内容。公证机构经向所有继承人核实,用于遗嘱继承的遗嘱为被继承人所立的最后一份有效遗嘱[注15]。

(四)对遗嘱见证人、执行人、遗产的使用人、保管人等事项的说明。

(五)根据遗嘱信托办理继承权公证的,应当根据遗嘱的内容,列明受托人应当承担的义务。

(六)根据《公司法》、《保险法》、《合伙企业法》、《个人独资企业法》等有关继承的特别法的规定办理继承权公证的,写明特别法的具体适用。

(七)被继承人生前未缴纳的税款和债务情况,继承人对此所作的意思表示。

(八)公证员认为需要告知的有关继承的其他法律规定。

(九)公证员认为需要说明的其他事实或情节。

中华人民共和国××省××市(县)××公证处

公证员(签名或签名章)

××××年××月××日

[注]

1. 申请人是指向公证机构提出继承权公证申请的人,包括继承人和继承人的委托代理人、法定代理人。没有向公证机构提出申请的继承人,不列为申请人。基本情况包括:姓名、性别、出生日期、身份证件名称和号码、住址,外国人应写明国籍。

2. 委托/法定代理人指根据授权委托书或法律规定,代理继承人申请办理公证的人。

委托代理人需提交经公证的授权委托书;法定代理人需提交有代理权资格的证明。

3. 被继承人基本情况包括:姓名、性别、出生日期、生前住址。

4. 当事人提供的证明材料应详细列明。

5. 公证机构只对继承人申请继承的被继承人的遗产的情况进行核实,核实的内容包括:个人合法财产及财产权利的种类、数量,是否与他人共有或者是夫妻共同财产,是否有典当、抵押、出质或其他权利受限制情况,现存放何处,由何人保管。

被继承人的遗产应详细列明,财产种类、数量较多的可制作成财产清单作为公证书附件。

6. 公证机构必须向所有法定继承人进行核实,确认被继承人生前是否立有遗嘱或与他人订立遗赠扶养协议。有遗嘱的,按照遗嘱继承或者遗赠办理;有遗赠扶养协议的,按照协议办理。有遗嘱、遗赠扶养协议的必须审查其真实性、合法性,并应注意遗嘱、遗赠扶养协议是否包括被继承人全部的遗产。

7. 首先核实被继承人第一顺序继承人,注明其身份,没有第一顺序继承人的应予以说明,其次再核实第二顺序继承人的身份。特别应注意《继承法》第十条、第十二条有关子女、父母、兄弟姐妹、丧偶儿媳、女婿的规定。符合《继承法》规定条件的继承人均予以列入。

8. 主要查明继承人与被继承人死亡的先后时间,核实代位继承的代位继承人、其他继承人是否符合条件。

9. 继承人丧失继承权的情况为《继承法》第七条规定的行为,未发生第七条规定情况的不写。

10. 继承人放弃继承权的,公证员应进行询问,询问过程应写入询问笔录,或者提交经公证的放弃继承权声明书,但应注意继承人放弃继承权的行为是否致其不履行法定义务。

继承人放弃继承权的，证词中应具体写明继承人放弃继承的遗产的范围。

11. 注意正确引用《中华人民共和国继承法》、《最高人民法院关于贯彻执行〈中华人民共和国继承法〉若干问题的意见》的具体条款。

12. 所有合法继承人应全部列上。

13. 情况复杂的，可以表述具体继承份额、有无代为保管遗产的人，等等。继承人之间就遗产分割达成协议的，如协议内容合法，可以作为分割遗产的依据。

14. 申请人提供的证据材料能够说明被继承人死亡原因的，可以在证词中写明。死亡原因包括：因病、意外事件、被害、自杀、被法院宣告死亡等。如被害死亡，尤应审查是否是继承人所为，是否导致继承人丧失继承权。

15. 适用遗嘱继承的，此项为必备要素。公证机构必须向所有继承人核实用于办理继承权公证的遗嘱是否为被继承人生前所立的最后一份有效遗嘱，遗嘱是否已为缺乏劳动能力又没有生活来源的继承人保留必要的遗产份额等。

四、要素式公证法律文书范例及评析

范例一：继承权公证书实例

案情介绍：

2009年3月12日，陈××（身份证号××××××××××××××××××，生前住重庆市渝中区××街××号）因病在重庆市渝中区××医院死亡。陈××生前与其配偶罗××（身份证号××××××××××××××××××，现住重庆市渝中区××街××号）拥有下列共同财产：(1)坐落于重庆市渝中区××街××号的一套房屋，《房屋产权证》编号为××××××。(2)存款：人民币××××××元，现存××××银行，存单号码为××××××。陈××与罗××育有一子陈×钢（身份证号××××××××××××××××××××，现住重庆市江北区××路××小区××幢××号）。陈××的父亲陈×良（身份证号××××××××××××××××××，现住重庆市渝中区××街××号）、母亲张×霞（身份证号××××××××××××××××××××，现住重庆市渝中区××街××号）均在世，但上述二人均表示放弃各自的继承权。陈××生前没有留下任何遗嘱，亦未与他人签订遗赠扶养协议。现罗××、陈×钢、陈×良、张×霞向重庆市公证处就陈××遗留的财产申请办理继承权公证。

文书制作：

公 证 书

（ ）渝证字第××号

申请人：罗××，女，××××年××月××日出生，身份证号码：××××××××××××××××××××，现住重庆市渝中区××街××号。

陈×钢，男，××××年××月××日出生，身份证号码：××××××××××××××××××××，现住重庆市江北区××路××小区××幢××号。

陈×良，男，××××年××月××日出生，身份证号码：××××××××××××××××××××，现住重庆市渝中区××街××号。

张×霞，女，××××年××月××日出生，身份证号码：××××××××××××××××××××，现住重庆市渝中区××街××号。

被继承人：陈××，男，××××年××月××日出生，身份证号码：××××××××××××××××××××，生前住重庆市渝中区××街××号。

公证事项：继承权

申请人罗××、陈×钢、陈×良、张×霞因继承被继承人陈××的遗产，于××××年××月××日向本处申请办理继承权公证，并提供了以下证明材料：××××。

根据《中华人民共和国公证法》的规定，本处对申请人提交的权利证明及相关证据材料进行了审查核实，并对申请人及有关人员进行了询问，现查明如下事实：

一、被继承人陈××于××××年××月××日因病在重庆市渝中区××医院死亡。

二、继承人罗××、陈×钢、陈×良、张×霞向本处申请继承被继承人陈××遗留的财产（被继承人陈××生前与其配偶罗××的夫妻共同财产），包括：

（一）坐落于重庆市渝中区××街××号的一套房屋，《房屋产权证》编号为××××××。（二）存款：人民币×××××××元，现存××××银行，存单号码为××××××。

三、据被继承人陈××的所有继承人罗××、陈×钢、陈×良、张×霞称，被继承人陈××生前无遗嘱，亦未与他人签订遗赠扶养协议。继承人对被继承人生前无遗嘱及遗赠扶养协议无争议，截至本公证书出具之日亦未有他人向本处提出异议。

四、被继承人陈××的配偶罗××；被继承人陈××的儿子陈×钢；被继承人陈××的父亲陈×良；被继承人陈××的母亲张×霞。

五、现罗××、陈×钢均表示要求继承被继承人陈××的遗产，陈×良、张×霞表示放弃对被继承人陈××的遗产继承权。

根据上述事实并依据《中华人民共和国继承法》第三条的规定，被继承人陈××死亡时遗留的上述个人合法财产为陈××的遗产（或依据《中华人民共和国继承法》第三条、第二十六条的规定，上述夫妻财产的一半为死者陈××的遗产）。根据《中华人民共和国继承法》第五条、第十条、第二十五条的规定，被继承人的遗产应由其配偶罗××、儿子陈×钢、父亲陈×良、母亲张×霞共同继承，因陈×良、张×霞放弃对被继承人陈××的遗产继承权。因此，兹证明被继承人陈××的遗产由罗××、陈×钢继承（或者根据继承人之间就分割遗产达成的协议，被继承人陈××的遗产由罗××、陈×钢继承）。

中华人民共和国重庆市公证处
公证员（签名或签名章）
××××年××月××日

评析：这份继承公证书格式规范，内容完整，思路清晰，文字表达无歧义，关于继承法律关系的各要素列举清楚，对各继承人哪些放弃、哪些拥有继承权核实明确，是一份可供参考的优秀要素式公证法律文书范例。

因为公证书实用性很强，为了方便学习者使用和查阅，本节将再举几个范例，但不再评析。

范例二：

具有强制执行效力的债权文书公证书实例

案情介绍：

李××于××××年××月××日与中信银行重庆市××支行签订了《个人住房借款合同》及其《补充协议》，现双方一致同意，就上述合同与协议向重庆市公证处申请办理具有强制执行效力的债权文书公证。

文书制作：

具有强制执行效力的债权文书公证书

（　　）××字第××号

申请人：借款人：李××，男，××××年××月××日出生，现住重庆市渝北区××路××号，身份证号码：××××××××××××××××××。

贷款人：中信银行重庆市××支行，地址：重庆市××路××号。

负责人：刘××，女，××××年××月××日出生，现住重庆市九龙坡区××路××号，身份证号码：××××××××××××××××××。

代理人：杨××，男，××××年××月××日出生，现住重庆市渝中区××路××号，身份证号码：××××××××××××××××××。

公证事项：赋予个人住房借款合同及其补充协议强制执行效力

申请人李××（下称"甲方"）、中信银行重庆市××支行（下称"乙方"）于××××年××月××日向本处申请对前面的《个人住房借款合同》及其《补充协议》（下称"该合同及补充协议"）进行公证并赋予该合同及补充协议强制执行效力。

甲方向本处提交了下述证明材料：一、甲方与其配偶董××的身份证、居民户口簿、结婚证；二、商品房买卖合同；三、购房首付发票；四、个人职业及收入证明。乙方向本处提交了下述证明材料：一、注册号为企字××××号营业执照（副本）；二、编号为××××号金融机构营业许可证（副本）；三、负责人刘××身份证；四、乙方委托杨××为代理人的《授权委托书》。

经查，甲乙双方依法均具有签订该合同及补充协议、建立借贷法律关系的民事权利能力和民事行为能力。本公证员就该合同及补充协议的内容及甲乙双方提交的证明材料依法进行了审查，因甲方及其配偶董××未就该合同及补充协议项下的房产做过夫妻财产约定，故本公证员要求甲方及其配偶共同确认该合同及补充协议的内容，并告知了强制执行公证的有关法律规定、法律意义和可能产生的法律后果。在此基础上，甲乙双方经协商，订立了本公证书前面的合同及其补充协议。双方在该合同及补充协议中明确约定了借款的币种、数额、还款期限、利率及其违约责任等条款；为保证债务的履行，甲方作出了自愿接受强制执行的意思表示，甲方配偶董××在本公证员面前另行签署了对该合同及补充协议无异议的《确认书》并办理了公证[公证书编号：××××]。甲乙双方并就债务人违约时本处应债权人的申请出具《执行证书》前的核实内容、程序达成了明确、具体的约定。

依据上述事实，兹证明甲方李××与乙方中信银行重庆市××支行负责人的代理人杨××于××××年××月××日在重庆市，在本公证员面前签署了前面的《个人住房借款合同》及其《补充协议》，当事人的签约行为符合《中华人民共和国民法通则》第五十五条的规定，该合同及补充协议的内容符合《中华人民共和国合同法》的有关规定，合同、协议上双方当事人的签字、印章均属实。

根据《中华人民共和国民事诉讼法》第二百一十四条、《中华人民共和国公证法》第三十七条和《最高人民法院、司法部关于公证机关赋予强制执行效力的债权文书执行有关问题的联合通知》的有关规定，自前面的《个人住房借款合同》及其《补充协议》生效及债权债务形成之日起，本公证书具有强制执行效力。

中华人民共和国重庆市公证处

公证员（签名或签名章）

××××年××月××日

范例三：执行证书实例

案情介绍：

张××与工商银行重庆市××支行签订了《个人住房抵押贷款合同》，

依据该合同,张××向工商银行重庆市××支行借款人民币××××元整,借款期限为××年。并将其所购买的坐落于重庆市沙坪坝区××路××号××室的房产及相应占用的土地使用权抵押给该银行。该借款合同经本处公证并赋予强制执行效力[公证书编号:××××]。现借款人违反该合同约定,已累计××个月未如数归还贷款本息。因此,工商银行重庆市××支行向本处申请出具执行证书,以实现其合法权益。

文书制作:

执行证书

( )渝证执字第××号

申请执行人:工商银行重庆市××支行(系贷款人、抵押权人)

住所:重庆市沙坪坝区××路××号

负责人:蒋××,男,××××年××月××日出生,现住重庆市渝中区××路××号,身份证号码:××××××××××××××××××。

被申请执行人:张××,男,××××年××月××日出生,现住重庆市沙坪坝区××路××号××室,身份证号码:××××××××××××××××××。

申请执行人工商银行重庆市××支行于××××年××月××日向本处申请出具该支行与被申请执行人张××签订的具有强制执行效力的《个人住房抵押贷款合同》(下称"该合同")的执行证书。

经查,贷款人于××××年××月××日与借款人签订了该合同。该合同经本处公证并赋予强制执行效力[公证书编号:××××]。根据该合同,借款人为购房向贷款人借款人民币××××××元整,借款期限为××年。依该合同,借款人将其所购买的坐落于重庆市沙坪坝区××路××号××室的房产及相应占用的土地使用权抵押给贷款人,作为借款人按期归还所借款项人民币××××××元整和支付利息、违约金、损害赔偿金及债权人实现抵押权的费用的担保。双方当事人在该合同中约定:自该合同生效之日起,借款人连续三个月或累计六个月未能按期如数还款的,即视为违约；合同中并特别约定：该合同经公证后具有强制执行效力，贷款人可向有管辖权的人民法院申请强制执行，借款人自愿直接接受强制执行。

根据《公证程序规则》、有关办证规则的规定及双方当事人在该合同中事先约定的方式，本处对本执行证书所涉及的债权债务进行了核查。现查实，该合同项下的抵押物已依法办理了房地产抵押登记，《房地产其他权利证明》编号为××××。贷款人已按约如数放款给借款人，借款人违反该合同约定，已累计××个月未如数归还贷款本息（借款人累计已还本金××××××元整，利息××××元整），至××××年××月××日尚欠贷款本金人民币××××××元整、利息××××元整、罚息××××元整。

现应申请执行人工商银行重庆市××支行的申请，根据《中华人民共和国民事诉讼法》第二百一十四条和《中华人民共和国公证法》第三十七条的规定以及申请执行人与被申请执行人所作的约定，特出具本执行证书。申请执行人工商银行重庆市××支行可持本证书向重庆市有管辖权的人民法院申请强制执行。被申请执行人为张××，执行标的为：本金人民币××××××元整、利息××××元整（截至××××年××月××日为止）、罚息××××元整以及申请执行人为实现抵押权所支付的费用。

根据《中华人民共和国民事诉讼法》第二百一十五条规定，申请执行的期间为二年。申请执行时效的中止、中断，适用法律有关诉讼时效中止、中断的规定。前款规定的期间，从法律文书规定履行期间的最后一日起计算；法律文书规定分期履行的，从规定的每次履行期间的最后一日起计算；法律文书未规定履行期间的，从法律文书生效之日起计算。

中华人民共和国重庆市公证处
公证员（签名或签名章）
××××年××月××日

范例四：保全证据类公证书实例

案情介绍：

王××因与何××发生纠纷，准备向人民法院提起诉讼，向我处申请对证人章××的证言进行保全证据。

文书制作:

公　证　书

(　　)渝证字第××号

申请人:王××,男,××××年××月××日出生,身份证号码:××××××××××××××××××,现住重庆市大渡口区××街××号。

关系人:章××,女,××××年××月××日出生,身份证号码:××××××××××××××××××,现住重庆市沙坪坝区××街××号。

公证事项:保全章××的证人证言。

申请人王××因与何××发生纠纷,准备向人民法院提起诉讼,于××××年××月××日向我处申请对证人乙的证言进行保全证据。

根据我国法律的有关规定,本公证员与公证员×××于××××年××月××日××时××分,在重庆市××街××号对证人章××就××××一事进行了询问,并制作了《证人证言》一份共××页,同时对证人章××的上述证言进行了录音,得到录音磁带一盘,已由公证员×××当场封存,并由章××签名予以确认。

兹证明证人乙在上述谈话过程中意思表示真实。与本公证书相粘连的《证人证言》(共××页)的复印件与原件内容相符,章××阅读了原件全文,其在原件上的签名属实;现保存于我处的录音磁带一盘所记载的内容为章××亲口所述。

附件:《证人证言》的复印件共××页。

中华人民共和国重庆市公证处

公证员(签名或签名章)

××××年××月××日

范例五:现场监督类公证书实例

案情介绍:

××公司向本处提出申请,请求对××××年××月××日举行的×

×拍卖活动进行现场监督公证。

文书制作:

公 证 书

( )渝证字第××号

申请人:重庆市××公司,住所地:重庆市渝北区××路××号××大厦。

公证事项:××拍卖

重庆市××公司于××××年××月××日向本处提出申请,对××××年××月××日举行的××拍卖活动进行现场监督公证。

经查,重庆市××公司向本处提交了××××、××××(证明材料名称)均真实、有效。委托人×××、拍卖人重庆市××公司,拍卖师×××符合《中华人民共和国拍卖法》第三章的规定,竞买人×××、×××、×××符合《拍卖公告》的规定,委托人对拍卖标的享有合法处分权。本次拍卖活动已得到×××(审批机构名称)批准。重庆市××公司于××××年××月××日发布了拍卖公告,并于××××年××月××日展示了拍卖标的,拍卖规则和拍卖程序符合《中华人民共和国拍卖法》的规定。

根据《中华人民共和国拍卖法》、《中华人民共和国公证法》、《公证程序规则》的规定,本处公证员×××、×××于××××年××月××日在×××(地点)出席了拍卖现场。经审查和监督,拍卖活动中采用的××××(具体拍卖方式)和××××(具体竞价形式)符合拍卖规则,拍卖结果为×××以人民币×××××××××元购得拍卖标的。

兹证明本次拍卖活动及拍卖结果真实、合法、有效。

附件:(1)成交确认书

(2)××××

中华人民共和国重庆市公证处

公证员(签名或签名章)

××××年××月××日

范例六:合同(协议)类公证书实例

案情介绍:

重庆市××公司与李××签订了《××合同》,就该合同向我处申请公证。

文书制作:

公 证 书

( )渝证字第××号

申请人:甲方:重庆市××公司,营业执照编号:××××××××××,住所地:重庆市九龙坡区××路××号。

法定代表人:吴××,男,职务:×××,身份证号码:××××××××××××××××××。

委托代理人:邓××,女,××××年××月××日出生,现住重庆市渝中区××路××号,身份证号码:××××××××××××××××××。

乙方:李××,女,××××年××月××日出生,现住重庆市巴南区××路××号,身份证号码:××××××××××××××××××。

委托代理人:易××,男,××××年××月××日出生,现住重庆市渝北区××路××号,身份证号码:××××××××××××××××××。

公证事项:××合同

甲、乙双方于××××年××月××日向本处申请办理前面的《××合同》公证。

经查,甲、乙双方经协商一致订立了前面的《××合同》。甲、乙双方在订立合同时具有法律规定的民事权利能力和民事行为能力,委托代理人邓××、易××均具有相应的代理权,双方当事人签订《××合同》意思表示真实,合同条款完备、内容明确、具体,合同项下标的符合法律规定的出售条件,共有人×××对出售该标的物无异议。

依据上述事实,兹证明重庆市××公司的法定代表人吴××的委托代理人邓××与李××的委托代理人易××于××××年××月××日在××

(合同签订地点)、在本公证员面前签订了前面的《××合同》。双方当事人的签约行为符合《中华人民共和国民法通则》第五十五条的规定,合同内容符合《中华人民共和国合同法》的规定,合同上双方当事人的签字、印鉴属实。

该合同自双方签字、盖章之日起生效。

中华人民共和国重庆市公证处
公证员(签名或签名章)
××××年××月××日

第三节　定式公证法律文书

一、定式公证法律文书的概念

定式公证书,是指严格按照司法部规定的固定格式和文字制作而成的公证书。当前,绝大多数公证事项仍采用此种公证书。其优点在于格式相对固定,有利于提高办证效率,对内容简明、需要批量化出证的公证事项尤其具有实用意义。

二、定式公证法律文书的基本写作要求

现行定式公证书格式制定于1992年,它们是中国公证事业快速发展的重要基础。定式公证书以统一的格式来规束公证书的制作,确实有利于公证书的规范化,也便于操作管理,提高工作效率,同时能够在国际交往中以整齐划一的庄重形象维护国家尊严。然而,经过近二十年的发展,现行的定式公证书格式逐渐暴露出其固有缺陷,如过于死板,实用性差,难以满足社会需求,无法客观详尽地反映公证员的专业劳动,严重束缚公证员主观能动性的发挥等。前述情况表明现行定式公证书格式已无法适应日益复杂的社会、经济状况,不利于公证事业的进一步发展。因此,修订、完善定式公证书格式乃是大势所趋。根据司法部的统一要求,从以下几个方面对定式公证法律文书作了修改:

1. 对定式公证书格式进行清理、补充。一方面对相同类别的公证书格式进行了归类、合并，另一方面按照《公证法》关于公证事项的规定，增加了一些公证书格式类型，并将目前已经实行要素式公证书格式的公证事项从定式公证书格式中除去。

2. 完善公证书格式的结构。根据《公证程序规则》的要求，在公证书格式中增加了申请人基本情况和公证事项的要素，使公证书在结构上更加完整。增加申请人基本情况，将有助于强化公证机构对公证当事人资格和身份的审查，并通过公证书体现出来，便于用证单位的使用，以及确定公证书的使用范围；增加公证事项，有助于确定公证文书的类别及其适用的办证规则、出证条件以及证明事项的范围。

3. 完善公证证词。在总结这些年来公证实践经验的基础上，结合相关法律、法规的修改完善，对公证文书证词的内容进行了完善，表述上更为准确、贴切。

4. 增加了"注"。原则上，新的定式公证书格式为每一类公证事项都规定了一个格式，同时通过增加"注"的形式增强公证文书格式的适用性、包容性。总之，新的定式公证书格式，内容更加翔实、结构更加科学、形式更加灵活。它的推行对于进一步提高公证文书质量，增强公证文书法律效力，使公证文书更好地取信于社会，具有重要的促进作用。

三、常见定式公证法律文书的格式

格式一：委托公证书格式［注1］

公　证　书

（　　）××字第××号

申请人：×××（基本情况）［注2］

公证事项：委托

兹证明×××（申请人）于××××年×月×日来到我处［注3］，在本公证员的面前，在前面的委托书［注4］上签名［注5］，并表示知悉委托的法律意义和法律后果。

×××（申请人）的委托行为符合《中华人民共和国民法通则》第五十

五条[注6]的规定。[注7]

中华人民共和国××省××市(县)××公证处

公证员(签名或签名章)

××××年××月××日

[注]

1. 本格式适用于证明单方委托行为。证明委托合同适用合同类要素式公证书格式。证明委托书上的签名(印鉴)属实适用证明文书上的签名(印鉴)公证书格式。

2. 自然人的基本情况包括:姓名、性别、公民身份号码,可以根据公证的内容增加出生日期、住址、联系方式等情况,发往域外使用的公证书应当注明出生日期;申请人为外国人的,还应当写明国籍和护照号码。法人或者非法人组织的基本情况包括:组织名称、登记注册地址,另起一行注明法定代表人或者负责人的姓名、性别、公民身份证号码。由代理人代办的公证事项,应当在申请人基本情况后另起一行注明代理人的姓名、性别、公民身份证号码。以下各格式相同,不再另行加注。

3. 在本公证机构以外的地点办证的,办证地点据实表述。以下各格式相同,不再另行加注。

4. 引用文书的全名。

5. 签署的形式应当据实表述:仅有签名的,表述为"签名";签名、印鉴、指纹等几种形式同时存在的,一并予以表述;申办公证时提交了已签署的委托书,且未作修改,表述为"×××(申请人)在本公证员的面前确认,前面的委托书是其真实的意思表示,委托书上的签名(印鉴)是×××(申请人)本人所为"。

6. 有新法或者专门规定的,表述作相应调整。

7. 根据需要,可以另起一行注明公证书用途,如"本公证书用于办理继承×××在台湾的遗产手续"。以下各格式相同,不再另行加注。

格式二:遗嘱公证书格式

公　证　书

(　　)××字第××号

申请人:×××(基本情况)[注1]

公证事项:遗嘱

兹证明×××(申请人)于××××年××月××日来到我处,在本公证员和本处公证员[注2]×××的面前,在前面的遗嘱[注3]上签名[注4],并表示知悉遗嘱的法律意义和法律后果。

×××(申请人)的遗嘱行为符合《中华人民共和国民法通则》第五十五条和《中华人民共和国继承法》第十七条第一款[注5]的规定。

中华人民共和国××省××市(县)××公证处

公证员(签名或签名章)

××××年××月××日

[注]

1. 设立共同遗嘱的,立遗嘱人均应当列为申请人。

2. 如果是公证机构的其他工作人员或者见证人,应当据实表述。

3. 引用文书的全名。

4. 签署的形式应当据实表述:仅有签名的,表述为“签名”;签名、印鉴、指纹等几种形式同时存在的,一并予以表述;申办公证时提交了已签署的遗嘱书,且未作修改,表述为“×××(申请人)在本公证员的面前确认,前面的遗嘱是其真实的意思表示,遗嘱上的签名(印鉴)是×××(申请人)本人所为”。

5. 有新法或者专门规定的,表述作相应调整。

格式三:出生公证书格式[注1]

公 证 书

(　　)××字第××号

申请人:×××(基本情况)

公证事项:出生

兹证明×××(申请人)于××××年××月××日在××省××市(县)[注2]出生。×××(申请人)的父亲是×××(公民身份号码×××),×××(申请人)的母亲是×××(公民身份号码×××)[注3]。

中华人民共和国××省××市(县)××公证处

公证员(签名或签名章)

××××年××月××日

[注]

1. 本格式适用于证明自然人出生于我国境内的法律事实。

2. 出生地应为我国行政区域内的省(自治区、直辖市)、市、县(区)现名称,现名称与出生时的名称不一致的,可以用括号加以注明。

3. 申请人的父母一般应为生父、生母,生父或者生母不详的可予以注明。申请人要求注明其父母死亡情况,且能够提供相关证明的,可以在姓名后加括号注明“已故”。

格式四:学历公证书格式[注1]

公　证　书

(　　)××字第××号

申请人:×××(基本情况)

公证事项:学历[注2]

兹证明×××(申请人)于××××年×月至××××年××月在×××××××××[注3],于××××年×月毕业(结业、肄业)。[注4]

中华人民共和国××省××市(县)××公证处

公证员(签名或签名章)

××××年××月××日

[注]

1. 本格式适用于对学历进行实体证明。对学历证书进行形式证明,适用证明证书公证书格式。

2. 可以注明何种学历。学历公证通常是证明申请人的最高学历,也可以根据申请人的要求注明其具有的特定学历。

3. 此处注明学校全称、学历类别、所学专业、学制等,如大学本科学历可以表述为:“××大学(或学院)××系本科××专业学习,学制××年”。

4. 学历证书注明授予学位的,可以一并证明。

格式五:无犯罪记录公证书格式

公　证　书

(　　)××字第××号

申请人:×××(基本情况)

公证事项:无犯罪记录

兹证明×××(申请人)[注1]从××××年××月××日[注2]至××××年××月××日[注3]在中华人民共和国居住期间[注4]无犯罪记录。

中华人民共和国××省××市(县)××公证处

公证员(签名或签名章)

××××年××月××日

[注]

1. 申请人未达法定刑事责任年龄的,可以增加“未达到中华人民共和国刑法规定的刑事责任年龄”的表述。

2. 申请人离境之前一直在中国居住,可以不写起始日。

3. 申请人已离境,此日期可为离境之日。

4. 申请人是我国香港、澳门、台湾地区居民,此处可以表述为“在中国大陆(内地)居住期间”;申请人是外国驻华使领馆工作人员又无外交豁免权的,此处可以表述为“在××国驻中华人民共和国大使馆(或××领事馆)工作期间”。

格式六:亲属关系公证书格式[注1]

公　证　书

(　　)××字第××号

申请人:×××(基本情况)

关系人：×××（基本情况）［注2］

公证事项：亲属关系

兹证明×××（申请人）是×××（关系人）的××（关系称谓）［注3］；×××（关系人）是×××（申请人）的××（关系称谓）［注4］。［注5］

中华人民共和国××省××市（县）××公证处

公证员（签名或签名章）

××××年××月××日

［注］

1. 本格式适用于除用于办理涉外、涉港澳台继承的亲属关系以外的亲属关系的公证。

2. 申请人要求证明的亲属有两个以上的，应当逐一在关系人中列明，并在证词中表述清楚与申请人的关系。

3. 亲属关系称谓应按我国法律规定统一称谓，习惯称谓可以用括号注明。

4. 此处表述由公证员根据具体情况确定，如果关系人系申请人父母双方的，此处一般应表述为："×××（关系人）是×××（申请人）的父亲，×××（关系人）是×××（申请人）的母亲。"如非上述情况，此处可不再重复表述。

5. 考虑使用国、地区（单位）的特殊规定和要求，可以根据需要增加适当的限定词，如：用于旅居加拿大华侨唯一留在国内的超过21周岁的未婚子女赴加拿大定居的亲属关系公证书，证词可以表述为："兹证明×××（申请人）是×××、×××（关系人）夫妇尚在中华人民共和国国内的唯一超过二十一周岁的未婚儿子（女儿），×××（关系人）是×××（申请人）的父亲，×××（关系人）是×××（申请人）的母亲"；又如：用于向荷兰申领子女助学金，可以表述为："兹证明×××（申请人）在中华人民共和国×省×县××中学（或小学）×年级学习，是居住在荷兰的×××（关系人）的儿子（女儿），×××（关系人）是×××（申请人）的父亲（母亲）。"

格式七：文书上的签名（印鉴）公证书格式［注1］

公　证　书

（　　）××字第××号

申请人：×××（基本情况）

公证事项:签名(印鉴)

兹证明×××(申请人)[注2]于××××年××月××日来到我处,在本公证员的面前,在前面的××××(文件名称)上签名[注3]。

中华人民共和国××省××市(县)××公证处

公证员(签名或签名章)

××××年××月××日

[注]

1. 本格式的出证条件适用《公证程序规则》第三十八条的规定。

2. 申请人为法人的,表述为"×××(申请人)的法定代表人或者委托代理人"。

3. 签署形式应当如实表述:仅有盖章的,表述为"盖章";既签名又盖章的,表述为"签名、盖章";已经签署好的,表述为"在本公证员面前确认,前面的××××(文件名称)上签名(印鉴)是其本人所为"。

因为定式公证法律文书格式固定,内容简单,容易掌握,本节就不再进行范例评析。

【思考题】

1. 写作训练题

被继承人A于2010年5月5日因病医治无效在重庆市渝中区××医院去世。A的父亲为戊、母亲为己。A与其妻子B共育有三子一女,分别为甲、乙、丙、丁。A与B生前共同拥有的财产为:(1)坐落于重庆市渝中区上清寺××路××号××小区××幢××室的商品房一套。《房屋产权证》编号为:××××××。(2)存款:人民币×××××××元,现存建设银行重庆××支行,存单号码:××××××;美元××××××元,现存花旗银行重庆分行,存单号码:××××××。据A的所有继承人称,A于生前未立下任何遗嘱,亦未与他人签订任何遗赠扶养协议。戊、己分别已于1993年及2001年因病去世。A的长子甲、次子乙宣布放弃对A的遗产继承权。A的三子丙于2005年8月7日因病去世,生前与其妻育有一子D、一女E;丙死后,丙的妻子C与A、B共同生活,并对他们尽了主要赡养义务。A的女儿丁在2010年5月6日,因其父去世过于悲痛,于遗产分割前突发心脏病而去世。

现B、甲、乙向重庆市公证处申请办理继承权公证。请根据前述案情出具公证书。要求格式规范、条理清晰、论述充分。

2. 赵××(甲方、出售方)与钱××(乙方、购买方)就赵××与其配偶孙××共同共有的位于重庆市北碚区××路××号的一套商品房达成了购买意向,并欲申请办理房屋买卖合同公证。当事人双方向公证处展示、提交了以下材料:(1)甲、乙双方的户口簿、身份证原件及复印件;(2)《房地产权证》(双证合一),编号为:××××××;(3)赵××与孙××的结婚证;(4)甲方配偶孙××所出具的对于该房屋转让无异议的声明书;(5)《房屋买卖合同》原件;(6)合同于乙方向甲方交付××××××元购房款之后生效。

现赵××、钱××向重庆市公证处申请办理房屋买卖合同公证。请根据前述案情出具公证书。要求格式规范、条理清晰、论述充分。

3. 要素式公证书写作方式的推广对提高公证书质量有无益处?对提升公证书的公信力有无帮助?

4. 遗嘱公证是否应当被纳入要素式公证书的写作模式?若将其纳入,其要素应当如何规定?

5. 声明书公证中,公证员能否在公证结论中设置限制词?如:"本声明书不证明其产权。"若设置此类限制词,它们有何现实意义,对公证文书的发展有何影响?

6. 参加现场活动的人员若拒绝在现场记录上签名,公证员应当如何处理?

主要参考书目

1. 韦锋主编:《法律文书写作学》,中国政法大学出版社 1997 年 2 月版。
2. 潘庆云主编:《法律文书学教程》,复旦大学出版社 2008 年 8 月版。
3. 徐昕主编:《司法的知识社会学》,厦门大学出版社 2008 年 11 月版。
4. 贺卫方:《司法的理念与制度》,中国政法大学出版社 1998 年 10 月版。
5. 左卫民:《在权利话语与权力技术之间》,法律出版社 2002 年 6 月版。
6. 肖晖:《中国判决理由的传统与现代转型》,法律出版社 2008 年 9 月版。
7. 喻中:《乡土中国的司法图景》,中国法制出版社 2007 年 6 月版。
8. 潘维大、刘文琦:《英美法导读》,法律出版社 2000 年 12 月版。
9. 葛洪义主编:《法律方法与法律思维》,中国政法大学出版社 2002 年 8 月版。
10. 马宏俊主编:《法律文书学》,中国政法大学出版社 2009 年 7 月版。
11. 李琴主编:《中国法律文书学》,上海人民出版社 2007 年 8 月版。
12. 司法部律师公证工作指导司编:《公证员办证参考》,法律出版社 2005 年版。
13. 中国公证协会、司法部律师公证工作指导司编:《公证规章汇编》,2010 年版。

图书在版编目(CIP)数据

法律文书学/周萍主编.—北京:法律出版社,2012(2020.8 重印)

ISBN 978-7-5118-2963-4

Ⅰ.①法… Ⅱ.①周… Ⅲ.①法律文书—写作—中国—高等学校—教材 Ⅳ.①D926.13

中国版本图书馆 CIP 数据核字(2011)第 270127 号

法律文书学
FALÜ WENSHUXUE

周 萍 主编

责任编辑 刘 琳
装帧设计 乔智炜

出版 法律出版社
总发行 中国法律图书有限公司
经销 新华书店
印刷 三河市龙大印装有限公司
责任印制 胡晓雅

编辑统筹 法律教育出版分社
开本 720 毫米×960 毫米 1/16
印张 20.25
字数 298 千
版本 2012 年 1 月第 1 版
印次 2020 年 8 月第 5 次印刷

法律出版社/北京市丰台区莲花池西里 7 号(100073)
网址/www.lawpress.com.cn
投稿邮箱/info@lawpress.com.cn
举报维权邮箱/jbwq@lawpress.com.cn
销售热线/400-660-8393
咨询电话/010-63939796

中国法律图书有限公司/北京市丰台区莲花池西里 7 号(100073)
全国各地中法图分、子公司销售电话:
统一销售客服/400-660-8393/6393
第一法律书店/010-83938432/8433 西安分公司/029-85330678 重庆分公司/023-67453036
上海分公司/021-62071639/1636 深圳分公司/0755-83072995

书号:ISBN 978-7-5118-2963-4 **定价**:39.00 元
(如有缺页或倒装,中国法律图书有限公司负责退换)